La Fecha del Regreso de Cristo

La Fecha del Regreso de Cristo

Profecía Bíblica para la Generación Final

Arnold V Page

BOOKS FOR LIFE TODAY
86a Totteridge Lane, High Wycombe, HP13 7PN, Inglaterra
Email: sales@booksforlife.today
Sitio web: www.booksforlife.today

Lo que la gente ha dicho

Arnold V Page presenta su creencia de larga data de que podemos anticipar el fin de los tiempos con la ayuda de la Santa Biblia, y especialmente el libro de Apocalipsis. Es un libro reflexivo y útil. Ofrece sólidas razones para creer que el mundo está llegando a su fin rápidamente, sin infundir miedo. Contiene interpretaciones de muchas profecías de la Biblia y nos anima a permanecer alerta y prepararnos para el regreso de Jesús, ahora más que nunca.

Lo recomiendo encarecidamente, ya que, contiene respuestas útiles a muchas preguntas sobre el fin del mundo y la vida por venir.

Revisión realizada por Emma Megan para ReadersFavorite.com

Su escritura es excelente, clara y concisa, con ejemplos de sus experiencias personales y de otras personas que ha conocido o de quienes ha oído hablar. *La Fecha del Regreso de Cristo* no es una «táctica para asustar», sino más bien un recordatorio alentador del poder de nuestra fe que nos sostendrá por toda la eternidad.

Revisión realizada por Sherri Fulmer Moorer para
ReadersFavorite.com

La Fecha del Regreso de Cristo es especulativa pero intensamente práctica. Aprecié las referencias al judaísmo, los textos musulmanes e incluso la ciencia. Disfruté especialmente la descripción de las fiestas judías y cómo el ministerio de Cristo fue y será el cumplimiento de estos prototipos. Los apéndices incluyen todo tipo de datos fascinantes.

Si le gusta la historia, jugar con números y extrapolar hacia el futuro, apreciará este volumen, ya sea un teólogo practicante o un filósofo cotidiano.

Revisión realizada por Cecelia Hopkins para
ReadersFavorite.com

La Fecha del Regreso de Cristo

Edición primera. © Arnold V Page 2022

El derecho de Arnold V Page a ser identificado como el autor de este trabajo ha sido afirmado por él en el Reino Unido de acuerdo con The Copyright, Designs and Patents Act 1988.

Salvo lo dispuesto por The Copyright Act 1956, The Copyright, Designs and Patents Act 1988, y el Copyright and Related Rights Regulations 2003, ninguna parte de esta publicación puede ser reproducida, almacenada en un sistema de recuperación o transmitida de ninguna forma ni por ningún medio sin el permiso previo por escrito del propietario del copyright.

ISBN: 978-1-91612-139-3 (Libro en rústica)
ISBN: 978-1-91612-134-8 (Epub)
ASIN: B0B8NS8TXW (Kindle)

AVISOS DE COPYRIGHT

© Texto Bíblico *Reina Valera 1995*
Sociedad Bíblica de España. Sociedades Bíblicas Unidas.
Antigua versión de Casiodoro de Reina (1569), revisada por Cipriano de Valera (1602). Revisiones anteriores 1862, 1909 y 1960.
Usado con permiso.

Figuras 1 a 7 ©Arnold V Page, 2022.
Figura A:1 ©2003-2022 por Stephen Tam, 3dbibleproject.com.
Todos derechos reservados. Modificada con permiso.

DESCARGO DE RESPONSABILIDAD

La Fecha del Regreso de Cristo es una obra de no ficción, basada en la interpretación del autor de las profecías de la Santa Biblia. Ni el autor ni el editor pueden aceptar responsabilidad por las acciones tomadas como resultado de la lectura de este libro.

AGRADECIMIENTOS

Al mirar hacia atrás en mis ochenta años de vida, me doy cuenta de que tengo una enorme deuda con quienes me ayudaron a conocer y amar a Dios, como ellos lo hicieron. En particular, agradezco a Dios por mi madre, Ivy Stella Page, quien me enseñó a creer en Dios desde mis primeros años; por el Rev. Dr. John Ogden, quien me persuadió cuando era un joven adolescente a unirme al grupo Christian Endeavor, y - a través de un sermón en la Iglesia Metodista de Kentwood - me inspiró con una visión para el evangelismo; al Rev. Peter Morley, el capellán metodista de la Universidad de Bristol, quien con su esposa Mary nos bendijo a mí y -a mis compañeros de estudios con amor genuino; al Rev. David Watkins, mi apoyo y mentor en el Espíritu Santo durante mis difíciles primeros años como ministro metodista en prueba; al evangelista Don Double, por sus campamentos familiares Good News Crusade que significaron tanto para mí y mi joven familia en la década de 1970, y por su colaboración conmigo en varias cruzadas evangelísticas en Chile durante la década de 1980; y al Rev. José y Carris Pulgar, por su insuperable amor y apoyo para mí y mi familia durante nuestro breve pero seminal ministerio en Punta Arenas.

No puedo agradecer lo suficiente a Dios por unirnos a mí y a mi difunta esposa Ann. Ella dedicó su vida a mí y a nuestros cuatro hijos, y marcó el rumbo de gran parte de nuestra vida juntos a través de su genuino don profético. Estaba especialmente entusiasmada con la versión original de este libro y creía en su mensaje con más firmeza que yo.

Mirando más atrás, doy gracias por los sermones del Rev. Juan Wesley, quien me enseñó acerca de la salvación por fe y la esperanza de la perfección cristiana; y por todos los siervos y mártires de Dios que desde los tiempos del Señor Jesús han preservado y propagado el conocimiento de Dios y su promesa de vida eterna mediante la fe en Jesucristo.

Creo que este libro es el más importante que jamás escribiré, y se lo recomiendo como fruto de las vidas y los ministerios de muchas, muchas personas.

Prefacio

YO HABÍA TRABAJADO varios años como ministro metodista antes de darme cuenta de que no sabía casi nada acerca de la enseñanza bíblica sobre el fin del mundo. En realidad, casi la única cosa de valor que me enseñó mi título en teología de la Universidad de Londres fue el griego del Nuevo Testamento.

Decidí leer toda la Biblia, anotar todos los versículos que parecían ser relevantes para los últimos tiempos e intentar darles sentido. Tomó un tiempo, pero finalmente logré producir un resumen de la enseñanza bíblica en la que casi todo encajó en un orden lógico sin contradicción.

Luego hice lo que tú y la mayoría de las personas habrían hecho, leí un libro sobre este tema que no era la Biblia. Descubrí *Lo, He Comes* (He aquí viene) por M. Basilea Schlink, y me encantó descubrir que la madre Basilea estaba completamente de acuerdo con mi comprensión del libro bíblico, el Apocalipsis. Con el tiempo aprendí que hay otras interpretaciones de cuándo vendrá el Día de la Resurrección en relación con la Gran Tribulación profetizada, pero estas otras interpretaciones no pueden conciliarse con el orden de los eventos establecidos en el Apocalipsis.

Cuando alguien dice saber el día del regreso de Cristo, la objeción inmediata es siempre que Jesús declaró: «Del día y la hora nadie sabe, ni aun los ángeles de los cielos, sino solo mi Padre». Dicho esto, al igual que las conversaciones en toda la literatura, cada conversación en la Biblia debe ponerse en contexto para poder entenderla.

Como ser humano, Jesús no podía saber todo: por ejemplo, no habría tenido suficientes células cerebrales para registrar la posición de cada átomo en el universo. Y sobre el tema de su regreso, es evidente que no sabía cuándo sería, porque creía que volvería durante la vida de la mayoría de sus oyentes. Del mismo modo, era cierto que ninguna de las personas con las que hablaba sabía cuándo volvería, pero él les dijo, utilizando la imagen de una higuera, a la que le salen hojas poco antes del verano, que cuando se acercara el momento de su regreso, los discípulos observadores sabrían que estaría cerca, «a las mismas puertas».

Al final del libro de Daniel, un ángel le dio a Daniel un resumen detallado de los eventos que tendrían lugar al final de esta era. Daniel preguntó cuándo sería eso, y el ángel respondió dos veces: «Estas palabras están cerradas y selladas *hasta el tiempo del fin*». La única interpretación sensata de esto es que el significado de las profecías del ángel se volvieran claras y comprensibles en el momento del fin. Y, como estás a punto de leer, hay pruebas abrumadoras de que el tiempo del fin está por fin sobre nosotros, y es por eso que la enseñanza inequívoca de la Biblia acerca del día del regreso de Jesús ahora se puede entender completamente por primera vez en la historia.

La Fecha del Regreso de Cristo se basa en dos libros que escribí en inglés, aquí revisados, actualizados y traducidos. Varios miembros de mi familia y amigos me instaron a escribir los libros originales, y una vez que empecé, el Señor me alentó de muchas formas para seguir adelante con ellos. Algunas personas que no sabían que estaba escribiendo un libro me motivaron con palabras de profecía relevantes a continuar; me hallé hablando con varias personas que nunca antes había conocido y que entonces me dieron horas de su tiempo para mejorar significativamente lo que había escrito; y hasta el último momento siguieron apareciendo nuevos verdades, todos pidiendo ser incorporados en el borrador final.

Por lo tanto, si estoy en lo cierto o no con respecto a la fecha del regreso de Jesucristo, estoy seguro de que Dios quiso que escribiera y publicara *La Fecha del Regreso de Cristo*. Y si eso es así, entonces ¡él realmente quiere que tú lo leas!

Contenido

Prefacio ix
Contenido xi
Introducción 1
1. El mundo hoy 7
2. El plan de los siete mil años de Dios 35
3. ¿Podemos saber cuándo regresará Cristo? 53
4. Los primeros tres años y medio 61
5. El Día de la Resurrección 77
6. Los segundos tres años y medio 97
7. Juicio 113
8. ¿Pudo Jesús haber cometido un error? 147
9. La fecha del regreso de Cristo 169
Epílogo 199
Anexo 1. Cronología egipcia y la fecha del diluvio 205
Anexo 2. Enseñanzas judías y cristianas primitivas sobre el milenio y la fecha de la creación 207
Anexo 3. La verdad sobre el castigo eterno 217
Anexo 4. ¿Un cielo nuevo o cielos nuevos? 231
Anexo 5. ¿Dónde pasarán los creyentes la eternidad? 239
Anexo 6. Las fiestas judías y su cumplimiento en Jesucristo . 251
Anexo 7. Plan de lectura de la Biblia en cincuenta días 265
Otros libros de Arnold V Page 269
Sobre el autor 271

Sabed ante todo que en los últimos días vendrán burladores, andando según sus propias pasiones y diciendo: «¿Dónde está la promesa de su advenimiento? Porque desde el día en que los padres durmieron, todas las cosas permanecen así como desde el principio de la creación».

Pedro, en 2 Pedro 3:3,4

Introducción

Era la noche del miércoles 18 de febrero de 1981 en el fin del mundo. Yo vivía con mi esposa, Ann, y tres de nuestros cuatro hijos pequeños en Punta Arenas, la ciudad más al sur de la parte continental de América del Sur, y ese mismo día recibí noticias desde Inglaterra de que mi padre había muerto. Me acaban de pedir una oración final en la capilla metodista de Fitzroy. Fitzroy es un distrito de Punta Arenas que lleva el nombre del almirante Británico Robert Fitzroy, quien exploró esa parte del mundo. (Él había sido el capitán del HMS Beagle en el famoso viaje de Darwin). Me encontré rezando: «Padre, sabemos que no debemos temer a nada, ni siquiera a un terremoto o a un incendio, porque lo que sea que nos pase estamos seguros en tus manos, y estás disponiendo todas las cosas en amor por nuestro bien». Nunca antes había rezado semejante oración en inglés, mucho menos en español.

Quería regresar a Inglaterra de inmediato para ayudar a mi madre con los arreglos para el funeral de mi padre. Esto implicó una visita la tarde siguiente a la Policía Internacional en el centro de la ciudad para hacer arreglos para recuperar mi pasaporte desde Santiago. Había estado allí durante varios meses mientras se procesaban nuestras solicitudes de residencia permanente. La policía local me aseguró que podía recogerlo en mi viaje de regreso a Inglaterra, lo que significaba que podría ir al día siguiente.

Estaba a punto de regresar a nuestra casa y comenzar a empacar cuando me di cuenta de que necesitaba visitar a un agente de viajes para reservar un vuelo. Pero después de unos pasos en la nueva dirección, algo me detuvo. Durante dos días una frase de la Biblia había estado nadando a través de mi mente y levantó su cabeza por encima de la superficie de

1

Introducción

nuevo: «¡En tu mano están mis tiempos!» Así que me detuve en el pavimento con el tráfico y la gente que pasaba a mi lado, y una vez más oré a Dios:

—Señor, en tu mano están mis tiempos. ¿Debo ir directamente a casa o debo ir primero al agente de viajes para organizar un vuelo de regreso a Inglaterra?

Y de alguna manera la respuesta del Señor vino a mi cabeza:

—Vete a casa. Ann te necesita.

A veces me pregunto de cuántos desastres podríamos ser salvados si nos tomáramos más tiempo para escuchar a Dios. Cuarenta años antes del terrible asedio de Jerusalén en el año 70 d.C., Jesús advirtió a sus seguidores que huyeran a las colinas cuando vieron que se acercaban los ejércitos romanos. En lugar de eso, la mayoría de la población se precipitó hasta Jerusalén buscando refugio detrás de las murallas de la ciudad. En el asedio 1:100.000 personas murieron de hambre, y cuando la ciudad finalmente se rindió y los soldados entraron, encontraron solo a 97.000 personas con vida.

Un taxi colectivo negro que mostraba el número de mi ruta se dirigía hacia la parada donde yo estaba esperando mi autobús. En aquellos días, los taxis colectivos eran unos grandes y antiguos coches que se hundían en el suelo como boxeadores atontados que anhelaban un nocaut para poner fin a su lucha. Decidiendo ahorrar tiempo en lugar de dinero acepté la invitación del conductor para entrar, y por un momento yo era el único pasajero. Cuando estás aplastado junto a dos completos extraños en un asiento trasero saltando hacia arriba y hacia abajo al mismo tiempo en carreteras llenas de baches, a veces te preguntas si has hecho la elección correcta de transporte.

—¿Vas a Fitzroy? —preguntó el conductor, como si ya conociera la respuesta.

Los conductores de colectivos tenían que mantenerse en su ruta designada, y normalmente conducían con bastante lentitud porque los pasajeros, al menos en aquellos días, podían hacerles señales en cualquier lugar, no solo en las paradas de autobús. Pero mi conductor fue diferente. Desobedeciendo órdenes, tomó la ruta más corta posible a nuestra casa, conduciendo como si su vida dependiera de ello. Él tenía tanta prisa que cuando salí del coche, al final de nuestra calle, él ya estaba lejos incluso antes de que yo hubiera logrado cerrar la puerta. Pensé que lo había molestado al tomar demasiado tiempo para salir. Fue solo cuando llegué a nuestra casa que supe la razón de toda la prisa: la puerta principal estaba abierta y la entrada estaba llena de humo.

Mi primer pensamiento fue que todos debían haber salido, pero metí la cabeza adentro y grité varias veces: «¿Hay alguien ahí?» No hubo respuesta. Me refugié en el patio delantero y dejé mi bolso en lo que parecía ser un lugar seguro. No había teléfonos móviles en esos días para llamar al cuerpo de bomberos, y de todos modos no habría sabido el número.

Grité en voz alta: «¡Ayúdame, Jesús!», y volví a la casa. Tenía que estar seguro de que estaba vacía. Ya había tanto humo que no podía ver nada. Esta vez escuché la voz de mi hija en el piso de arriba. Poniendo un pañuelo sobre mi boca, corrí escaleras arriba y la encontré en el descansillo. Soportándola, la llevé abajo. En cuanto llegamos a la planta baja, las llamas del comedor de planta abierta chamuscaron sus cejas. Logramos salir a lugar seguro.

—¿Hay alguien más en la casa? —le pregunté.
—Está Nathanael. Estábamos jugando en nuestra habitación. Le dije que me siguiera.

Las paredes internas del tablero de fibra aglomerada de la casa estaban aisladas con losas de poliestireno, en aquel momento totalmente en llamas. Lo que quedaba de la escalera estaba completamente oscuro a la vista por una cortina de humo químico negro aceitoso.

Comencé a escalar de nuevo y me topé con Nathanael en la oscuridad total. ¡Nuestro hijo de cinco años había bajado casi a fondo por su cuenta! Lo puse bajo mi brazo como una pelota de rugby y di la vuelta para enfrentarme a las llamas. No sabía si

Introducción

las escaleras más bajas todavía podrían sostenernos o si ya no estaban allí. Pero en el rugby solo hay una manera de marcar un ensayo. Tú eliges la línea de contacto, independientemente de quien esté o no esté en el camino. De alguna manera marqué un gol con mi pequeño hijo en el aire libre.

Ann ahora gritaba pidiendo ayuda desde la ventana de la habitación del primer piso. Se había dormido profundamente, tomando una siesta después de una mañana de enseñanza en la Escuela Británica. El olor a humo la había despertado.

—¿Qué debo hacer? —ella llamó.
—¡Baja las escaleras!
—No puedo. Todo está en llamas.
—Entonces debes saltar. Intentaré atraparte.
—¡No puedo hacer eso!

Recordé que había una pequeña escalera de madera en el patio. Apareció un vecino y juntos elevamos la escalera hasta el nivel de la ventana del dormitorio. Ann fue capaz de descender hasta quedar a salvo, aunque se torció el tobillo en el salto final. A estas alturas otros vecinos habían aparecido en la escena.

—¿Dónde está Jonathan? —pregunté.

Jonathan era nuestro hijo de tres años, el único de la familia que aún faltaba. Mary, una maestra de Inglaterra, también vivía con nosotros, pero alguien nos informó que había saltado de la ventana de su habitación y había sido llevada al hospital. Eso era bueno, pero ¿por qué nadie mencionó al pequeño Jonathan? ¿Estaba inconsciente en algún lugar de la casa? ¿Dónde estaba?

Alguien dijo que podría estar con su «abuela» al otro lado de la calle. La viuda Carmen Barria se había convertido en una querida amiga de todos nuestros hijos, y especialmente de nuestro hijo menor. Tal vez él había ido a su casa por alguna razón. Golpeé la puerta de su casa y Jonathan mismo la abrió, ¡sano y salvo!

En ese momento había una enorme multitud de espectadores en la calle. Llegaron dos o tres camiones de bomberos, junto con policías y algunos infantes de marina entrenados para combatir incendios. Luego aparecieron algunos reporteros y fotógrafos. Al día siguiente, hubo un informe de primera plana en el principal periódico local que afirmaba que ¡los seis cuerpos de bomberos de la ciudad habían venido a rescatarnos! Los bomberos que aparecieron apagaron el fuego y salvaron nuestras posesiones más preciadas, pero creemos que fue el Señor quien rescató a mi familia regresándome a casa a tiempo.

Al día siguiente volví a la escena de la devastación y miré alrededor de la cocina donde había comenzado el incendio. El piso estaba negro de humo y los restos de lino quemado. Todo lo que quedaba de las dos paredes internas de la cocina eran marcos de madera carbonizados con agujeros abiertos a través de ellos. En las dos paredes exteriores, el papel tapiz y parte del panel del tablero de fibra aglomerada se habían quemado. Todo se había quemado, excepto un pequeño rincón de la cocina. Aquí, dos pequeñas áreas de papel tapiz estampado aún estaban intactas, escapadas del incendio. En el piso ennegrecido por el humo entre ellas había dos parches rectangulares de color claro donde algo había estado de pie.

Nuestros vecinos de al lado me dijeron que habían retirado todo lo posible de la casa para guardarlo después de que todos se fueron, incluida unas pocas joyas de Ann, por lo que también debieron haber tomado cualquier cosa que había en esa esquina sin quemar de la planta baja. Y entonces recordé lo que era. ¡Dos latas de plástico de cinco litros llenas de parafina para nuestra estufa habían estado de pie allí! Milagrosamente, el infierno había pasado por alto ese pequeño rincón explosivo de la casa, en la misma habitación donde había comenzado el fuego. «Ni siquiera un terremoto o un incendio...»

El incendio de la casa en 1981 cambió totalmente la dirección de nuestras vidas, y finalmente muchas personas llegaron a creer en el Dios revelado por Jesucristo como resultado de ello. Pero te contaré sobre eso más tarde.

¿Por qué empecé este libro contándote sobre el incendio en Fitzroy? Porque fue solo uno de los muchos eventos en la vida de nuestra familia a través de los cuales Dios ha demostrado su

Introducción

realidad, su cuidado y su poder para actuar dentro del mundo que él creó. Contarte esta historia te ayudará a comprender por qué creo que hay un Dios que nos habla, que puede advertirnos de los eventos que se avecinan y que puede rescatarnos incluso cuando el mundo se desintegra a nuestro alrededor.

El término «Generación Z» incluye a personas nacidas entre 1995 y 2015. Estos jóvenes se enfrentan a un futuro que quizás sea más incierto de lo que lo ha sido durante al menos un siglo. Pero no hay incertidumbre acerca del futuro en la mente y los propósitos de Dios. Z es la letra final del alfabeto y, como aprenderás si lees hasta el final, hay razones convincentes para creer que Z es la generación final que crecerá hasta la edad adulta antes de que Cristo regrese.

1. El mundo hoy

Predicciones de desastre a través de los siglos

«Hay señales de que el mundo se está acabando rápidamente».[1] Aunque estas palabras se hayan inscrito o no en una tablilla de arcilla asiria alrededor del 2800 a.c.,[2] desde entonces se han publicado cientos de predicciones del fin inminente del mundo, o al menos de esta era actual. Aquí están algunos ejemplos.

En septiembre de 1666, Londres comenzaba a recuperarse de la Gran Plaga. La peste bubónica había sacrificado a unos 100.000 de los 400.000 habitantes estimados de Londres durante el año anterior. La vida casi había vuelto a la normalidad cuando la vieja ciudad de Londres se incendió. La catedral de San Pablo y la mayoría de los edificios de la ciudad fueron consumidos, incluyendo 87 iglesias parroquiales y 13:200 casas. Teniendo en cuenta que el año era 1666 y que el último libro de la Biblia dice que la «bestia», quien aparecerá al final de esta era, se caracterizará por el número 666, la mayoría de los habitantes de Londres creían que había llegado el final de la era y que el regreso de Cristo era inminente.

---

[1] La primera referencia conocida a esta versión de una inscripción asiria fue en 1922: *Librarian's Report, 1920-22*. *Report of the State Librarian to The Governor, State of Connecticut: Public Document No. 13* (Informe de la Biblioteca, 1920-22. Informe de la Biblioteca Estatal al Gobernador, Estado de Connecticut: Documento Público No. 13), pág:93, Estado de Connecticut, Hartford, Connecticut.

[2] Siendo cristiano, prefiero la tradicional a.C. y d.C. para las fechas del año. a.C. significa «antes de Cristo» y d.C. significa «después de Cristo». Cualquiera que sean las letras que usemos, aún datamos nuestros años desde el año en que se pensó que Jesucristo nació cuando se formó el calendario.

El mundo hoy

La profecía de los Papas fue atribuida a San Malaquías en el año 1140 d.C., pero probablemente fue escrita en 1590. Describe con sorprendente precisión las características de los papas sucesivos, con el papa actual como último, durante cuyo reinado Roma estaba destinada a ser destruida. Desafortunadamente para Malaquías, el Papa Francisco no se llama Pedro el Romano como predijo.[3]

Cuando comencé a escribir este libro en agosto de 2016, alguien estaba prediciendo con confianza en YouTube que los Estados Unidos serían destruidos por una bomba de pulso electromagnético desde Rusia para fines de ese año. La bomba iba a deshabilitar todo lo eléctrico en los Estados Unidos, incluso los refrigeradores. En consecuencia, nadie podría sobrevivir, a menos que compraran un extraordinario kit de supervivencia de este caballero al precio de ganga de 39 $. Su discurso de venta, de que las profecías bíblicas sobre la destrucción de Babilonia en realidad se referían a los Estados Unidos, fue sorprendentemente persuasivo. Esto solo demuestra lo cuidadoso que debemos ser para equilibrar la fe y la razón, y no torcer la Biblia para adaptarla a nuestras agendas personales.

A pesar de las profecías cada vez más frecuentes sobre el regreso de Cristo y el inminente fin del mundo, las fechas prometidas hasta ahora han ido y venido. El Mesías aún no ha llegado, ni Armagedón, el Rapto (Arrebatamiento), el anticristo, ni siquiera una invasión de Marte. Entonces, ¿por qué estoy agregando otra predicción sobre el fin del mundo tal como lo

---

[3] *La profecía de los Papas* describe al Papa final como «Pedro el Romano», y el Papa Francisco no encaja en esa descripción. Sin embargo, al momento de su elección había un cardenal africano elegible que se llamaba Pedro el Romano, y algunos han dicho que la elección del Papa Francisco no cumplió con las leyes de las elecciones papales, porque algunos de los cardenales fueron presionados para votar por él. En 2017, un bloguero, Tom Horn, especuló que el Papa Francisco renunciaría y sería reemplazado por el Cardenal Secretario de Estado, Pietro Parolin. Pietro es el nombre italiano de Pedro, y como italiano encajaría mejor con la descripción de «Pedro el Romano» que con el Papa Francisco argentino.

conocemos, cuando la historia sugiere que la mía también se demostrará incorrecta cuando la fecha prevista haya pasado? ¡Tendrás que seguir leyendo para descubrir la respuesta!

La Santa Biblia

La base de cualquier creencia seria de que Cristo volverá, y de lo que sucederá cuando lo haga, debe venir de la Biblia. La Biblia, por encima de todos los otros libros, trata acerca de Jesucristo. La Santa Biblia, para darle su título propio, es una notable recopilación de historia, leyes, poesía, canciones, profecías, biografía y enseñanza. Aunque fue escrito por muchas manos diferentes en hebreo, acadio, arameo y griego durante un período de unos 1500 años, es consistente en su enseñanza general de principio a fin. Está en dos partes principales, comúnmente llamadas Antiguo Testamento y Nuevo Testamento.

Los libros en el Antiguo Testamento fueron escritos antes del nacimiento de Jesús por los profetas judíos y otros escritores. Los primeros cinco libros a menudo se llaman *Torá* o enseñanza, e incluyen los relatos de la creación, el diluvio, el origen de las razas judías y Árabes, el éxodo de los judíos de Egipto y la entrega de los Diez Mandamientos y sus leyes asociadas. También hace repetidas promesas acerca de un salvador o mesías que vendría.

Los judíos y cristianos ortodoxos (y los musulmanes en este sentido)[4] creen que la historia, las enseñanzas, las profecías y las canciones del Antiguo Testamento fueron inspiradas por Dios

---

[4] Debido a que los pasajes históricos en el Corán musulmán no están de acuerdo con los pasajes correspondientes en el Antiguo Testamento, los musulmanes afirman que el Antiguo Testamento debe haber sido cambiado desde que Dios lo dio. Este argumento es difícil de sostener históricamente.

El mundo hoy

y nos dicen la verdad sobre nuestro Creador. Esta fue una creencia que Jesucristo ciertamente compartía.[5]

El Nuevo Testamento fue escrito poco después de que Jesucristo abandonó la Tierra. Los autores también eran judíos, personas que habían conocido a Jesús personalmente y habían viajado con él, o que creían que él era el mesías prometido y el salvador del mundo después de haberse ido. Los contenidos fueron seleccionados por la iglesia primitiva sobre la base de que sus autores eran reconocidos como hombres a quienes Dios había elegido e inspirado para que fueran sus mensajeros y maestros de confianza. Los autores incluyeron al menos dos de los discípulos originales de Jesús y su propio mediohermano, Santiago.

El Nuevo Testamento comienza con cuatro Evangelios. Estos cuatro libros cortos son relatos de la vida, enseñanzas, milagros, muerte y resurrección de Jesucristo. Les siguen la historia y las enseñanzas de los primeros creyentes, y finalmente, el libro del Apocalipsis trata principalmente de los eventos que llevarán al regreso de Cristo para establecer el reino de Dios en la tierra.

El Corán, al que también me referiré brevemente, es el libro sagrado del Islam. Fue escrito poco después de la muerte del líder árabe Muhammad en 632 d.C. Muhammad creyó que Dios, a quien llamó Alá, le había dado las palabras a través del ángel Gabriel. Recibió y memorizó las palabras durante un período de veintitrés años y las enseñó a sus seguidores. Para los musulmanes, el Corán es el libro fundamental de su fe religiosa. Siempre habla positivamente de la Torá y el Evangelio como enseñanzas reveladas por Allah a judíos y cristianos respectivamente.

---

[5] En el Evangelio de Juan, capítulo 10, versículo 35, Jesús (refiriéndose a un Salmo) dijo, «la Escritura no puede ser quebrantada». Refiriéndose a la Torá, él dijo en Mateo 5:18, «...ni una jota ni una tilde pasará de la Ley, hasta que todo se haya cumplido», y repetidamente él dijo que las profecías del Antiguo Testamento deben cumplirse.

Jesús prometió a sus primeros discípulos: «Cuando venga el Espíritu de verdad, él os guiará a toda la verdad, porque no hablará por su propia cuenta, sino que hablará todo lo que oiga y os hará saber las cosas que habrán de venir» (Juan 16:13). Es posible que no creas en el concepto de verdad absoluta, prefiriendo definir la verdad como lo que quieras creer o lo que funcione para ti. Pero el punto principal en este verso es que Jesús prometió que el Espíritu Santo les diría a sus discípulos lo que iba a pasar en el futuro. Creo que si la Biblia nos dice cuándo terminará esta era inmediata —y digo *si* lo hace—, entonces casi con toda seguridad, el final se producirá alrededor del año 2030 d.C. Y estoy bastante seguro de que haré que estés de acuerdo conmigo en eso si sigues leyendo.

Mi razón para pensar que la Biblia nos lleva a una fecha alrededor del año 2030 d.C. no se basa en interpretaciones dudosas de los significados de las bestias simbólicas ni en códigos complicados que asignan números a las letras, ni siquiera en algunos de los signos más tradicionales que la Biblia asocia con los tiempos finales como guerras, terremotos o lunas de color rojo sangre. (Para el registro, ni las erupciones volcánicas, los terremotos ni las muertes por guerra parecen haber aumentado en frecuencia durante los últimos cincuenta o cien años. Pueden hacerlo cerca del regreso de Cristo, pero en la actualidad no proporcionan ninguna evidencia de que él esté cerca.) Mi razón principal para creer que el regreso de Cristo está cerca en realidad se basa en algunas deducciones bastante simples de lo que está claramente escrito en la Biblia.

Mi plan

Así que aquí está mi plan. Según *Guinness Libro de los Records*, la Santa Biblia es el libro más vendido de todos los tiempos. Espero convencerte de que nos lo dirá, al menos en líneas generales, lo que sucederá en los años inmediatamente anteriores al regreso de Cristo, y que nos dirá cuándo sucederá todo esto.

No soy astrólogo, psíquico, cazador de ovnis ni místico, ni soy miembro de ningún culto religioso. Soy naturalmente bastante racional y escéptico. Esto significa que no creo fácilmente lo que dicen otras personas a menos que esté respaldado por pruebas convincentes basadas en hechos innegables. Estoy acostumbrado a lidiar con los hechos, habiendo estado involucrado en investigación y desarrollo de ingeniería durante veinte años. Considero que tengo un buen entendimiento de la Biblia, después de haber sido un erudito y maestro de la Biblia por otros veinte años. Y tengo títulos universitarios tanto en ingeniería como en teología.

Además, no estoy tratando de venderte nada aparte de este libro, y muy pocos libros obtienen beneficios para sus autores. Por lo tanto, no he producido un Kit de supervivencia de Armagedón por solo 39 US$, y no lo invitaré a comprar una pequeña parcela de tierra en las Islas Pitcairn lejos de la próxima guerra nuclear.

He escrito este libro simplemente porque creo que el Señor quiere que comparta contigo lo que creo que me ha mostrado, y que te convenza de su verdad. Él quiere que sepas lo que viene y te des cuenta de lo importante que es estar preparado para ello. ¡Entonces no solo sobrevivirás más allá del año 2030 sino que vivirás para siempre! Sí, yo dije eso. Dios nos ha dicho lo que vendrá para que tú y yo sobrevivamos y vivamos para siempre, de acuerdo con su intención original de cuando él creó el mundo. Si este libro te ayuda a subir a bordo, me hará muy, muy feliz. ¡Y seré aún más feliz si animas a todos tus amigos leerlo también!

En este primer capítulo principal, simplemente quiero examinar algunas tendencias mundiales que sugieren que la era en que vivimos es real y objetivamente distinta de cualquier época anterior en la historia. ¡Algo asombrosamente significativo está llegando a un punto crítico! Así que comencemos con la población mundial.

Figura 1: Población mundial desde 10.000 a.c. a 2021 d.c.

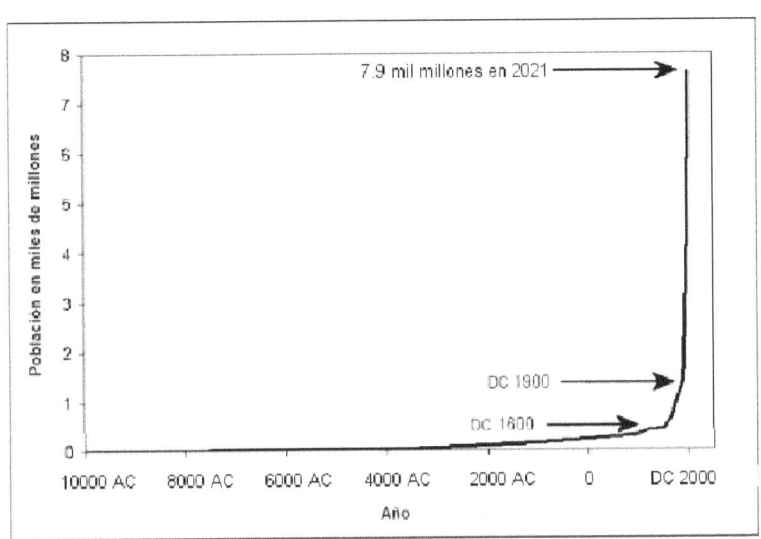

Las cifras correspondientes a los años anteriores al 4000 a.c. solo pueden ser pura especulación.

La Figura 1 muestra la población humana total desde 10000 a.c. hasta 2021 d.c., según un estudio publicado en 2019[6], e información más reciente. Alrededor de 1600 d.c., comenzó a aumentar rápidamente y desde 1900 ha explotado. Es cierto que la tasa de crecimiento de la población se ha estancado recientemente, pero nadie sabe si esa tendencia continuará. En

---

[6] *World Population Growth* (Crecimiento de la Población Mundial). E. Ortiz-Ospina y M. Roser, revisado en mayo de 2019, publicado en línea en OurWorldInData.org. Recuperado de: https://ourworldindata.org/world-population-growth/ [Recurso en Línea] La reproducción está autorizada bajo una CC BY-SA licencia. Los datos provienen de tres fuentes:
  (I) antes de 1900: *History Database of the Global Environment* (Base de Datos de Historia del Medio Ambiente Global)
  (II) 1900 hasta 1940: *The World at Six Billion*, a UN publication (El Mundo en Seis Mil Millones, una publicación de la ONU)
  (III) 1950 hasta 2015: *World Population Prospects: the 2015 revision*, a UN publication (Perspectivas de la Población Mundial: la revisión de 2015, una publicación de la ONU).

cualquier caso, la población mundial seguirá aumentando hasta una cantidad alarmante y sin precedentes para un futuro previsible. Para cuando leas esto será al menos de 7,7 mil millones. En los días de Jesucristo solo fue unos 170 millones.

Seguridad alimentaria

La creciente población del mundo inevitablemente plantea la pregunta: ¿habrá suficiente comida para alimentar a todos? En general, los países más ricos producen todos los alimentos que necesitan, aunque la erosión del suelo y el agotamiento de su contenido mineral están comenzando a cobrar un precio. Las poblaciones indígenas de estos países no están creciendo rápidamente, e incluso se pronostica que algunas descenderán, por lo que para muchos de ellos la seguridad alimentaria no parece ser un problema. Es en los países más pobres del mundo sí que hay motivos para alarmarse seriamente.

Muchos de los países más pobres ya sufren escasez de alimentos. Esto se debe en parte a los gobiernos corruptos y a una economía global injusta, pero en general tienen poco margen para producir mucho más. Sus tierras son a menudo semiáridas con poco potencial para el riego, y tienen recursos naturales limitados para vender a cambio de alimentos a otros países. Hace siglos, el norte de África era el granero del Imperio Romano, pero ahora incluso partes del sur de España se están convirtiendo en desierto. El lago Chad en el Oeste Central de África solía suministrar agua dulce a tres países al Oeste de África, pero entre 1963 y 2001 su área de superficie disminuyó de aproximadamente 25.000 km^2 a solo 1:350 km^2, y ahora casi ha desaparecido. Se prevé que el agua dulce del mar de Aral, en Asia central, desaparezca completamente para 2020. Otras fuentes importantes de agua dulce se dirigen en la misma dirección.

El Fondo Mundial para la Naturaleza predice que para 2025 dos tercios de la población mundial enfrentarán escasez de agua.

Sin embargo, es en los países más pobres, donde el suelo y el agua se están desvaneciendo, que la población realmente está explotando. La población de Níger, por ejemplo, tiene pronosticada por la ONU un crecimiento de 14 millones en 2006 a 58 millones en 2050; la población de Yemen de 22 millones a 54 millones en el mismo período; y en Uganda de 30 a 91 millones. Incluso con toda la mano de obra agregada resultante, cuando sus tierras probablemente se habrán vuelto aún más secas y menos fértiles, ¿podrán realmente cultivar tres veces más alimentos que en 2006?

Parece probable que en los próximos años habrá hambre masiva o emigración masiva. Si esto último sucede, aumentará el conflicto social en los países receptores y quizás incluso se levantarán barreras físicas para mantener alejadas a las multitudes hambrientas de refugiados. Estas cosas ya han comenzado.

Selvas tropicales

Alrededor del 80% de la biodiversidad conocida en el mundo se encuentra en las selvas tropicales. Estos bosques proporcionan los únicos hábitats para innumerables tipos de plantas, animales e insectos, fuentes insustituibles de nuevos medicamentos y variaciones genéticas que se pueden usar en el desarrollo de cultivos resistentes a enfermedades e insectos. Y están desapareciendo. Se ha estimado que entre 1947 y 2006, aproximadamente el 50% de los bosques tropicales maduros restantes de la Tierra desaparecieron, y que a menos que las tendencias actuales cambien significativamente, solo el 10% permanecerá en 2030.[7]

---

[7] *The Little Green Handbook: Seven Trends Shaping the Future of Our Planet* (El pequeño manual verde: siete tendencias que moldean el futuro de nuestro planeta). R. Nielsen, Picador, Nueva York, 2006.

Cerca de 137 especies de plantas, animales e insectos se están perdiendo cada día como resultado de la deforestación de la selva tropical, lo que equivale a 50.000 especies al año.[8] El Informe 2020 del Planeta Vivo, del Fondo Mundial para la Naturaleza informó que más de dos tercios de la vida silvestre del mundo habían desaparecido en los 50 años anteriores.

Pérdida de recursos minerales

Dependemos de los metales y otros minerales para todo, desde la energía eléctrica hasta los vehículos motorizados, y desde los teléfonos inteligentes hasta los marcapasos; pero algunos de estos recursos esenciales se están agotando.

En el año en que escribí esto, el precio del gas aumentó en un 250% debido a una escasez mundial. El petróleo es un mineral de importancia principal que alimenta a los vehículos y aviones y es vital para la producción de plásticos, fibras sintéticas y una multitud de otras cosas. Al menos en 2013, los suministros de petróleo parecían razonablemente seguros[9], pero el embargo sobre el petróleo ruso tras la invasión de Ucrania ha puesto esto en duda.

Lo que no está en duda es que los metales y elementos químicos conocidos como tierras extrañas están desapareciendo rápidamente. Estos últimos son esenciales para la fabricación de teléfonos inteligentes, automóviles híbridos, aerogeneradores, computadoras y otras cosas. Si la demanda actual de tierras raras continúa, China, que produce alrededor del 90% de la oferta mundial, afirma que sus minas se agotarán en algún momento entre 2030 y 2035.

---

[8] *Rainforest Facts* (Hechos de la Selva Tropical). Rain-tree.com, visto el 1 de octubre de 2016.

[9] *Why the world isn't running out of oil* (Por qué el mundo no se está quedando sin petróleo). Artículo detallado por Brian Viner en el Daily Telegraph, 19 de febrero de 2013.

Algunos dicen que, según las estimaciones actuales, la plata habrá desaparecido para 2035, el platino para 2030 y el cobre —vital para el cableado eléctrico— para el mismo año.

Esta es la consecuencia inevitable cuando los recursos finitos tienen que satisfacer las demandas de un crecimiento aparentemente infinito en el número de personas que quieren usarlos. Quizás esa es una de las razones por las que, según la Biblia, Dios va a hacer una nueva tierra cuando este presente finalmente se agote.

En lugar de agotarse por completo, lo más probable es que las materias primas vitales se vuelvan cada vez más caras, ya que cada vez hay menos en una forma utilizable, por lo que la demanda de ellas se secará inevitablemente. Donde sea posible, generalmente se encontrarán alternativas menos eficientes para reemplazarlos. Cuando eso no sea posible, tendremos que aprender a vivir sin cosas que ahora damos por sentado.

Como dijo Einstein durante una entrevista en 1949: «No sé con qué armas se peleará la III Guerra Mundial, pero la IV Guerra Mundial se peleará con palos y piedras».[10] Si el mundo continúa mucho más allá de 2030, entonces todo lo que nos quede pueden ser palos y piedras.

Calentamiento global

En 2021, el Panel Intergubernamental sobre el Cambio Climático emitió un informe autorizado sobre el calentamiento global y las posibles consecuencias de su aumento continuo. El secretario general de la ONU, António Guterres, describió el informe como «un código rojo para la humanidad».

La Figura 2 muestra el aumento registrado en la temperatura global de la tierra desde 1850 hasta 2020. El informe predijo que el aumento probablemente alcanzaría los 1,5°C para 2034, como lo muestran los tres puntos separados

---

[10] La cita de Einstein fue registrada por A. Werner en *Liberal Judaism* (Judaísmo liberal) no:16 (abril-mayo de 1949), Einstein Archive 30-1104.

en la figura, y detalló el consecuencias de tal aumento. El nivel del mar seguirá aumentando debido al derretimiento del hielo polar. Habrá olas de calor más intensas, con un aumento de los incendios forestales en muchas regiones. Habrá un aumento en los eventos de fuertes lluvias en algunas partes y un aumento de las sequías en otras partes.

Solo un año después de la publicación del informe de la ONU, muchas partes de Europa registraron las temperaturas más altas de su historia. En el sur de Francia, los incendios forestales destruyeron 180 millas cuadradas o 460 kilómetros cuadrados de bosque. En agosto de 2022, el Los Angeles Times informó de 91 incendios forestales separados en los EE.UU., cubriendo un total de 25 millas cuadradas o 64 kilómetros cuadrados.

Figura 2: Aumento del calentamiento global desde 1850

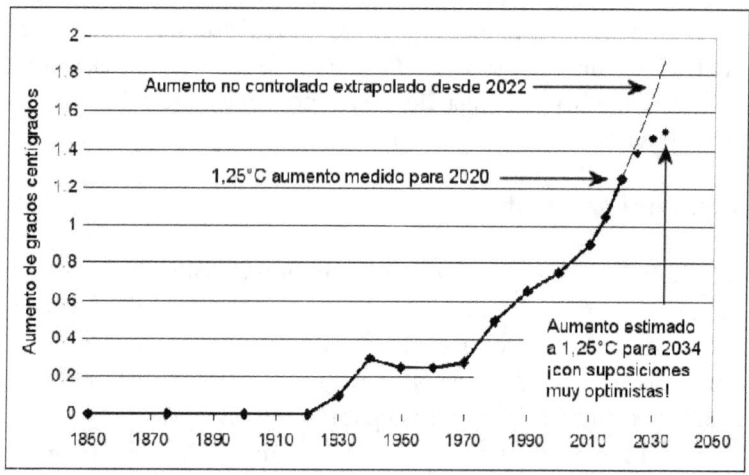

Fuente de los aumentos medidos: IPPC, 2021: Summary for policy makers. (CIPF, 2021: Resumen para responsables de políticas.)

La predicción de 1,5°C se basó en dos suposiciones: que antes de 2034 las naciones habrán reducido significativamente su producción de dióxido de carbono, reduciéndola a la mitad para 2030; y que esto a su vez reducirá significativamente el calentamiento global.

Hay dos problemas con estas suposiciones. La primera es que las naciones hasta ahora no han logrado hacer reducciones significativas en la producción de CO_2, por lo que no hay certeza de que logren el objetivo; y la segunda es que la actividad humana puede no ser la única causa del calentamiento global, o aún la causa principal.

En la década de 1960, mucho antes de que la mayoría de la gente comenzara a atribuir la causa del calentamiento global a la actividad humana, un profesor británico, Stafford Beer, predijo un problema potencial con el hielo polar. Los casquetes polares ayudan a mantener la tierra fresca al reflejar una parte significativa de la luz solar hacia el sol. Sin los casquetes polares, la tierra estaría mucho más caliente. Si por alguna razón la tierra se calentara sólo un poco, parte de este hielo se derretiría, dejando menos hielo para reflejar la luz del sol, con el resultado de que la tierra se calentaría aún más, por lo que los casquetes polares se derretirían aún más. Y este ciclo de mayor calentamiento y derretimiento probablemente continuaría hasta que no quedara hielo.

Lo que el profesor Beer previó ha comenzado a suceder. La enorme capa de hielo de Groenlandia arroja 300 gigatoneladas de hielo al océano cada año, mientras que el hielo marino alrededor del Polo Norte se está derritiendo tan rápido que podría ser posible navegar en kayak hasta el Polo Norte en 2030. El área total cubierta por el hielo en septiembre (cuando está en su mínimo) disminuyó de 6,5 millones de km^2 alrededor de 1985 a solo 4 millones de km^2 en 2021.[11]

---

[11] *Current State of Sea Ice Cover* (Estado Actual de la Cubierta de Hielo Marino). Comiso J C, Parkinson C L, Markus T, Cavalieri D J y Gersten R, NASA Earth Sciences, octubre de 2021. earth.gsfc.nasa.gov/cryo/data/current-state-sea-ice-cover (Esta página web se actualiza continuamente de imágenes satelitales).

En el sur, un artículo de *Science Advances* ha informado sobre el estado de la capa de hielo de la Antártida occidental.[12] Los autores escribieron: «Existe evidencia de que ha comenzado una descarga de hielo autosostenida de la capa de hielo de la Antártida Occidental (WAIS), lo que podría conducir a su desintegración. El aumento asociado del nivel del mar de más de 3 m plantearía un serio desafío para áreas densamente pobladas, incluidas metrópolis como Calcuta, Shanghai, Nueva York y Tokio». Continuaron: «Se estima que el posible aumento a largo plazo del nivel del mar debido a la inestabilidad de la capa de hielo marino es de 1,2 m del sector del Mar de Amundsen o 3,3 m si toda la parte marina de la Antártida occidental se ve afectada. Este escenario es independiente de si la variabilidad oceánica natural o la actividad humana causaron el inicio de la inestabilidad».

Incluso el cálculo más bajo de los autores de un aumento permanente de 1,2 m en el nivel del mar es mucho, mucho mayor que cualquier aumento potencial mencionado por los políticos y la mayoría de los comentaristas de noticias. Una vez que la capa de hielo de la Antártida occidental se haya derretido en agua de mar, el escudo protector de la Antártida contra el sol se reducirá, por lo que, la temperatura global aumentará aún más, independientemente del éxito que tengamos en la reducción de las emisiones de dióxido de carbono. Poner nuestra fe en la energía eólica marina para salvar al mundo es como intentar evitar un ataque nuclear construyendo más cañones antiaéreos. La actividad humana bien puede haber desencadenado el ciclo de desintegración polar de Stafford Beer, pero ahora que ha comenzado, es muy poco probable que podamos detenerlo.

---

[12] *Stabilizing the West Antarctic Ice Sheet by surface mass deposition*. (Estabilización de la capa de hielo de la Antártida occidental por deposición de masa superficial). Feldmann J, Levermann A y Mengel M, Science Advances, 3 de julio de 2019. vol. 5, núm. 7.

Dinero

La forma en que pagamos por bienes y servicios también ha ido cambiando cada vez más rápidamente, como muestra la Tabla 1. Las fechas mostradas son aproximadas, particularmente para los primeros años, ya que diferentes civilizaciones adoptaron diferentes métodos de pago en diferentes momentos.

Tabla 1: Moneda a través de los siglos

Fecha	Forma de pago
-4000	Trueque
-1000	Cebada, sal, etc.
-700	Monedas de metal
1000	Palo tallado
1500	Billetes de cambio
1700	Billetes de banco
1750	Cheques
1950	Tarjetas de crédito
1987	Tarjetas de débito
1994	Banco en línea
2003	Tarjetas de Chip y PIN, no se requiere de firma
2005	Primeros bancos en línea
2007	Tarjetas sin contacto
2008	Pagos más rápidos introducidos por transferencia electrónica de fondos (TEF)
2009	Criptomoneda digital, especialmente *bitcoin*
2012	Pagos sin contacto en los autobuses de Londres
2012	El sistema de aplicaciones de teléfonos móviles Swish para pagos persona a persona introducido en Suecia.
2014	Pago de amigos y pequeñas empresas por teléfono móvil (PAYM) introducido en el Reino Unido (www.paym.co.uk/) y otros países
2016	La ciudad de Zug en Suiza permite el pago de facturas pequeñas en moneda digital *bitcoin*

Los métodos de pago se están alejando claramente de las formas físicas de moneda a las transacciones digitales, incluso si dichas transacciones aún representan libras, dólares o euros, etcétera. Suecia está abriendo el camino hacia una sociedad sin efectivo, ya que la mayoría de las sucursales bancarias ya no aceptan ni emiten efectivo en absoluto. Desde 2012, los suecos han podido pagarse entre sí utilizando sus teléfonos móviles y, desde 2014, un sistema similar respaldado por diecisiete bancos y sociedades de construcción en el Reino Unido ha permitido que se realicen pagos por teléfono móvil tanto a individuos como a pequeñas empresas que se registran. Actualmente, hay al menos cuatro aplicaciones de teléfonos móviles para pagar a amigos, y otras cuatro para pagar bienes y servicios de tiendas en línea y tiendas físicas.

Según el sitio web de investigación de mercado CoinMarketCap.com, más de 10.000 criptomonedas diferentes se negociaban públicamente en 2021, con un valor total de alrededor de 2 billones de dólares estadounidenses.

El dinero físico en cualquier forma puede convertirse en una cosa del pasado dentro de la vida de algunos de nosotros.

Todos estos enormes cambios han tenido lugar desde 1950, y la mayoría solo en los últimos veinticinco años.

Armas

A lo largo de la mayor parte de la historia humana, las armas como palos, piedras, lanzas, flechas e incluso pistolas podrían matar a una sola persona a la vez. En el siglo IX, los chinos descubrieron la pólvora y la utilizaron de forma limitada en la guerra, y por el siglo XIV se usaba la pólvora para disparar balas de cañón, que a veces podían tener éxito en el hundimiento de la tripulación de un barco. En el siglo XX, el armamento se hizo cada vez más poderoso. Las ametralladoras y proyectiles que usaban TNT se utilizaron en la Primera Guerra Mundial, y se lanzaron bombas poderosas durante la Segunda Guerra Mundial. En 1945, una sola bomba atómica fue suficiente para matar a unas 90.000 personas en Hiroshima.[13] En 1994, el Reino Unido desplegó una pequeña flota de submarinos nucleares equipados con misiles Trident estadounidenses. Una sola ojiva termonuclear en un misil Trident es ocho veces más poderosa que la bomba lanzada sobre Hiroshima, y un misil puede transportar cuatro ojivas, así que por mero cálculo deducimos que un solo misil podría matar a 32 x 90.000, es decir 2,88 millones de personas.

En julio de 2016, el parlamento del Reino Unido votó por una gran mayoría para proceder a la construcción de una nueva clase de submarino Dreadnought para reemplazar a las actuales Vanguards. Estos serán operativos desde aproximadamente 2028 con armamento similar o aún más sofisticado.

El presidente ruso, Vladimir Putin, debió haber pensado que eran las noticias más divertidas que había escuchado durante años. Sus nuevos misiles RS-28 Sarmat de 40 megatones serán *dos mil veces* más poderosos que las bombas lanzadas sobre Hiroshima y Nagasaki, y mientras escribo se espera que entre en servicio en 2020. Un solo misil con dieciséis ojivas tendrá la capacidad de acabar con Inglaterra y Gales, o Francia, o Texas, es decir, casi *60 millones* de personas. Con una velocidad máxima de 7 km por segundo, podrá superar cualquier sistema de protección antimisiles existente, y con un alcance de 10.000 km o 6213 millas, podrá alcanzar no solo Europa sino ambas costas este y oeste de los Estados Unidos.[14]

Como muestra la Figura 3, el poder de matar de los misiles ha explotado en más de un sentido en la vida de muchos de nosotros.

---

[13] *How many died at Hiroshima?* (¿Cuántos murieron en Hiroshima?). Dan Ford, www.warbirdforum.com/hirodead.htm, visto el 16 de agosto de 2016.

[14] *Putin's greatest warning to the West yet* (La mayor advertencia de Putin al Occidente todavía). Daily Mail, 26 de octubre de 2016.

Figura 3: Muertes por misil

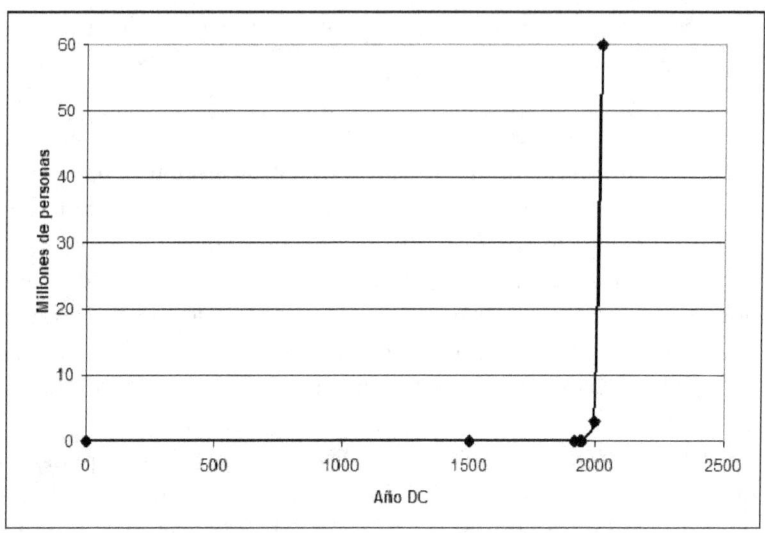

En el extremo opuesto de la escala, pero potencialmente incluso más letales, se encuentran los sistemas de armas autónomas letales controlados por inteligencia artificial. Se trata de pequeñas armas que pueden buscar y seleccionar objetivos humanos sin más intervención humana. Podrían programarse para matar, por ejemplo, a todos los hombres de una región de entre dieciséis y sesenta años. Un solo contenedor de envío podría transportar un millón de tales armas, que podrían fabricarse por unos pocos dólares cada una. En el momento de la publicación, su desarrollo no ha sido prohibido por ningún tratado aceptado internacionalmente. Los sistemas de armas autónomos impulsados por IA ya están a la venta y, de hecho, es posible que se hayan utilizado.[15]

Quizás aún más aterrador es el desarrollo de armas biológicas que podrían usarse, por ejemplo, para envenenar los reservorios de agua potable. Solo 15 g. del bacilo botulínico

---

[15] Descrito por el profesor Stuart Russell en la «Reith Lecture» 2021 de la BBC.

Tipo H, si se inyecta, es suficiente para matar a todos en el mundo.[16]

Velocidad de transporte

La velocidad a la que los humanos pueden viajar se ha acelerado de manera similar a la población. Al ignorar las 17:500 mph que el transbordador espacial Columbia alcanzó bajo control manual cuando regresó a la Tierra en 1981, la velocidad a la que la gente normal puede viajar ha aumentado geométricamente y continúa haciéndolo. La Tabla 2 ofrece un resumen aproximado de estas velocidades en tierra y en el aire:

Tabla 2: Velocidades de transporte a través de los años

Fechas	Método	Velocidades aproximadas en km por hora
Velocidades en tierra		
10.000 d.C. a 3000 d.C.	A pie	12 trotando, 24 corriendo
3000 d.C. a 1850	A caballo	16 trotando, 80 galopando
1850	Tren	40
1950	Tren	200
1970 al presente	Tren ('Proyectil', TGV, maglev)	320
2027 (planificado)	Chuo Shinkansen maglev (Japón)	505
2027 (posiblemente)	Interurbano ETT or vac-trains (trenes de tubo)	1600

---

[16] *A novel strain of Clostridium botulinum that produces Type B and Type H botulinum toxins* (Una cepa novedosa de Clostridium botulinum que produce toxinas botulínicas tipo B y tipo H). Barash J y Arnon S, Journal of Infectious Diseases, 2013.

Velocidades en el aire		
1925	Imperial Airways y otros	160
1935	Imperial Airways y otros	270
1940 a 1950	Aerolíneas comerciales	460
1950 hasta nuestros días	Aerolíneas jet	960
1976 a 2003	Aerolíneas supersónicas (Concorde)	2160
2023	SpaceShip Two	4160

ETT o Evacuated Tube Transport (Transporte de Tubo Evacuado), también conocido como vac-trains (trenes de tubo) o Hyperloops, son sistemas de transporte en los que las cápsulas levitadas magnéticamente en tubos evacuados evitan las limitaciones de velocidad tanto de la fricción como de la resistencia del aire. Los tubos pueden ubicarse en tierra o debajo de la tierra o el mar. En los Estados Unidos cuatro empresas están desarrollando la idea.[17] Elon Musk, jefe de Boring Company, estimó que el viaje de 350 millas entre Los Ángeles y San Francisco podría realizarse en 30 minutos, a una velocidad de más de 700 mph (milla por hora). Virgin Hyperloop One de Richard Branson realizó una prueba exitosa a gran escala en julio de 2017. Branson afirmó que los pasajeros podrían viajar desde Londres a Escocia en 45 minutos a una velocidad similar. Otros protagonistas proyectan que, para el año 2025, los pasajeros podrían viajar entre ciudades a 1000 mph en tubos interciudadmente.

En 2021, cuatro «astronautas aficionados», los primeros turistas espaciales reales, pasaron tres días dando vueltas

---

[17] *Closing the loop* (Cerrando el ciclo). Lee K T, Materials World, Institute of Materials, Minerals and Mining, diciembre de 2017.

alrededor de la tierra en el vehículo SpaceX de Elon Musk a una velocidad de 27.000 km/h.[18]

Las Figuras 4 y 5 ilustran gráficamente cómo la velocidad de transporte en tierra y en el aire ha aumentado con el tiempo. Como puedes ver, ambas figuras se parecen al gráfico de población de la Figura 1. Un gráfico adicional para los viajes por mar, que van desde natación humana a hidroalas, mostraría una tendencia similar.

Figura 4: Velocidades de transporte por tierra

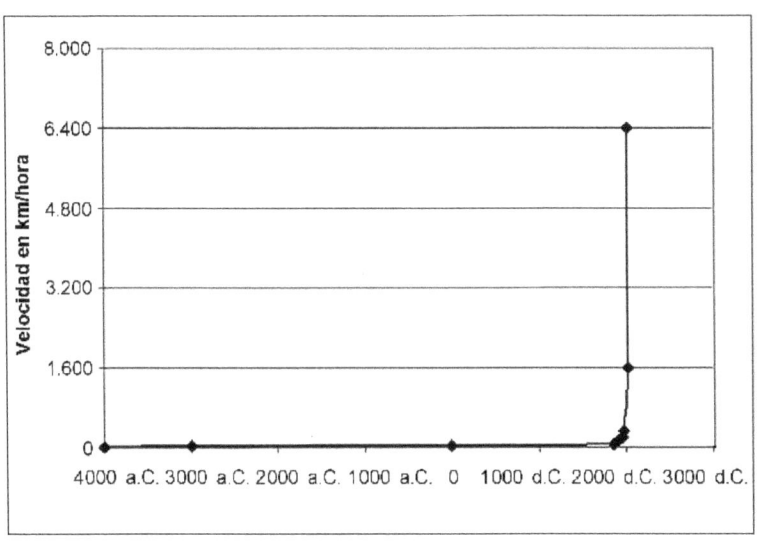

---

[18] https://metro.co.uk/2021/09/16/spacex-launches-worlds-first-amateur-astronaut-crew-into-orbit-15266707

Figura 5: Velocidades de transporte por aire

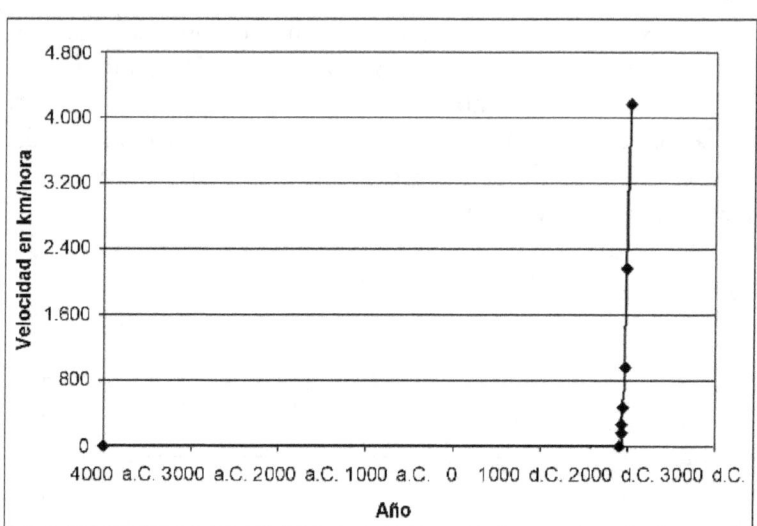

Dos modos de transporte que decidí no considerar fueron esquiar en empinadas laderas nevadas, que en un momento fue el método más rápido para viajar por tierra; y saltando desde un acantilado alto, ¡que durante milenios debe haber sido el método más rápido de viajar por el aire!

Distancias recorridas

Muy relacionadas con la velocidad de transporte están las distancias que las personas viajan. Antes de la Revolución Industrial, la mayoría de las personas trabajaban en casa o cerca de su hogar, ya sea en una industria casera, en servicio o localmente en la tierra. A lo largo de la historia de la humanidad, la distancia del viaje promedio al trabajo ha sido probablemente muy inferior a una milla. Incluso hace ochenta años, pocas familias tenían un automóvil, y la gente confiaba en las bicicletas o en los servicios de autobuses locales para viajar al trabajo dentro del Reino Unido y países similares.

Hoy en día, sin embargo, la mayoría de las personas viajan en automóvil, tren o autobús, y las distancias a las que viajan siguen aumentando. En 2016, el promedio de la distancia regular de ida llegó a diez millas en el Reino Unido y alrededor de catorce millas en los Estados Unidos.[19]

Con la llegada de los viajes aéreos baratos, las personas también viajan más y más lejos para sus vacaciones, incluso para descansos cortos. Dos personas pueden volar por todo el mundo por menos de 2500 US$, el equivalente a un mes de alquiler de un apartamento de dos habitaciones en Londres. Y aunque pocas personas viajarán más allá de la Tierra en un futuro muy próximo, Elon Musk de SpaceX ha anunciado que espera enviar a los primeros astronautas a Marte en 2026.

Por extraño que parezca, hay una predicción acerca de tales viajes en la Biblia. Alrededor de 590 a.C. un devoto judío llamado Daniel y otros jóvenes brillantes de Jerusalén fueron llevados cautivos a Babilonia por el ejército invasor de Nabucodonosor. Daniel anhelaba regresar a su tierra natal, y pasó largos períodos ayunando y orando a Dios por alguna pista sobre lo que el futuro podría tener para las naciones del mundo, y para su propia gente en particular. Finalmente, después de tres semanas de semiayuno, Daniel tuvo una visión extraordinaria. Un ángel le concedió una vista previa extendida del futuro, concluyendo con las palabras: "Pero tú, Daniel, cierra las palabras y sella el libro hasta el tiempo del fin. Muchos correrán de aquí para allá, y la ciencia aumentará"» (Daniel 12:4).

«Muchos correrán de aquí para allá» debió haber parecido algo extraño de predecir, pero si Daniel hubiera podido ser transportado a Londres o Nueva York en la hora pico de hoy, lo que vio exactamente le explicaría lo que el ángel quería decir.

---

[19] La distancia de viaje en el Reino Unido de 2016 se extrapola de los censos nacionales de 2001 y 2011. La distancia de viaje promedio en los EE.UU. se calcula a partir de los datos de 2016 proporcionados por www.statisticbrain.com/commute-statistics, visto en septiembre de 2016.

El mundo hoy

No solo la frenética prisa de los viajeros, sino su gran número de personas («muchos») le habrían quitado el aliento.

La ciencia

«Y la ciencia aumentará». Una guía aproximada de cómo aumenta la ciencia humana es observar la cantidad de libros impresos por año. Entre 1454 y 1800, el número total de copias de libros impresos en Europa por año aumentó de manera bastante constante de 0,25 millones a 12,58 millones.[20] En el período comprendido entre 1990 y 2014, se publicaron alrededor de 587.900 nuevos títulos por año en Europa.[21] No sé el número total de libros impresos por título en Europa,[22] pero si se trata de 500, entonces estamos hablando de casi 300 millones de libros que se imprimen por año, un aumento enorme sobre los 12,58 millones que se imprimieron en 1800.

Desde aterrizajes lunares hasta materiales de un solo átomo de espesor; desde la erradicación de la viruela hasta los trasplantes de corazón; desde el mapeo del genoma humano hasta los riñones artificiales; desde edificios de gran altura hasta la robótica; de la miniaturización a la tecnología Bluetooth; y de las hojas de cálculo a la World Wide Web (Red Mundial): ¡Todo esto representa un aumento extraordinario e históricamente sin precedentes en el conocimiento humano durante la vida de muchos lectores de este libro!

---

[20] *Charting the Rise of the West: Manuscripts and Printed Books in Europe, a long-term perspective from the sixth through eighteenth centuries* (Trazando el Ascenso del Oeste: manuscritos y libros impresos en Europa, una perspectiva a largo plazo desde el siglo VI hasta el siglo XVIII). Buringh E y Luiten van Zanden J, The Journal of Economic History 69(02):409-445, junio de 2009.

[21] *Books published per country per year* (Libros publicados por país por año). Wikipedia – datos de fuentes de la UNESCO – 1990 a 2014.

[22] En 2010 el número promedio de copias por título vendido en los EE.UU. fue de 500 según Ward T y Hunt J en *The Author's Guide to Publishing and Marketing* (La Guía del Autor para la Publicación y el Marketing) 2010. La cantidad impresa fue considerablemente mayor.

Se dice que Tomás de Aquino, quien murió en 1274, fue la última persona en poseer la suma total del conocimiento humano, al menos como existió dentro de la civilización Europea en el siglo XIII. Sin embargo, al pobre santo le habría resultado difícil cumplir con esta afirmación en agosto de 2010, ¡cuando Google calculó que había 129:864:880 libros diferentes en el mundo![23]

La razón por la que Google quería saber cuántos libros había en total es que la compañía pretende digitalizarlos todos.[24] Si se logra esa meta, será posible localizar cualquier cosa que se haya impreso simplemente realizando una búsqueda en línea. Sin duda, para entonces Google habrá combinado sus algoritmos de búsqueda con sus programas de traducción mejorados, de modo que la búsqueda de «enfermedades de los oídos de los gatos», por ejemplo, producirá información sobre el tema en todos los idiomas impresos que tengan algo que decir al respecto.

En otras palabras, será posible que cualquier persona pueda convertirse en un Santo Tomás de Aquino y saber todo lo que hay en el mundo, al menos cómo y cuando sea necesario. Este será un cumplimiento extraordinario, y casi aterrador, de la revelación hecha a Daniel, que el conocimiento aumentaría en el momento del fin.

Premoniciones

El fin de semana que escribí esta sección había tres películas diferentes sobre el fin del mundo que se mostraban en los

---

[23] *Books of the world, stand up and be counted! All 129,864,880 of you* (Todos los libros del mundo, ¡pónganse de pie y sean contados! Todos los 129:864:880 de ustedes). Taycher L, Ingeniero de software de Google, 5 de agosto de 2010. Google Booksearch blogspot.co.uk, visitado el 16 de agosto de 2016.

[24] El post de Taycher en la referencia anterior comenzó: «Cuando eres parte de una empresa que está tratando de digitalizar todos los libros del mundo, la primera pregunta que recibes a menudo es: "¿Cuántos libros hay allí afuera?"».

El mundo hoy

canales de televisión terrestres y gratuitos en el Reino Unido. *2012* visualizó la desestabilización del núcleo de la Tierra. *El día después de mañana* pronosticó la extinción de la raza humana por una nueva era glacial, y el *Fin del mundo* vio al mundo quemado por una llamarada solar. Si la producción de películas apocalípticas es un indicio de un sentimiento generalizado de que la vida, tal como la conocemos, está llegando a su fin, el artículo de Wikipedia *Lista de películas apocalípticas* demuestra que cada vez más personas comparten este sentimiento. La Figura 6 muestra el número de películas apocalípticas producidas en cada década a partir de 1950 en adelante.

Figura 6: Películas apocalípticas estrenadas por década.

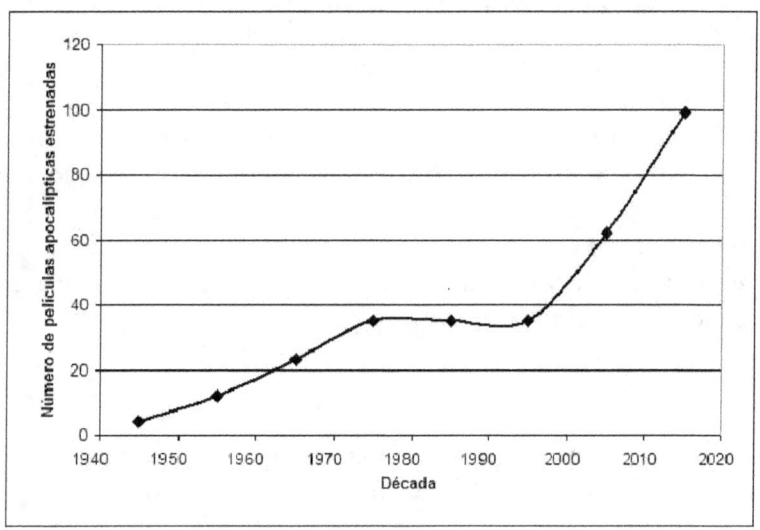

La figura del año 1999 para la década 2010-2019 se extrapola de la cifra de 66 que figura en Wikipedia el 5 de noviembre de 2015.

Los títulos de películas enumerados para la década actual incluyen *4:44 Último día en la Tierra, Después de la Tierra, Extinción, Adiós mundo, Los últimos supervivientes, Oblivion, Estas horas finales, Este es el fin, La guerra mundial Z* y *El fin del mundo*.

El supuesto más comúnmente compartido por los futuristas es que «estamos en medio de una transformación histórica. Los tiempos actuales no son solo parte de la historia normal».[25] Cualquiera que lea este capítulo puede ver que los tiempos en los que vivimos son históricamente únicos. Algo extraordinario le está sucediendo al mundo en nuestra generación y es evidente que muchas personas lo sienten.

---

[25] *The Views of Futurists. Volume 4, The Knowledge Base of Futures Studies* (Los puntos de vista de los futuristas. Volumen 4, La Base de Conocimiento de los Estudios de Futuros). Editado por Inayatullah S, Foresight International, Brisbane, 2001. Citado en Wikipedia: Futurist, noviembre de 2017.

El mundo hoy

2. El plan de los siete mil años de Dios

Un mundo modelo

Figura 7: Brickplayer Kit 3

Creo que tenía once años cuando me dieron un kit de Brickplayer 3. Bricklayer era un kit de construcción de juguetes que era popular antes y después de la Segunda Guerra Mundial. Consistía en planos de construcción, pequeños ladrillos de 10, 15 o 20 mm. de largo y aproximadamente 4 mm. de grosor, puertas y ventanas metálicas, láminas de techos de tejas y cartón de hormigón, un cemento hecho de harina y tiza, y por supuesto una pequeña llana de albañil. El cemento se endurecía cuando se mezclaba con agua fría, pero más tarde se podía disolver en agua tibia para que los ladrillos pudieran reutilizarse.

Hice una parada de autobús, una oficina de revestimiento de ferrocarril, una pequeña estación de ferrocarril y una caja de señales. Me di por vencido en el bungaló y la casa de una planta y media, así que estaba bien que no fuera un Kit 4. ¡El kit 4 comprendía un pueblo entero! Si fue esto lo que le dio a mi madre la idea, o si su regalo de cumpleaños para mí era en realidad parte de un plan astuto para enseñarme albañilería, no lo sé; todo lo que sé es que al año siguiente ella me obsequió un montón de ladrillos reales, un saco de arena y una bolsa de cemento, ¡y me dijo que construyera un bunker de carbón!

Es fascinante la frecuencia con que los eventos históricos registrados en el Antiguo Testamento fueron modelos de eventos mucho más importantes que ocurrieron más adelante en la vida y la enseñanza de Jesús.

Modelos de Brickplayer en el Antiguo Testamento

I. El diluvio (Génesis 6:1-9,18)

Como veremos en el siguiente capítulo, Jesús enseñó que en el momento del fin habrá un período de tanta dificultad en la tierra que pocos lo sobrevivirán. Para rescatar a quienes lo aman, los sacará del mundo, tomando a todos los demás por sorpresa. Comparó este evento venidero con la ocasión en que Dios rescató a Noé y a su familia del diluvio.

> «Pero como en los días de Noé, así será la venida del Hijo del hombre, pues como en los días antes del diluvio estaban comiendo y bebiendo, casándose y dando en casamiento, hasta el día en que Noé entró en el arca, y no entendieron hasta que vino el diluvio y se los llevó a todos, así será también la venida del Hijo del hombre».
>
> Mateo 24:37-39

II. Abraham (Génesis 22:1-19)

Dios probó a Abraham diciéndole que sacrificara a su hijo, Isaac, como una ofrenda, en lo que se cree que fue en una de las colinas en las que Jerusalén fue construida más tarde. Cuando llegaron, Isaac le preguntó a su padre dónde estaba el cordero, y Abraham respondió, «Dios proveerá el cordero para el holocausto, hijo mío».

Cuando Abraham estaba a punto de matar a Isaac, apareció un ángel y le dijo que parara porque había pasado la prueba. Abraham se volvió y encontró un carnero detrás de él atrapado por sus cuernos en un matorral, y lo sacrificó en su lugar.

Este evento claramente prefiguró la provisión de Dios de su propio hijo, Jesucristo, para morir como sacrificio en nuestro lugar. De hecho, Jesús fue llamado el Cordero de Dios.

III. Moisés y la serpiente (Números 21:4-9)

Hacia el final de sus cuarenta años en el desierto, muchos de los israelitas murieron después de ser mordidos por serpientes. Moisés oró por ellos y Dios le dijo que hiciera un modelo de serpiente en bronce, la erigiera en un palo y le dijera a cualquiera que haya sido mordido que la mirase. Cuando ellos hicieron esto, no murieron.

Años después, Jesús estaba hablando a sus discípulos acerca de su próxima muerte por crucifixión. Él dijo: «Como Moisés levantó la serpiente en el desierto, así es necesario que el Hijo del hombre sea levantado, para que todo aquel que en él cree no se pierda, sino que tenga vida eterna» (Juan 3:14,15).

IV. Jonás (Jonás 1:1-4,11)

La mayoría de la gente ha escuchado la historia de cómo el profeta Jonás fue tragado por un enorme pez[26] que luego lo

---

[26] Docenas de fósiles de gigantescos tiburones megalodones (Carcharocles megalodón) han sido encontrados. Algunos de estos son de 18 metros de

arrojó vivo a la orilla del mar, probablemente lo más cerca posible de la ciudad de Nínive (Jonás, capítulos 1 y 2). Nínive es donde Dios le había dicho que fuera en primer lugar.

Jesús relacionó esta historia con su próxima visita al inframundo y su subsiguiente resurrección[27]:

> La generación mala y adúltera demanda señal, pero señal no le será dada, sino la señal del profeta Jonás. Como estuvo Jonás en el vientre del gran pez tres días y tres noches, así estará el Hijo del hombre en el corazón de la tierra tres días y tres noches.
>
> Mateo 12:39,40

Las personas ateas de Nínive creyeron en la predicación de Jonás. Se arrepintieron y se volvieron a Dios, con el resultado de que ellos y su ciudad fueron salvados de la destrucción. Ellos creyeron a Jonás porque habían oído hablar de la tormenta y la milagrosa liberación de Dios sobre él.

De la misma manera, las personas que escucharon el primer sermón cristiano de Pedro le creyeron, se arrepintieron y se dirigieron a Dios para obtener la salvación eterna, porque habían conocido la muerte de Cristo y su milagrosa resurrección de entre los muertos.

V. El Éxodo, el desierto y la Tierra Prometida.

La huida del pueblo hebreo de Egipto es el evento más famoso en la historia de Israel (Éxodo, capítulos 11 al 14). La historia completa de su liberación desde los cuatrocientos años de esclavitud hasta su ingreso cuarenta años después en Canaán es

---

largo. ¡Un pez de ese tamaño, sea o no un tiburón, podría haberse tragado a Jonás casi sin notarlo!

[27] En Mateo 12:40 Jesús dijo que pasaría tres días y tres noches en el reino de los muertos. Job 3:19-21 y 17:16 describen este reino, mientras 1 Pedro 3:18,19 y la Epístola a los Efesios 4:8-10 describen la visita allí de Cristo para predicar el evangelio.

tan parecida al evangelio cristiano que solo se puede concluir que Dios manejó todo el proceso.

Tabla 3: Comparación de las historias de salvación en los dos Testamentos

Antiguo Testamento	Nuevo Testamento
Esclavitud a los Faraones y sus capataces.	Esclavitud a Satanás y al pecado.
La liberación del ángel de la muerte por la sangre de un cordero	Liberación de la muerte por parte del «Cordero de Dios, que quita el pecado del mundo» (Juan 1:29).
Ingreso a una nueva vida bajo el liderazgo de Moisés a través de las aguas del Mar Rojo	Ingreso a una nueva vida bajo la señoría de Jesús a través del bautismo en agua
Aprendiendo la voluntad de Dios a través de los Diez Mandamientos y la Ley	Aprendiendo la voluntad de Dios a través de los mandamientos y enseñanzas de Cristo
Orientación en su recorrido por un pilar de nube y fuego	Orientación por el Espíritu Santo de diversas maneras
Dejando el desierto cruzando el río Jordán	Abandonando la vida mortal cruzando el río de la muerte
Comenzando la vida en «una tierra que fluye leche y miel» bajo el gobierno de Dios	Comenzando la vida eterna en un mundo nuevo bajo el gobierno delegado del Señor Jesucristo

Todos los eventos principales descritos en el Antiguo Testamento, al menos hasta la destrucción de Jerusalén, fueron modelos de algo aún más importante que Dios cumpliría más adelante a través de su hijo Jesucristo. En cierto modo, todos predijeron eventos que iban a suceder, aunque nadie podría haberlo entendido en ese momento.

Sin embargo, hay un evento importante en la historia del Antiguo Testamento que aún no hemos mencionado, un evento tan importante que tú y yo no estaríamos aquí si no hubiera ocurrido. ¡Estoy hablando de la creación del mundo! ¿Puedes adivinar qué es? Pensando en esto, me pregunté si eso también podría haber sido un modelo de algo significativo que Dios tiene la intención de hacer, ¡quizás algo tan significativo que compita con la muerte y resurrección de Jesucristo en su importancia!

Un creador de horario

Cualquiera que lea el Antiguo Testamento descubrirá que Dios está muy preocupado por fechas y horas. Siendo todopoderoso, presumiblemente podría haber creado todo en un instante, sin embargo, deliberadamente se tomó seis días en terminar el trabajo.

Más tarde le dijo a Noé que comenzara a construir un arca, pero esperó otros setentaicinco años[28] hasta que Noé tenía exactamente seiscientos años de edad antes de enviar el diluvio.

Dios le prometió a Abraham un hijo, pero retrasó el cumplimiento de su promesa durante años hasta que Abraham tenía exactamente cien años. Le dijo a Abraham que sus descendientes serían esclavizados en una tierra extranjera durante cuatrocientos años. (Génesis 15:13) Podría haberlos rescatado en cualquier momento, pero esperó exactamente cuatrocientos años antes de pedirle a Moisés que lo hiciera.

Después de que la gente se fue de Egipto, Dios los hizo esperar en el desierto cuarenta años antes de decirles que era hora de conquistar Canaán. Le dijo al profeta Jeremías que la nación se exiliaría en Babilonia durante setenta años. Y en

---

[28] https://answersingenesis.org/bible-timeline/how-long-did-it-take-for-noah-to-build-the-ark.

Babilonia, le dijo al profeta Daniel sobre los próximos cuatro imperios, los Neobabilonios, los Medo-Persas, los Greco-Macedonios y finalmente los Romanos, cada uno con una escala de tiempo.[29] Luego, durante quinientos años, después de que el gobernante persa Ciro permitió que un resto de Judíos regresara a Jerusalén, no hubo más visitas angélicas, ni profetas, ni milagros, ni tampoco el ansiado Mesías. Era como si Dios se hubiera olvidado de su pueblo hasta que, como Pablo escribió: «Cuando vino el cumplimiento del tiempo, Dios envió a su Hijo, nacido de mujer... (Gálatas 4:4). El tiempo, ya ves, tenía que ser correcto. ¿Por qué?
El primer capítulo en el Nuevo Testamento nos da una pista. Aquí Mateo provee una genealogía completa desde Abraham hasta Jesucristo. Lo resume en el versículo 17 así: «De manera que todas las generaciones desde Abraham hasta David (el rey) son catorce; desde David hasta la deportación a Babilonia, catorce; y desde la deportación a Babilonia hasta Cristo, catorce». Si quieres evidencia de que Dios tiene algo acerca del tiempo, ¡esa es![30]

El día especial

Entonces, ¿qué tiene todo esto que ver con la creación del mundo por parte de Dios? Según el capítulo 1 de Génesis, le tomó seis días para hacerlo. Esto se reiteró en los famosos Diez

---

[29] *Ezekiel Daniel – a Self-Study Guide* (Ezekiel Daniel - una guía de autoestudio). Jensen I L, Moody Bible Institute de Chicago, 1968, p:74.

[30] En la versión de Lucas, dos nombres, Arni y Admin, se encuentran entre Hezron y Aminadab, donde Mateo tiene un solo nombre, Ram. (Lucas 3:33; Mateo 1:4) Dos nombres harían 41 generaciones desde Abraham hasta David, no 40. Sin embargo, algunos manuscritos antiguos del Evangelio de Lucas tienen Aram (similar a Ram) en lugar de Arni, y otros omiten Admin. Si estas versiones son lo que Lucas escribió originalmente, entonces coincidirían con la genealogía de Mateo, y la genealogía de Mateo sería correcta tal como está. No hay variaciones conocidas de la versión de Mateo.

Mandamientos, que Dios le dio a Moisés justo después del éxodo del pueblo hebreo de Egipto. El cuarto de estos mandamientos fue éste: «Acuérdate del sábado para santificarlo. Seis días trabajarás y harás toda tu obra, pero el séptimo día es de reposo para Jehová, tu Dios; no hagas en él obra alguna... porque en seis días hizo Jehová los cielos y la tierra, el mar, y todas las cosas que en ellos hay, y reposó en el séptimo día; por tanto, Jehová bendijo el sábado y lo santificó» (Éxodo 20:8-11).

«Sábado» simplemente significa «descanso». Una razón por la que eligió seis días seguidos de un día de descanso fue establecer un patrón de vida para nosotros. Cada séptimo día iba a ser un día de descanso para el pueblo de Dios, y la razón que Dios dio para esto fue que él mismo lo había hecho todo en seis días y había descansado en el séptimo.

Algunas personas argumentan que realmente quiso decir que le tomó seis largos períodos de tiempo, pero no puedo entender las palabras «seis días trabajarás y un día descansarás porque eso es lo que hizo Dios» si eso no fue lo que Dios hizo. Si hubiera hecho el mundo de manera sobrenatural, presumiblemente podría haberlo hecho en cualquier período de tiempo que eligiera.

En realidad, la única razón para interpretar los «días» en Génesis capítulo 1 para significar seis largos períodos de tiempo es que la mayoría de los científicos creen que el universo tardó más de seis días en evolucionar. Pero, como expliqué en mi libro *Dios, Ciencia y la Biblia*, todos los cálculos científicos de la edad del universo se basan en el supuesto de que no se creó de forma sobrenatural. Por lo tanto, la única razón para no creer que el relato del Génesis de una creación sobrenatural es literalmente cierto, es que muchas personas creen que el relato del Génesis no es literalmente cierto.

Me parece que al definir cuidadosamente cada día sucesivamente como «la tarde y la mañana, un día», el escritor del Génesis aclaró deliberadamente que se refería a siete días literales. Eso es obviamente lo que significaba el cuarto mandamiento, y es obvio que la gente que lo escuchó lo habría entendido así, y es igualmente obvio que Dios habría sabido que ellos entenderían que significaba eso.

Creo que Dios no -miente ni nos engaña deliberadamente, por lo que nunca le habría dicho al pueblo de Israel que había hecho el mundo en seis días si realmente no lo hubiera hecho. Como decía mi viejo amigo, el evangelista Don Double: «Dios dice lo que quiere decir y quiere decir lo que dice». Dios eligió tomar seis días literales sobre su trabajo de creación y luego descansar por un día como un ejemplo que debemos seguir.

Tenía tres razones para ordenar un día de descanso semanal del trabajo:

- Fue para darles a su pueblo descanso físico a sus cuerpos y a cualquier bestia de carga, y liberarlos de la sensación de que deben seguir trabajando continuamente para mantenerse con vida.
- El día de descanso debía ser «para el Señor», es decir, para dar una oportunidad a la gente de acercarse al Señor Dios en adoración y acción de gracias y dedicarse a su servicio.
- Era una *señal*, una señal perpetua, para recordar al pueblo de Israel que el Señor hizo el cielo y la tierra en seis días y descansó en el séptimo. «Guardarán, pues, el sábado los hijos de Israel, celebrándolo a lo largo de sus generaciones como un pacto perpetuo. Para siempre será una señal entre mí y los hijos de Israel, porque en seis días hizo Jehová los cielos y la tierra, y en el séptimo día cesó y descansó» (Éxodo 31:16,17).

El mandamiento acerca de guardar el *sabbat* es el único de los Diez Mandamientos que Dios específicamente destacó como un «pacto perpetuo». Debía ser observado para siempre, nunca ser anulado por ningún pacto posterior, presumiblemente incluso por el Nuevo Pacto que Jesús instituyó.

Una vez a la semana durante toda su vida y mientras el pueblo de Dios perduró, el *sabbat* se debía observar como un recordatorio de que Dios hizo todo en seis días y descansó el séptimo día. Me pregunto ¿cuántos judíos o cristianos siguen cumpliendo ese requisito hoy en día?

El secreto del *sabbat*

¿Por qué Dios escogió este mandamiento particular para un tratamiento tan especial? ¿Por qué insistió tanto en que la gente debería recordar que hizo el mundo en seis días y luego descansó por un día? Después de todo, si un hombre construyera una casa en seis meses podría estar justificadamente orgulloso de su logro, ¡pero su familia pronto se hartaría de él si les recordara cada semana que había hecho esto! ¿Y no es extraño que Dios haya tenido que descansar en el séptimo día, cuando el profeta Isaías dijo que no se cansaba? Es difícil darle sentido, a menos que Dios haya querido que nos diga algo muy, muy importante a través de él.

Anteriormente vimos que todos los eventos más significativos en el Antiguo Testamento eran modelos de eventos aún más importantes que vendrían. Claramente, la creación es, con mucho, el más importante de todos los eventos descritos en el Antiguo Testamento.

Así que sugiero que cuando Dios creó el mundo, eligió hacerlo de la manera que lo hizo, no solo como un ejemplo de un patrón semanal de trabajo para que la gente lo siga, sino como un modelo de algo mucho más importante que él planeó hacer en el futuro. Creo que ¡la semana de la creación fue un modelo establecido al principio de los tiempos para revelarnos el plan de Dios para toda la era presente!

La clave de su significado la da Pedro, a quien Jesús le dijo una vez, «Te daré las llaves del reino de los cielos» (Mateo 16:19). En su segunda carta, Pedro explicó a sus lectores por qué Cristo aún no había regresado como lo habían estado esperando. Él dijo que era porque «para el Señor, un día es como mil años y mil años como un día» (2 Pedro 3:8).

Al poner esta llave en la cerradura del capítulo 1 de Génesis, los seis días de la obra de Dios y su único día de descanso se convierten en seis mil años de algo representado por el trabajo, seguido de mil años de algo representado por el descanso. ¿Es esto fantasioso? Los autores[31] de la carta del Nuevo Testamento a los Hebreos no lo creían. Ellos escribieron:

> Pues en cierto lugar dijo así del séptimo día: «Y reposó Dios de todas sus obras en el séptimo día». Nuevamente dice: «No entrarán en mi reposo»... Si Josué les hubiera dado el reposo, no hablaría después de otro día. Por tanto, queda un reposo para el pueblo de Dios... Procuremos, pues, entrar en aquel reposo...
> Hebreos 4:4-11

Hebreos nos insta a creer en un próximo período de descanso análogo a la entrada a la tierra prometida y que de alguna manera corresponde a un séptimo día de descanso. El autor o los autores de la carta a los Hebreos podrían haber visto que el largo descanso del *sabbat* prometido duraría mil años, porque seguían refiriéndose a Moisés, y fue Moisés quien

---

[31] Yo creo que los autores de la Carta a los Hebreos eran una pareja conocida como Priscila y Aquila. San Pablo se refirió a ellos como sus ayudantes, y tenían una iglesia en su casa. En primer lugar, se refieren principalmente a sí mismos como «nosotros» (por ejemplo, Hebreos 5:11), mientras que los otros escritores del Nuevo Testamento no lo hacen, excepto cuando es evidente que se están refiriendo a sí mismos y a otros apóstoles. En segundo lugar, la carta está empapada de la enseñanza del Antiguo Testamento, y Priscila y Aquila conocían muy bien el Antiguo Testamento, ya que le habían enseñado a Apolos (Hechos 18:26).
Además, la carta menciona en una lista de gente de fe dos mujeres por nombre y mujeres en general. Sin embargo, San Pablo una vez escribió que no permitía que las mujeres enseñaran a hombres (1 Timoteo 2:12), y esa actitud estaba muy extendida en la cultura de la época. Entonces, si Priscila y Aquila escribieron la carta a los hebreos, particularmente si Priscila era la autora principal, bien podrían haber pensado que era mejor escribirla de forma anónima.

escribió, «Mil años delante de tus ojos son como el día de ayer, que pasó» (Salmo 90:4).

La idea de un período de «descanso» de mil años sin duda coincidiría con lo que reveló Jesús resucitado al autor del último libro del Nuevo Testamento, el Apocalipsis. El capítulo 20 del Apocalipsis describe un período de mil años al que precederá un último día de juicio y la creación de una nueva tierra.

> Vi un ángel que descendía del cielo con la llave del abismo y una gran cadena en la mano. Prendió al dragón, la serpiente antigua, que es el Diablo y Satanás, y lo ató por mil años. Lo arrojó al abismo, lo encerró y puso un sello sobre él, para que no engañara más a las naciones hasta que fueran cumplidos mil años... Y vi las almas de los decapitados por causa del testimonio de Jesús y por la palabra de Dios... vivieron y reinaron con Cristo mil años.
>
> Apocalipsis 20:1-4

Este período de descanso de Satanás y todas sus tentaciones tendrá lugar en la tierra, no en el cielo. Anteriormente el Apocalipsis dice que los creyentes en Cristo de cada tribu y nación «reinarán sobre la tierra» (Apocalipsis 5:10).[32] Si el mundo actual realmente tiene alrededor de seis mil años, un millar de años de descanso subsiguientes reflejaría indudablemente el modelo predictivo que Dios estableció cuando creó el mundo.

Pero, ¿Podría la tierra realmente ser tan joven?

¿Seis mil años joven?

Según la Biblia hebrea, en la que se basan la mayoría de las traducciones del Antiguo Testamento, el mundo comenzó solo

---

[32] San Pablo se refirió a este período de reinado con Cristo en la tierra en su carta a los cristianos que vivían en la ciudad de Corinto. «¿No sabéis que los santos han de juzgar al mundo?», preguntó en 1 Corintios 6:2.

unos cuatro mil años antes del nacimiento de Cristo. La fecha ampliamente citada de 4004 a.c. para la creación del mundo calculada por James Ussher, ex arzobispo de Irlanda, es solo una de las muchas fechas que la gente ha calculado, pero las que se basan en la Biblia hebrea son todas bastante similares. El artículo de Wikipedia *Dating creation* (Datando la creación) enumera 25 cálculos realizados por personas tan famosas como Isaac Newton, Martín Lutero y el astrónomo danés Johannes Kepler. Van desde el 4194 a.c. hasta el 3616 a.c., con una fecha promedio de 3946 a.c.

Aquí hay una forma relativamente simple en la que descubrí que se puede hacer el cálculo. El libro de Génesis nos dice qué edad tenía Adán cuando nació su hijo, Set, y luego registra cuidadosamente la edad del padre cuando nació cada hijo mayor sucesivo, hasta el año en que los israelitas se establecieron en Egipto. (Génesis 47:7-9)[33] Durante 22 generaciones esto da un total de 2238 años desde la creación de Adán hasta el asentamiento en Egipto.

A esto hay que añadirle otros 11 años, porque cuando la Biblia dice, por ejemplo, que Adán tenía 130 años cuando nació Set, podía tener cualquier edad desde exactamente 130 años hasta 130 años más 364 días, es decir, medio año mayor en promedio de lo que dice la Biblia. Esto nos da 22 generaciones × 0,5 = 11 años adicionales, lo que hace un total de 2249 años.

Éxodo capítulo 12 versículo 40 luego dice que los hebreos estuvieron en Egipto durante 430 años hasta el momento del Éxodo, llevándonos a 2679 años desde la creación hasta el Éxodo.

Con mucho, el faraón más probable en el momento del Éxodo es Ramsés II. Se sabe que Ramsés se involucró en vastos proyectos de construcción, para los cuales habría necesitado muchos esclavos. Su trabajo de construcción incluyó las ciudades de Pi-Atum y su nueva capital Pi-Ramsés en el

---

[33] Es posible que los hijos nombrados no fueran siempre los mayores, sino los de la ascendencia de Abraham, el padre de la nación hebrea.

delta del Nilo oriental. Estos corresponden a las ciudades de Pitom y Ramsés, que Éxodo 1:11 nos dice que construyeron los hebreos. De hecho Números 33 versículos 3 y 5 nos dicen que vivían en Ramsés, que tiene que haber sido el mismo lugar a pesar del cambio de ortografía.

Finalmente, se cree que el hijo mayor del faraón Ramsés, Amenhirwenemef, murió 25 años después de que su padre comenzara su largo reinado.[34] Si conoce la historia bíblica, recordará que el hijo mayor de cada familia egipcia, incluida la del faraón, murió en la noche del Éxodo. (Éxodo 12:29; Números 33:4) Fue la muerte de su hijo lo que finalmente convenció al faraón de la Biblia de permitir que Moisés y todo su pueblo salieran de Egipto.

Los egiptólogos difieren en sus estimaciones del año en que Ramsés II comenzó su reinado, pero el consenso de la mayoría de los eruditos es 1279 a.c.[35] Sumando 25 años a esto da una posible fecha de 1254 a.c. para el Éxodo en la noche en que murió el hijo primogénito de Faraón.

Por lo tanto, 1254 + los 2679 años desde la creación hasta el Éxodo nos retrotraen al 3933 a.C. para la fecha en que se creó el mundo, siempre que:

- los registros bíblicos esten completos y correctos
- el faraón del Éxodo haya sido Ramsés II
- los egiptólogos hayan acertado con la fecha de la muerte del hijo de Ramsés.

Una fecha de 3933 a.C. es cercana a la de 3928 a.C. derivada por el famoso cartógrafo del siglo XVI Gerardus Mercator. Ussher mismo trazó las fechas bíblicas más allá del Éxodo hasta el 584 a.c., cuando se sabía que la deportación

---

[34] *The Complete Royal Families of Ancient Egypt* (Las familias Reales Completas del Antiguo Egipto). Dodson A y Hilton D, Thames & Hudson Ltd, 2010, p.170. Amenhirwenemef fue enterrado en la tumba KV5 en el Valle de los Reyes.

[35] *The Complete Royal Families of Ancient Egypt*. Como arriba, p. 291.

final de los judíos a Babilonia había tenido lugar bajo el rey Nabucodonosor, pero parece haber cometido varios errores.[36]

Debe admitirse que hay un problema histórico con todas esas cronologías. Según la Biblia, la Primera Dinastía Egipcia debe haber sido fundada después del diluvio, porque durante el diluvio todos, excepto Noé y su familia, se ahogaron. Sin embargo, la fecha más ampliamente aceptada de 3150 a.c. para el comienzo de la Primera Dinastía Egipcia fue 873 años antes de la fecha del diluvio según los cálculos anteriores. Hay una discusión detallada sobre este problema en el Anexo 1: Cronología egipcia y la fecha del diluvio.

En cualquier caso, está claro que, según la Biblia, todo el universo tiene solo unos seis mil años. Por el contrario, la mayoría de los científicos creen que comenzó hace 13,800 millones de años. Varias mediciones científicas y cálculos matemáticos pueden demostrar esto, y generalmente concuerdan entre sí. Probablemente no haya nada de malo en la mayoría de ellos, excepto por una cosa: como dije antes, todos dependen de la suposición de que el universo no fue creado sobrenaturalmente. Mi libro *Dios, la Ciencia y la Biblia* explica cómo esta suposición produce edades aparentes tan grandes para la tierra misma y para el universo como un todo.

Es posible que los hijos nombrados no fueran siempre los mayores, sino los de la ascendencia de Abraham, el padre de la nación hebrea.

El secreto revelado

---

[36] www.answersingenesis.org/articles/am/v1/n1/world-born-4004-bc. A pesar del asombroso conocimiento que James Ussher tenía de la Biblia, de los idiomas bíblicos, la historia antigua, los calendarios antiguos, la astronomía y la cronología, cometió tres errores conocidos.
Probablemente estaba tratando de llegar a una fecha para la creación exactamente 4000 años antes del nacimiento de Cristo, que él supuso haber sido en el año 5 a.C.

Así, el cuadro compuesto que se ofrece en la Biblia es que la humanidad vivirá durante seis mil años, sujeta al engaño de Satanás y los estragos del pecado y la muerte, y luego, al igual que Adán cobró vida al final del sexto día de la creación, los que reconocen públicamente a Jesús y creen en la palabra de Dios serán revividos en cuerpos de resurrección, como el de Jesús, al final de esos primeros seis mil años. Luego disfrutarán de mil años de descanso de lucha y persecución compartiendo el reino de Cristo en la tierra. Y son esos siete mil años de vida en esta tierra que Dios nos modeló en el primer capítulo de Génesis.

Aunque vine a ver todo esto por mí mismo durante mis primeros estudios de la Biblia, más tarde supe que los maestros judíos antes y después de la época de Jesús compartían creencias muy similares, y que casi todos los maestros cristianos de los primeros siglos eran de la misma opinión. El Anexo 2 registra lo que escribieron algunos de ellos.

Aquí hay solo un ejemplo de la *Epístola de Bernabé*, escrita alrededor del año 100 d.C. Este documento en particular casi llega al Nuevo Testamento. Incluye el pasaje: «Como han pasado dos mil años desde Adán hasta Abraham, y dos mil desde Abraham hasta Cristo; entonces habrá dos mil años para la era cristiana y luego vendrá el milenio». Por «el milenio» Bernabé se refirió al reinado de mil años de Cristo en la tierra. Evidentemente, estos eran solo como figuras redondas. Según la Biblia, hubo 1948 años desde la creación de Adán hasta el nacimiento de Abraham, y nadie sabía exactamente cuántos años hubo desde el nacimiento de Abraham hasta el nacimiento de Cristo.

Una vez que se hizo evidente que Jesús no iba a volver de inmediato, todos los primeros maestros cristianos llegaron a creer, junto con los rabinos judíos, que la edad actual terminaría seis mil años después de la creación. Incluso en 1552 d.C., el obispo Hugh Latimer, quien fue martirizado en Oxford, Inglaterra, escribió: «El mundo fue ordenado para durar, como afirman todos los eruditos, durante seis mil años».

Es fácil descartar las creencias de todos esos hombres eruditos, tanto judíos como cristianos, como ideas primitivas basadas en una creencia errónea de la verdad literal de la Biblia. Pero supongamos que la creencia moderna según la cual el mundo tiene cuatro mil millones de años y que la vida tal como la conocemos terminará cuando explote el sol dentro de cinco mil millones de años, es la errónea. ¿Podría el mundo realmente tener una edad de solo unos pocos miles de años después de todo? Y si lo es, ¿qué tan cerca estamos ahora del regreso de Jesucristo?

El plan de los siete mil años de Dios

3. ¿Podemos saber cuándo regresará Cristo?

«Del día y la hora nadie sabe»

En un manuscrito, ahora en la Biblioteca Nacional y Universitaria Judía de Jerusalén[37], el Señor Isaac Newton, el gran físico y matemático, explicó por qué creía, desde sus estudios de la Biblia y la historia, que el mundo no terminaría antes del 2060 d.C. Al publicar esta fecha, escribió:

> Menciono esto para no afirmar cuándo será el momento del fin, sino para detener las conjeturas imprudentes de los hombres fantásticos que frecuentemente predicen el tiempo del fin, y al hacerlo, desacreditan las profecías sagradas tan a menudo como fallan sus predicciones. Cristo viene como ladrón en la noche, y no nos corresponde saber los tiempos y las estaciones que Dios puso en su propio pecho.

Jesús ciertamente les dijo a sus primeros discípulos: «No os toca a vosotros saber los tiempos o las ocasiones que el Padre puso en su sola potestad» (Hechos 1:7). «Del día y la hora nadie sabe, ni aun los ángeles de los cielos, sino solo mi Padre... el Hijo del hombre vendrá a la hora que no pensáis» (Mateo

---

[37] *Works of Sir Isaac Newton, Yahuda manuscript* (Obras del Señor Isaac Newton, manuscrito de Yahuda) *7:3g, folio 13 verso*. Biblioteca Nacional y Universitaria Judía. Citado por Snobelen S D en su British Journal for the History of Science trabajo *Isaac Newton, heretic: the strategies of a Nicodemite* (Isaac Newton, hereje: las estrategias de un Nicodemita), 1999, páginas 391-2.

24:36,44). Y Pablo escribió: «El día del Señor vendrá como ladrón en la noche» (1 Tesalonicenses 5:2).

Entonces, ¿está mal tratar de predecir cuándo regresará Cristo? ¿Será el regreso de Cristo tan repentino e inesperado que nadie lo sabrá hasta que suceda? En ese caso, ¿debería terminar este libro aquí? Tuve la tentación de dejar el resto de esta página en blanco como una broma, pero la pregunta es seria y requiere una respuesta seria. Ciertamente suena como si nadie pudiera saber el momento del regreso de Cristo, pero veamos un relato más completo de su enseñanza.

Lo que Jesús dijo sobre su regreso

Aquí está el pasaje principal sobre el regreso de Jesús, del Evangelio de Mateo, capítulo 24. Jesús dice lo mismo en los Evangelios de Marcos y Lucas:

> «Inmediatamente después de la tribulación de aquellos días, el sol se oscurecerá, la luna no dará su resplandor, las estrellas caerán del cielo y las potencias de los cielos serán conmovidas. Entonces aparecerá la señal del Hijo del hombre en el cielo, y todas las tribus de la tierra harán lamentación cuando vean al Hijo del hombre venir sobre las nubes del cielo, con poder y gran gloria. Enviará sus ángeles con gran voz de trompeta y juntarán a sus escogidos de los cuatro vientos, desde un extremo del cielo hasta el otro.
> »De la higuera aprended la parábola: Cuando ya su rama está tierna y brotan las hojas, sabéis que el verano está cerca. Así también vosotros, cuando veáis todas estas cosas, conoced que está cerca, a las puertas. De cierto os digo que no pasará esta generación hasta que todo esto acontezca. El cielo y la tierra pasarán, pero mis palabras no pasarán.
> »Pero del día y la hora nadie sabe, ni aun los ángeles de los cielos, sino solo mi Padre. Pero como en los días de

Noé, así será la venida del Hijo del hombre, pues como en los días antes del diluvio estaban comiendo y bebiendo, casándose y dando en casamiento, hasta el día en que Noé entró en el arca, y no entendieron hasta que vino el diluvio y se los llevó a todos, así será también la venida del Hijo del hombre. Entonces estarán dos en el campo: uno será tomado y el otro será dejado. Dos mujeres estarán moliendo en un molino: una será tomada y la otra será dejada.

»Velad, pues, porque no sabéis a qué hora ha de venir vuestro Señor. Pero sabed esto, que si el padre de familia supiera a qué hora el ladrón habría de venir, velaría y no lo dejaría entrar en su casa. Por tanto, también vosotros estad preparados, porque el Hijo del hombre vendrá a la hora que no pensáis».

Mateo 24:29-44

El pasaje es seguido por dos historias o parábolas. Ambos tratan de personas que no estaban preparadas para la llegada de la persona que esperaban, el mayordomo de una casa para el regreso de su maestro, y algunas damas de honor para la llegada del novio (¡en el mundo Occidental suele ser la novia quien hace esperar a la gente!). Jesús concluyó estas dos historias con las palabras: «Velad, pues, porque no sabéis el día ni la hora en que el Hijo del hombre ha de venir» (Mateo 25:13). Nota que Jesús no solo dijo: «No sabéis el día ni la hora»; dijo: «*Velad, pues*, porque no sabéis el día ni la hora». ¿Cuál es el punto de velar? Es para evitar ser tomado por sorpresa. El mayordomo que se complacía a sí mismo y las damas de honor que se quedaron sin aceite fueron tontos porque se dejaron tomar por sorpresa.

Entonces, mientras Jesús repetidamente nos enseña en este largo pasaje que su regreso será en una hora inesperada, también está claro que su razón para hacerlo es animarnos a permanecer vigilantes *para que no nos tome por sorpresa* cuando venga.

El mundo incrédulo alrededor de Noé fue tomado por sorpresa cuando llegó el diluvio, pero Noé y su familia no fueron tomados por sorpresa porque habían escuchado a Dios. El dueño cuya casa fue saqueada no habría sido tomado por sorpresa, dijo Jesús, si él hubiera estado atento al robo. Las necias damas de honor no habrían sido atrapadas si hubieran estado preparadas para un retraso en la llegada del novio como lo fueron las sabias damas de honor.

Finalmente, Jesús dijo que al igual que cuando la aparición de hojas en una higuera le decía a la gente que el verano estaba cerca, cuando sus discípulos vieron que tenían lugar todas las cosas que había estado predicando en los versículos anteriores, entonces ellos también sabrían que su venida estaba cerca. Si bien aún no sabían cuándo iba a regresar, debían estar atentos a las señales de su venida que había profetizado, de modo que cuando el mensajero celestial calentara su trompeta lista para anunciar el acercamiento del rey, estarían listos para conocer a Jesús y no serían tomados por sorpresa.

En otras palabras, si escuchamos las instrucciones de Jesús, sabremos que su regreso es inminente cuando llegue el momento.

Lo que Pablo escribió sobre el regreso de Cristo

Este es exactamente el mensaje que Pablo le dio a los Tesalonicenses:

> Acerca de los tiempos y de las ocasiones, no tenéis necesidad, hermanos, de que yo os escriba, porque vosotros sabéis perfectamente que el día del Señor vendrá así como ladrón en la noche. Cuando digan: «Paz y seguridad», entonces vendrá sobre ellos destrucción repentina, como los dolores a la mujer encinta, y no escaparán. Pero vosotros, hermanos, no estáis en tinieblas, para que aquel día os sorprenda como ladrón...

Por tanto, no durmamos como los demás, sino vigilemos y seamos sobrios.

1 Tesalonicenses 5:1-4,6

«Vosotros, hermanos, no estáis en tinieblas», escribió Pablo. Los cristianos que se mantienen despiertos no serán tomados por sorpresa porque sabrán cuándo es inminente el regreso de Cristo.

Veremos en breve que justo cuando Juan el Bautista anunció la llegada de Jesús poco antes de que Jesús se subiera al escenario, Dios enviará a dos profetas para anunciar el regreso de Jesús al comienzo del último acto. Comenzarán su ministerio profético tres años y medio antes de que venga, o para ser preciso, tres años y medio antes del Día de la Resurrección, el día en que todos los creyentes en Cristo, pasados y presentes, resucitarán de entre los muertos. Claramente, la generación de personas que están vivas en su venida y que están espiritualmente despiertas no pueden ser tomados por sorpresa, ¡ya que habremos tenido al menos tres años y medio para prepararnos para ello!

Entonces no es ahora

El único otro pasaje en el que puedo pensar que sugiere que el momento del regreso de Cristo no es para que lo sepamos de antemano es el referido por Isaac Newton que cité anteriormente.

Los discípulos de Jesús estaban hablando con él después de su resurrección de entre los muertos: «Entonces los que se habían reunido le preguntaron, diciendo: —Señor, ¿restaurarás el reino a Israel en este tiempo? Les dijo: —No os toca a vosotros saber los tiempos o las ocasiones que el Padre puso en su sola potestad» (Hechos 1:6,7). Luego procedió a decirles que el trabajo de ellos sería ser su testigo del fin (geográfico) de la Tierra.

Cuando Jesús dijo esto, se dirigía a sus primeros discípulos, no a ti y a mí. «No os toca *a vosotros* saber...», él les dijo, y ahora podemos ver por qué. Esos primeros discípulos estarían muertos mucho antes de que él regresara. El Dr. David Stern en su *Nuevo Testamento y Comentario Judío* incluye este interesante extracto del *Zohar*.

El rabino Yose y el rabino Y'hudah estaban en una cueva donde encontraron un libro sobrenatural. Comenzaron a estudiarlo, pero desapareció en una llama y una ráfaga de viento. Cuando vinieron a Rabí Shim'on y le contaron lo que había sucedido, él les dijo, «¿Quizás estabais examinando las cartas que tratan sobre la venida del Mesías?... No es la voluntad del Santo, bendito sea Él, revelar demasiado al mundo. Pero cuando se acercan los días del Mesías, incluso los niños podrán descubrir los secretos de la sabiduría, y a través de ellos, podréis calcular el tiempo del fin; entonces será revelado a todos».

Zohar 1:117b-118a

Moisés dijo a los Israelitas: «Las cosas secretas pertenecen a Jehová, nuestro Dios, pero las reveladas son para nosotros y para nuestros hijos para siempre, a fin de que cumplamos todas las palabras de esta Ley» (Deuteronomio 29:29). A través de Isaías Dios declaró: «Yo soy Dios; y no hay otro Dios, ni nada hay semejante a mí, que anuncio lo por venir desde el principio, y desde la antigüedad lo que aún no era hecho; que digo: "Mi plan permanecerá y haré todo lo que quiero..."» (Isaías 46:9,10).

Luego el profeta Daniel pasó muchas horas en oración pidiéndole a Dios que le revelara el futuro, y cuando Dios lo hizo con gran detalle, Daniel lo escribió para el beneficio de los demás. Jesús y Pablo dieron diversas enseñanzas sobre este tema, que también ha sido preservado para nosotros.

Finalmente, desde su lugar de exilio en la isla de Patmos, Juan escribió el último libro de la Biblia, el Apocalipsis. Este comienza: «La revelación de Jesucristo, que Dios le dio para manifestar a sus siervos las cosas que deben suceder pronto. La declaró enviándola por medio de su ángel a su siervo Juan» (Apocalipsis 1:1). Lejos de decirnos que no debemos tratar de conocer el futuro, Juan escribió: «Bienaventurado el que lee y los que oyen las palabras de esta profecía, y guardan las cosas en ella escritas, porque el tiempo está cerca» (Apocalipsis 1:3). Claramente, Juan quería que sus lectores supieran lo que iba a suceder, e igualmente claro Jesús le reveló esto para que pudiera compartir este conocimiento con todos nosotros.

Entonces, lo que tenemos que hacer es estudiar, no las cosas secretas que solo Dios puede saber, sino las cosas que Dios nos ha revelado para nuestro beneficio. Él ha revelado estas cosas para ayudarnos a hacer su voluntad, a confiar en él y a permanecer fieles a Jesucristo cuando la vida se pone difícil, para que podamos prepararnos y preparar a los demás para su regreso.

Entonces, ¿qué nos ha revelado Dios exactamente acerca de los tiempos por venir?

¿Podemos saber cuándo regresará Cristo?

4. Los primeros tres años y medio

El libro del Apocalipsis

El primer libro de la Biblia, el Génesis, describe cómo comenzó todo. El último libro, el Apocalipsis, describe cómo terminará todo. Su título completo es *el Apocalipsis de San Juan*.[38] Comienza: «La revelación de Jesucristo, que Dios le dio para manifestar a sus siervos las cosas que deben suceder pronto». Consiste en una serie de visiones que Juan recibió del Señor Jesús resucitado, que describe sobre todo los acontecimientos que llevaron al regreso de Jesús y la recreación de la tierra por parte de Dios.

Juan escribió el libro mientras estaba en el exilio en la isla de Patmos, casi seguramente alrededor del año 68 d.C.[39] No

---

[38] Aunque los eruditos de la Biblia no están de acuerdo sobre quién fue este Juan que escribió el Apocalipsis, yo siento que fue el apóstol original Juan. El autor se llama a sí mismo simplemente «Juan», por lo que debe haber escrito para personas que lo conocían bien. El Apocalipsis comienza con cartas a siete iglesias, la primera a la iglesia en Éfeso y el resto a las iglesias en pueblos vecinos, y el apóstol Juan vivió en Éfeso. Además, si el autor no fuera el apóstol Juan, es poco probable que se hubiera identificado simplemente como Juan sin explicar que él no era el apóstol a quien todos conocían. Finalmente, debido a que el griego del Apocalipsis parece ser tan malo, algunos eruditos bíblicos creen que originalmente fue escrito en arameo (el idioma local de Palestina que el apóstol Juan hubiera hablado) y luego fue traducido por otra persona muy literalmente al griego. Juan el apóstol no tenía educación (Hechos 4:13), así que al escribir en el exilio sin la ayuda de un escriba que podría haber traducido al buen griego lo que dictaba, habría tenido que escribirlo en arameo o en su propio mal griego.

[39] Algunos eruditos creen que el Apocalipsis se escribió alrededor del año 96 d.C. en el reinado del emperador Domiciano, pero otros lo datan alrededor del año 68 d.C. durante el breve reinado del sexto emperador

pasó mucho tiempo después de una terrible persecución de los cristianos por parte del emperador Nerón.

El motivo abrumador de Juan al escribir el Apocalipsis fue animar a los cristianos a permanecer fieles a Cristo, aunque les costara la vida. «Sé fiel hasta la muerte y yo te daré la corona de la vida», es un estribillo constante en aquellas o palabras similares (Apocalipsis 2:10).

Cerca del final del libro, Jesús le muestra a Juan una visión la vida por venir, donde el luto, el llanto y el dolor ya no existirán, y la muerte finalmente será abolida. Entonces Dios mismo habla, animando a los lectores de Juan a que se aferren a su confesión de que Jesús es el Señor, incluso cuando son amenazados de muerte a menos que le nieguen. Dice: «El vencedor heredará todas las cosas, y yo seré su Dios y él será mi hijo. Pero los cobardes e incrédulos, los abominables y homicidas, los fornicarios y hechiceros, los idólatras y todos los mentirosos tendrán su parte en el lago que arde con fuego y azufre, que es la muerte segunda» (Apocalipsis 21:7,8). En otras palabras: «Hagas lo que hagas, no te encuentres entre esas personas. Algo mucho, mucho mejor te espera a ti».

Entre el 2000 d.C. y 2010 d.C., se sabe que un millón de cristianos en todo el mundo fueron asesinados por su fe, y es probable que el número real fuera aún mayor.[40] Hoy es posible que unas 200.000 personas pierdan la vida cada año por su fe en Cristo. Más que nunca antes se necesita el libro del Apocalipsis para alentar a los seguidores de Jesús a mantener su

---

Romano, Galbo, porque el Apocalipsis 17:9,10 habla de siete emperadores romanos, de los cuales cinco habían muerto en el momento de que fue escrito. Las palabras finales del libro: «¡Ciertamente vengo en breve!», respaldan la fecha anterior, ya que los otros escritores del Nuevo Testamento habían abandonado una esperanza en el inminente regreso de Cristo mucho antes del 96 d.C.

[40] *An Insider's Guide to Praying for the World* (Una Guía de Información Privilegiada para Orar por el Mundo). Stiller B C, Bethany House, 2016, pág:176.

esperanza de resurrección y de una herencia de vida en toda su plenitud en el nuevo mundo prometida por Dios.

Si te pareció alarmante lo que escribí en el Capítulo 1, este capítulo te resultará seguramente aterrador, a menos que te aferres al mensaje repetido del Apocalipsis de que el Señor Jesús mantendrá a los que confían en él a salvo en los días tumultuosos que vendrán. Esa es una buena razón para entender por qué es tan importante conocer a Jesús por ti mismo. Una razón aún mejor es que si te mantienes fiel a él, a pesar de todo lo que la vida te ofrece, él te promete una recompensa mucho mejor de lo que puedas imaginar, una recompensa que no es solo por esta corta vida, sino por siempre y para siempre.

El Apocalipsis usa un estilo literario con el que los lectores contemporáneos de Juan habrían estado familiarizados, pero que suena muy extraño para nuestros oídos. Desde el capítulo 4 en adelante, casi todas sus enseñanzas y visiones se extraen del Antiguo Testamento o de otros escritos judíos en circulación en ese momento.

Por ejemplo, en Apocalipsis 6:12-17, Juan ve una vista previa impresionante de la Gran Tribulación venidera, incluyendo las palabras: «Las estrellas del cielo cayeron sobre la tierra, como la higuera deja caer sus higos cuando es sacudida por un fuerte viento. El cielo se replegó como un pergamino que se enrolla...». De esto se hace eco Isaías 34:4: «Todo el ejército de los cielos se disolverá, y se enrollarán los cielos como un libro; y caerá todo su ejército como se cae la hoja de la parra, como se cae la de la higuera».

De manera similar, Apocalipsis 7:16,17 describe el feliz estado de los creyentes que han salido de la Gran Tribulación: «Ya no tendrán hambre ni sed, y el sol no caerá más sobre ellos, ni calor alguno, porque el Cordero que está en medio del trono los pastoreará y los guiará a fuentes de aguas vivas. Y Dios enjugará toda lágrima de los ojos de ellos». La mayor parte de esto es una repetición exacta de Isaías 49:10 y 40:11. Una vez más, Apocalipsis 22:2 es casi idéntico a Ezequiel 47:12.

Algunos eruditos bíblicos sostienen que las visiones en el Apocalipsis no pretenden describir en orden cronológico lo que va a suceder, pero proporcionan poca evidencia de tal afirmación. El uso repetido de Juan de frases relacionadas con el tiempo, como: «Cuando abrió el séptimo sello»; «Después de esto vi»; «Entonces me fue dada una caña»; «Después de esto oí». Todos parecen demostrar que estaba describiendo las diversas visiones en el orden en que las vio. Y en ese orden, generalmente proporcionan una secuencia cronológica lógica de eventos que es compatible con otras escrituras.

Quizás la única excepción sea Apocalipsis 7:9-17, en la que Juan ve una multitud de Cristianos «que han salido de la gran tribulación». Como explicaré dentro de poco, creo que son los capítulos 8 y 9 que describen la visión de Juan de la Gran Tribulación, por lo que el pasaje del capítulo 7 debe aparecer después de los capítulos 8 y 9.

La Tabla 4 enumera los principales eventos descritos en el libro en orden.

Tabla 4: Principales eventos de los últimos tiempos del libro del Apocalipsis

Símbolo	Duración	Evento
7 iglesias	Breve periodo en el primer siglo	Cartas a siete iglesias en Asia Menor
7 sellos*	No especificado	**Eventos profetizados**: el mundo, Israel y la Iglesia.
6 trompetas	Breve periodo	**La Gran Tribulación**
	Tres años y medio	**Dos testigos proféticos** en Jerusalén hablan sobre el regreso de Cristo.
La séptima trompeta	Breve periodo	**La resurrección de los creyentes en Cristo.**
7 cuencos	Tres años y medio	**El malvado triunvirato:** un gobernante de inspiración

		satánica comúnmente llamado anticristo se apodera del mundo, apoyado por un falso profeta y por supuesto el diablo. Solo las personas que le dan su lealtad pueden comprar o vender cualquier cosa. La mayoría de las personas continúan rechazando cualquier creencia en Dios, pero muchos judíos y otros creen en Jesús como el Mesías. Los que se vuelven a él son perseguidos o asesinados. **La ira de Dios** se derrama en forma de plagas mundiales.
	Breve periodo	**El regreso de Jesucristo** en poder y gloria acompañado por ejércitos angelicales. La destrucción de Roma, posiblemente prediciendo la destrucción de los poderes mundanos políticos, económicos y religiosos. El anticristo, el falso profeta y sus partidarios son destruidos. Satanás está atado por mil años.
	Mil años	**El gobierno del milenio de Cristo en la tierra**
	Breve periodo	La batalla final La destrucción de Satanás, la muerte y el Hades **La resurrección de los incrédulos. El juicio final**

		Un nuevo cielo y tierra
	Eternidad	**El reino de Dios** se inaugura completamente bajo el gobierno eterno de Jesucristo, con un final permanente al pecado, el sufrimiento, el dolor y la muerte.
* Sellos de cera en un pergamino profético, no sellos de correo.		

Eventos profetizados

Así que veamos estos eventos con más detalle, como se predice en la Biblia en su totalidad.

- En el mundo habrá estrés, materialismo, rebelión, ateísmo; anarquía, terrorismo y guerras; hambres y terremotos.
- En la Iglesia habrá religiosidad, pérdida de fe, falsos profetas; la persecución y el asesinato de los verdaderos cristianos, un derramamiento del Espíritu Santo, el evangelio predicado en todo el mundo.
- En Israel habrá la destrucción de Jerusalén y el templo; el regreso de los judíos exiliados a la tierra de Israel, el restablecimiento de Jerusalén como la capital de Israel, la restauración de la lengua hebrea al uso común, la plantación de árboles, la conversión de tierras del desierto a tierras fértiles, la protección de los enemigos; y posiblemente la reconstrucción del templo. Todos menos el último ya se ha cumplido.

La Gran Tribulación

I. Visión general

El capítulo 2 de Isaías contiene las famosas palabras citadas en una pared cerca de la entrada del Edificio de las Naciones

Unidas en Nueva York: «Convertirán sus espadas en rejas de arado y sus lanzas en hoces; no alzará espada nación contra nación ni se adiestrarán más para la guerra» (Isaías 2:4). Pero luego Isaías continúa describiendo lo que sucederá antes de que el Señor regrese para gobernar la tierra. Tres veces describe, de la misma manera, los días aterradores que precederán al regreso del Señor. «Se meterán en las cavernas de las peñas y en las aberturas de la tierra, a causa de la presencia temible de Jehová y del resplandor de su majestad, cuando él se levante para castigar la tierra» (Isaías 2:19).

En el capítulo 24 de Mateo, y en un pasaje similar en Marcos, Jesús profetizó un período de gran tribulación:

> «Por tanto, cuando veáis en el Lugar santo la abominación desoladora de la que habló el profeta Daniel —el que lee, entienda—, entonces los que estén en Judea, huyan a los montes... Porque habrá entonces gran tribulación, cual no la ha habido desde el principio del mundo hasta ahora, ni la habrá. Si aquellos días no fueran acortados, nadie sería salvo; pero por causa de los escogidos, aquellos días serán acortados».
> Mateo 24:15,16,21,22

Judea significa Jerusalén y el área de tierra que la rodea. Así que al decir: «los que estén en Judea, huyan a los montes», Jesús evidentemente estaba profetizando la próxima destrucción de Jerusalén. Había hecho una profecía similar al final del capítulo anterior.

Como mencioné anteriormente, más de un millón de personas murieron de hambre durante el asedio de la ciudad, por lo que no es sorprendente que Jesús lo viera como un momento de gran tribulación sin igual. Casi seguramente estaba pensando en una profecía en el capítulo 12 de Daniel. Esto habla de un «tiempo de angustia, cual nunca fue desde que hubo gente hasta entonces...» (Daniel 12:1). En ese verso, un ángel le estaba hablando a Daniel, y el ángel continuó: «...pero en aquel tiempo será libertado tu pueblo». «Tu pueblo» se refería a los judíos, los habitantes de Judea. Si hubieran seguido el consejo de Jesús y hubieran huido a las montañas, habrían sido liberados.

Es cierto que las palabras «si esos días no se hubieran acortado, ningún ser humano se salvaría» sonarían más como una referencia a un cataclismo mundial, pero Jesús casi seguramente quiso decir que ningún ser humano en Judea se salvaría. En Gran Bretaña podríamos decir: «Nadie quiere ver la muerte del pub Inglés», pero no nos referiríamos a nadie como a todo el mundo. En las abstemias naciones musulmanas probablemente no les importaría una pizca.

Así que la profecía de Jesús acerca de un momento de gran tribulación se refería principalmente a un período de tribulación para los habitantes de Judea, que conducía a la destrucción de Jerusalén que se avecinaba en el año 70 d.C.[41] Sin embargo, en Apocalipsis 7:9 la historia es diferente. Aquí Juan veo «una gran

---

[41] La razón por la que algunas personas creen que la profecía de Jesús de una gran tribulación se refiere principalmente a los últimos tiempos es que en Mateo 24:29, y pasajes similares él, continuó: «*Inmediatamente* después de la tribulación de aquellos días… todas las tribus de la tierra harán lamentación cuando vean al Hijo del hombre venir sobre las nubes del cielo, con poder y gran gloria». Evidentemente, Jesús estaba diciendo que regresaría inmediatamente después de la caída de Jerusalén. Pues siguió diciendo en Mateo 24:34: «De cierto os digo que no pasará esta generación hasta que <u>todo esto</u> acontezca», es decir, la caída de Jerusalén y el período de gran tribulación que la acompaña, y su regreso en poder y gloria. Respecto a la caída de Jerusalén él tenía toda la razón. Jerusalén cayó ante los ejércitos Romanos en el año 70 d.C., que fue treintaisiete años después, y por lo tanto dentro de esa misma generación (en el Salmo 95:10 y en otros lugares se considera que una generación dura 40 años). Con respecto a su regreso, las epístolas del Nuevo Testamento escritas poco antes del 70 d.C., incluido el libro del Apocalipsis, afirman que su regreso fue muy cercano, probablemente porque la generación a la que Jesús se había dirigido estaba llegando a su fin. Pero cuando él no regresó inmediatamente después de la caída de Jerusalén, los escritores del Nuevo Testamento ya no tenían idea de cuándo vendría él, por lo que las epístolas escritas después de esa fecha no se refieren a su inminente regreso.

multitud, la cual nadie podía contar, de todas las naciones, tribus, pueblos y lenguas. Estaban delante del trono...». Un anciano le pregunta a Juan quiénes son estas personas. Juan no lo sabe, por eso el anciano explica: «Estos son los que han salido de la gran tribulación; han lavado sus togas y las han blanqueado en la sangre del Cordero» (Apocalipsis 7:14). La visión se refiere claramente a un momento en la historia en el que habrá creyentes en Cristo en todo el mundo. El anciano dice que la razón por la que murieron es porque han salido «de la gran tribulación». Ya que no puedes salir de algo en lo que nunca has estado, ellos debieron haber estado en él. No se puede escapar de la desagradable verdad de que incluso los creyentes tendrán que experimentar un período terrible, y esta vez será en todo el mundo.

Hay muchos maestros cristianos, particularmente en los Estados Unidos, que están convencidos de que los creyentes serán sacados de la tierra de manera segura antes de que la tribulación mundial venga sobre nosotros. Pero la palabra de Dios nunca promete a los creyentes liberación de la tribulación. En Hechos 14:22, Pablo declaró que «a través de muchas tribulaciones entremos en el reino de Dios». No es de la tribulación sino de la ira de la venida de Dios que seremos salvados por el llamado rapto (Ver 1 Tesalonicenses 5:9). El Apocalipsis confirma esto al colocar los tazones de la ira inmediatamente después de los eventos de resurrección asociados con el sonido de la trompeta final.

Esta enseñanza de no tribulación para creyentes está asociada con otra enseñanza de que el rapto ocurrirá sin previo aviso y en cualquier momento, aunque el libro del Apocalipsis enseña claramente que antes de que suene la trompeta final tendremos tres años y medio de advertencia a través del ministerio milagroso de dos profetas en Jerusalén.

Sospecho que la primera enseñanza está motivada por el deseo de consolar a los creyentes, y la segunda por asustar a los incrédulos.

II. ¿Guerra nuclear?

¿Cuál es esta gran tribulación que el mundo está a punto de soportar? Creo que se describe en los siguientes dos capítulos del Apocalipsis. En los capítulos 8 y 9, el momento de las siete explosiones de trompeta, un tercio de la tierra se destruye y un tercio de la humanidad muere.[42] Difícilmente podría haber un período de mayor tribulación que este, y nada peor ha sido descrito en capítulos anteriores. Entonces, ¿por qué el capítulo 7 del Apocalipsis, en el cual Juan ve una multitud que ha salido de la Gran Tribulación, *precede* a la descripción de la Gran Tribulación en los capítulos 8 y 9?

Creo que Jesús simplemente alentaba a Juan y sus lectores a recordar que incluso si tuvieran que morir como resultado de lo que estaba a punto de revelar, su destino final sería seguro. Y eso es cierto para todos los que hoy se comprometen por fe a vivir para Jesucristo y su reino.

Es difícil saber si las vívidas descripciones de estrellas en llamas que caen del cielo, agua potable envenenada, pozos humeantes que liberan langostas gigantes, y cien millones de caballos que respiran fuego y humo son descripciones de eventos genuinamente sobrenaturales, o símbolos de eventos mundanos que requieren interpretación para ser entendidos; o si Juan estaba haciendo todo lo posible por describir, en los términos más cercanos que pudo pensar, una vista previa genuina de los futuros tipos de guerra mucho más allá de su propia experiencia.

Obviamente, si el Señor le había mostrado a Juan un escuadrón de helicópteros de combate por ejemplo, Juan solo podría haber descrito lo que vio en términos de las cosas más cercanas que sabía: langostas gigantes con «corazas como corazas de hierro y el ruido de sus alas era como el estruendo de muchos carros de caballos corriendo a la batalla». Solo hace

---

[42] Se estima que la Peste Negra mató a casi un tercio de la población de Europa y Asia en el siglo XIV. ¡Puede pasar!

doscientos años, si alguien pudiera haber visto un video de un helicóptero del futuro, lo habría descrito de forma muy similar, tal vez sustituyendo «langosta» por «libélula».

Ciertamente, Bernhard Philberth, cuyos impresionantes logros y honores en ciencia e ingeniería están listados en Wikipedia, escribió: «Los detalles cruciales de una gran guerra nuclear están claramente presentados. Ninguna de las armas decisivas planeadas en táctica y estrategia faltan. Todas las armas se presentan en sus funciones, apariencias y efectos específicos, hasta las peculiaridades más específicas», y pasó a justificar esta afirmación en detalle.[43]

Cada año que pasa, parece más probable una guerra nuclear. Habiendo producido misiles nucleares capaces de llegar a los EE. UU., es difícil creer que el impredecible Kim Jong-un se deshará de ellos como una vez sugirió que lo haría. Israel está convencido de que el objetivo de Irán es producir armas nucleares, y si Israel fuera atacado, incluso el presidente de los Estados Unidos, Joe Biden, podría estar dispuesto a intervenir en su nombre. Mientras preparo este libro para imprimir, el presidente ruso, Vladimir Putin, ha ordenado que se preparen sus armas nucleares en caso de que su invasión de Ucrania incite a la OTAN a intervenir.

Bryan Lawton, un ex lector de la Royal Military College of Science, predijo en su galardonado libro *Various and Ingenious Machines (Máquinas Variadas e Ingeniosas)* que estadísticamente estuvimos preparados para una guerra global en 2020. No es de extrañar que todos los edificios públicos en Finlandia tengan que incorporar un refugio a prueba de bombas.

III. ¿Supervolcanes?

Sin embargo, hay otra posible fuente de gran tribulación para el mundo. Cuando Pedro estaba escribiendo en 2 Pedro 3 acerca

---

[43] Traducción por Google de *Christliche Prophetie und Nuklear Energie* (La Profecía Cristiana y la Energía Nuclear). Christiana-Verlag, Stein am Rhein, 1982. ISBN 3-7171-0182-x, pág. 168.

del final de esta era, se refirió a la anterior destrucción de la tierra por parte de Dios por medio de agua, y dijo que la próxima vez sería por fuego. El agua en la inundación era agua real, no agua sobrenatural, así que el fuego también podría ser un fuego real, no fuego sobrenatural. Podría ser un incendio producido por una serie de volcanes que erupcionan simultáneamente alrededor del mundo, tal como lo hizo el agua hace mucho tiempo.

En un pasaje del profeta Joel que Pedro citó en el primer sermón cristiano, Dios dijo: «Haré prodigios ("portentos") en el cielo y en la tierra, sangre, fuego y columnas de humo. El sol se convertirá en tinieblas y la luna en sangre, antes que venga el día, grande y espantoso, de Jehová» (Joel 2:30,31). Cuando el volcán indonesio Krakatoa explotó en 1883 después de tres meses de retumbar y escupir, la columna de humo y ceniza resultante se elevó 50 millas sobre la tierra. El sol se oscureció durante tres días y la luna se puso roja.

Lo interesante es que no hay volcanes en o cerca de Israel, por lo que es probable que Joel nunca haya visto una verdadera erupción volcánica cuando pronunció esa profecía. Si el Señor le hubiera mostrado una visión de uno, podría haber descrito fácilmente el flujo de lava roja resplandeciente como sangre, acompañado como dijo con fuego y columnas de humo. O si el Señor le habló con palabras y si no había una palabra para «lava» en Hebreo, podría haberle dicho «sangre» a Joel, ya que la lava es el alma de un volcán.

Observa que «portentos» y «columnas» están en plural, y aparecerán en el cielo y la tierra, no simplemente en la tierra de Israel. Eso sugiere erupciones volcánicas generalizadas, no una aislada.

La erupción de Krakatoa expulsó 50 millas cúbicas de roca al aire con una fuerza equivalente a 13.000 bombas de Hiroshima. Las cenizas siguieron rodeando la tierra durante tres años y tardaron cinco años en reanudar los patrones climáticos normales. Al menos 36.000 personas murieron.

Hay un súper volcán inactivo en el Parque Nacional de Yellowstone en Wyoming. En 2017 comenzó a mostrar mayores signos de actividad. Se ha estimado que si se produjera una erupción, mataría a 87.000 personas de inmediato y haría que dos tercios de los Estados Unidos fueran inhabitables. El sitio web del Servicio Geológico de EE. UU. afirma que «si ocurriera otra gran erupción que formara una caldera en Yellowstone, sus efectos serían en todo el mundo. Una erupción tan gigante tendría efectos regionales como la caída de cenizas y cambios en el clima global que durarían de años a décadas».[44] ¿Necesito decir más?

Sí. Después de profetizar sangre, fuego y columnas de humo, Joel dio un mensaje más tranquilizador del Señor: «Y todo aquel que invoque el nombre de Jehová, será salvo; porque en el monte Sión y en Jerusalén habrá salvación, como ha dicho Jehová, y entre el resto al cual él habrá llamado» (Joel 2:32). Eso suena como una promesa especial de seguridad para aquellos que habitan en el monte Sión, donde no hay volcanes.

Si tú eres un judío que vive en otro lugar, especialmente en los EE.UU., puede ser que haya llegado el momento de ponerse en contacto con la Agencia Judía y comenzar a hacer preparativos para la Aliyá a Israel. ¿No es hora de tomar en serio las palabras, «El próximo año en Jerusalén»?

IV. ¿Terremotos?

Jesús también profetizó que habría terremotos antes de su regreso. «Se levantará nación contra nación y reino contra reino; y habrá terremotos en muchos lugares, y habrá hambres y alborotos; principios de dolores son estos» (Marcos 13:8). Siempre ha habido guerras, terremotos (1 Samuel 14:15; Amós 1:1) y hambrunas (Génesis 26:1; 41:54), así que,

---

[44] www.usgs.gov/faqs/what-would-happen-if-a-supervolcano-eruption-occurred-again-yellowstone?qt-news_science_products=0qt-news_science_products Visto mayo de 2021.

presumiblemente, Jesús quiso decir que estos aumentarían notablemente al final de esta era.

V. La protección de Dios

Entonces la tribulación que viene sea el resultado de una guerra convencional, terremotos, hambrunas, erupciones volcánicas, una guerra nuclear o una combinación de estos. No creo que su causa vaya a ser sobrenatural, porque «tribulación» simplemente significa «sufrimiento». La «ira» es más probable que venga solo de Dios, y es solo más tarde, después del Día de la Resurrección, que el Apocalipsis nos dice que Dios derramará su ira sobrenatural sobre los habitantes restantes de la tierra.

Una familia Cristiana japonesa llamada Tsutada tuvo una experiencia similar pero incluso más dramática que la nuestra. En Agosto de 1945, la Sra. Tsutada dijo: «Tengo un pensamiento insistente de que deberíamos irnos a otra ciudad». Sus vecinos le dijeron que era una tontería, pero la sensación era tan persistente que eventualmente ella convenció a su familia para que actuara en consecuencia. Una tarde todos salieron de la ciudad donde habían vivido. Esa ciudad era Hiroshima, y al día siguiente, el 6 de agosto, una bomba atómica la destruyó por completo. Finalmente, toda la familia Tsutada se convirtió en misioneros cristianos, una hija en África, otra en Europa, y los padres con sus dos hijos en la India.

¡Así que no tengas miedo! ¡Recuerda cómo el Señor protegió a mi familia de cualquier daño en el incendio de nuestra casa en Chile! Pedro escribió que Dios preservó a Noé cuando trajo un diluvio sobre el mundo, y rescató a Lot del fuego y azufre que cayó sobre Sodoma y Gomorra.[45] Ambos hombres siendo justos, Pedro concluyó que el Señor sabe cómo rescatar a los «piadosos» de la prueba (2 Pedro 2:4-10). Si estás

---

[45] Varios videos de YouTube informan sobre excavaciones arqueológicas que parecen confirmar la destrucción por un calor increíble de edificios antiguos en la probable vecindad de Sodoma y Gomorra.

entre los piadosos y te mantienes en contacto con el Señor, no debes tener miedo de nada de lo que va a suceder. «Dios es nuestro amparo y fortaleza, nuestro pronto auxilioen las tribulaciones. Por tanto, no temeremos, aunque la tierra sea removida y se traspasen los montesal corazón del mar» (Salmo 46:1,2).

Dos testigos proféticos

Después de la Gran Tribulación, Jesús dice en Apocalipsis 11:3: «Ordenaré a mis dos testigos que profeticen por mil doscientos sesenta días, vestidos con ropas ásperas». Ese número de días es exactamente igual a tres años y medio de 360 días. El verso anterior habla de cuarentaidós meses, de nuevo igual a tres años y medio, como para confirmar que este período se entiende literalmente.

Según el Dr. David Stern, existe una creencia popular en el judaísmo de que Moisés y Elías volverán a la tierra. El último verso del Antiguo Testamento (el *Tanaj*) dice: «He aquí, te enviaré a Elías el profeta antes de que venga el gran y terrible día del Señor». En su comentario[46] sobre Apocalipsis capítulo 11, Stern escribe: «Rabbi Yochanan ben Zakkai [enseñó que Dios] dijo: "Moisés, te juro que en el tiempo venidero, cuando traiga a Elías el profeta [a Israel], los dos se unirán"» (Deuteronomio Rabbah 3:17).

Suponiendo que los dos testigos serán personas reales y no simplemente representaciones simbólicas de la Ley y los Profetas, o la Biblia y la Iglesia, los candidatos más probables, a primera vista, son Moisés y Elías. En primer lugar, estos dos se aparecieron de alguna forma ante Jesús en la ladera de una montaña poco antes de su muerte, donde le hablaron sobre su muerte y resurrección venideras. (Lucas 9:28-36) En segundo lugar, Apocalipsis 11:6 continúa diciendo que los dos testigos

---

[46] *Jewish New Testament Commentary* (Comentario del Nuevo Testamento judío). Stern D H, Dayspring, diciembre de 1998.

tendrán poder para detener la lluvia (algo que Elías hizo famosamente durante tres años y medio) y poder para convertir el agua en sangre y producir todo tipo de plaga (algo que Moisés hizo al país de Egipto).

Sin embargo, Apocalipsis 11:9 dice que después de tres años y medio serán condenados a muerte, y «gentes de todo pueblo, tribu, lengua y nación verán sus cadáveres por tres días y medio y no permitirán que sean sepultados». Parece improbable que Dios traiga a Moisés y Elías a la vida una vez más en los cuerpos mortales para morir por segunda vez. Sin embargo, la muerte de los dos testigos implica que serán dos personas reales y no representaciones simbólicas de la Ley y los Profetas o cualquier otra cosa.

Creo que la clave de su identidad se da en Lucas 1:17, donde un ángel le dice al viejo sacerdote Zacarías que el bebé que viene de su esposa irá ante el Señor «con el espíritu y el poder de Elías». Cuando los discípulos de Jesús le preguntaron por qué Elías no había venido como el profeta Malaquías había predicho, Jesús dijo que en efecto sí había venido, disfrazado del hijo de Zacarías, Juan el Bautista. Por lo tanto, mi opinión es que los dos testigos vendrán con el espíritu y el poder de Moisés y Elías, pero no serán esos dos hombres en persona.

Quienesquiera que sean los dos testigos, su ministerio en Jerusalén dará el aviso más claro posible a los creyentes de que el Día de la Resurrección está cerca. Así como Dios envió a un profeta, Juan el Bautista, a preparar a la gente para la primera venida de Cristo, también enviará a dos profetas para prepararnos para la segunda venida de Cristo. Precisamente como lo indica Apocalipsis 11:10, sus palabras y acciones serán vistas y escuchadas por personas de todo el mundo, a través de la televisión e Internet.

5. El Día de la Resurrección

Garantía de sustitución

Muchas iglesias todavía recitan regularmente el Credo de los Apóstoles. Incluye las palabras «Creo... en la resurrección del cuerpo». Una parte central de la fe cristiana es que un día todos serán devueltos a la vida corporal, para vivir para siempre o para ser condenados a la muerte final. Jesús dijo: «Llegará la hora cuando todos los que están en los sepulcros oirán su voz; y los que hicieron lo bueno saldrán a resurrección de vida; pero los que hicieron lo malo, a resurrección de condenación (literalmente "juicio")» (Juan 5:28,29).

Hacer «lo bueno» significa lo que dice, pero incluye vivir por fe en Jesucristo. Si hemos hecho «lo bueno», Jesús promete que nuestro cuerpo actual será reemplazado por un cuerpo nuevo como aquel que tenía después de su resurrección. Será un cuerpo que nunca se desgastará ni morirá de nuevo. «Porque yo vivo, vosotros también viviréis», Jesús le dijo a sus discípulos en la tarde de su resurrección (Juan 14:19).

> Pues por cuanto la muerte entró por un hombre, también por un hombre la resurrección de los muertos. Así como en Adán todos mueren, también en Cristo todos serán vivificados... porque se tocará la trompeta, y los muertos serán resucitados incorruptibles y nosotros seremos transformados, pues es necesario que esto orruptible se vista de incorrupción y que esto mortal se vista de inmortalidad.[47]

---

[47] Según la teoría de la evolución, la muerte existió mucho antes de que el primer hombre «evolucionara». O Pablo estaba equivocado o la teoría de la evolución está equivocada.

1 Corintios 15:21,22,52,53

Esta promesa de resurrección para aquellos que han puesto su fe en Jesucristo es una parte central de las buenas nuevas. Es una buena noticia que cada iglesia y cada creyente individual están llamados a compartir. «Acerca de la resurrección de los muertos soy juzgado hoy por vosotros», Pablo se lo contó a Marco Antonio Félix, el gobernador romano de la provincia de Judea desde 52 d.C. hasta 58 d.C. (Hechos 24:21).

La final trompeta

La pregunta es: ¿cuándo tendrá lugar esta asombrosa transformación? ¿Cuándo sucederá este maravilloso cambio en nuestros cuerpos? Le sucederá a los cristianos, a los verdaderos creyentes en Cristo, todo en el mismo día y en el mismo momento, ya sea que hayan muerto o estén vivos. Sucederá, tanto Jesús como Pablo nos dicen, cuando un ángel en el cielo toque una trompeta, en particular, cuando suene «la final trompeta». Y por eso creo que es cuando llegamos a la última de las siete trompetas en la visión de Juan cuando llega el Día de la Resurrección.

Esto es lo que Juan escribió en el capítulo 10 del Apocalipsis: «El ángel que vi de pie sobre el mar y sobre la tierra levantó su mano hacia el cielo y juró por el que vive por los siglos de los siglos... que el tiempo no sería más, sino que en los días de la voz del séptimo ángel, cuando él comience a tocar la trompeta, el misterio de Dios se consumará, como él lo anunció a sus siervos los profetas» (Apocalipsis 10:5-7). ¿Y qué fue ese «misterio»? Pablo nos dio la respuesta a eso en 1 Corintios 15:51,52. «Os digo un misterio: No todos moriremos; pero todos seremos transformados, en un momento, en un abrir y cerrar de ojos, a la final trompeta».

Si vuelves a mirar la Tabla 4, verás que la trompeta final sonará cuando los dos testigos hayan completado sus tres años y medio de trabajo. En ese momento, Apocalipsis 11 nos dice que «la bestia que sube del abismo» tendrá éxito en matar a los dos testigos. («La bestia» normalmente se considera una persona conocida como el anticristo.) Pero unos días después, vuelven a la vida y son llevados al cielo en una nube. Y es entonces, finalmente, que el séptimo ángel toca su trompeta:

> El séptimo ángel tocó la trompeta, y hubo grandes voces en el cielo, que decían: «Los reinos del mundo han venido a ser de nuestro Señor y de su Cristo; y él reinará por los siglos de los siglos... ha venido el tiempo de juzgar a los muertos, de dar el galardón a tus siervos los profetas, a los santos y a los que temen tu nombre, a los pequeños y a los grandes, y de destruir a los que destruyen la tierra».
>
> Extractos del Apocalipsis 11:15-18

Nací en Londres tres años antes de que terminara la Segunda Guerra Mundial. Cuando tenía dos años, mi madre nos llevó a mi hermana pequeña y a mí en un tren muy lleno al Norte de Gales, más allá del alcance de las bombas alemanas y los cohetes V2. Cientos de familias hicieron viajes similares a lugares de seguridad. Se llamaba la evacuación.

El Apocalipsis nos dice que el Día de la Resurrección se llevará a cabo justo antes de que el anticristo se apodere del mundo y la ira de Dios se manifieste en un último esfuerzo para que un mundo incrédulo se arrepienta. El Día de la Resurrección será el día divino de evacuación para aquellos que creen en Jesús, para escapar de la ira de Dios. ¡Pero esta vez los creyentes viajarán en un tren de ángeles!

Jesús fue un hombre de verdad. Jesús se levantó de entre los muertos. Jesús fue llevado al cielo. Le sucedió a Jesús, así que nos puede suceder pasar a nosotros.

Como para confirmar que la séptima trompeta anunciará el día de la evacuación, los siguientes versículos del capítulo 12 de Apocalipsis describen una visión dramática. La visión es de una mujer que da a luz a un hijo varón que debe gobernar las naciones. Un enorme dragón rojo espera el nacimiento del niño para devorarlo, pero el niño se salva al ser «arrebatado» a Dios en el cielo.

El verbo griego traducido «arrebatado», *harpazō*, es exactamente el mismo verbo que Pablo usó en 1 Tesalonicenses 4:16,17: «Los muertos en Cristo resucitarán primero. Luego nosotros, los que vivimos, los que hayamos quedado, seremos arrebatados juntamente con ellos en las nubes para recibir al Señor en el aire»...

La mujer en la visión está vestida con el sol. Ella tiene la luna bajo sus pies y una corona de doce estrellas sobre su cabeza. Después de que su hijo es arrebatado al cielo, huye al desierto, donde es alimentada durante tres años y medio.

La interpretación más obvia de la visión es que la mujer es la nación de Israel con sus doce tribus. En Génesis 37:9,10 doce estrellas representan a los doce hijos de Israel, y el sol y la luna representan a Israel y a su esposa Raquel. (Dios más tarde cambió el nombre de Jacob a Israel). En la visión, el niño que gobernará a las naciones y que ella dio a luz es Jesús (Salmo 2:8,9); y el dragón es Satanás quien intentó destruir a Jesús poco después de su nacimiento de la mano del rey Herodes (Mateo 2:13).

La huida de la mujer a un lugar de seguridad significa, creo, que Israel como nación estará protegida de alguna manera por Dios durante los últimos tres años y medio antes del regreso de Cristo. Dios proveerá para ellos, como él proveyó comida y bebida para Elías cuando estuvo en el desierto; pero deben huir allí, justo cuando Jesús les dijo a los judíos en Jerusalén que huyeran a las montañas antes de que los Romanos destruyeran la ciudad (1 Reyes 19:1-8; Mateo 24:15-20).

Sin embargo, creo que el niño en la visión no representa a Jesús, porque Jesús fue llevado al cielo unos cuarenta años antes de que se escribiera el Apocalipsis, y el primer versículo dice que las visiones eran sobre cosas que aún no habían sucedido. Y aunque Jesús gobernará a las naciones como dice

Apocalipsis 12:5, todos los que creen en él participarán en gobernar con él (1 Corintios 6:2; Apocalipsis 5:10).

Si la visión no simboliza la resurrección de los creyentes, entonces o serán levantados antes de que suene la trompeta final, lo cual es claramente no bíblico, o de lo contrario seguirán en la tierra después de que suene la séptima trompeta. En este caso tendrían que sufrir lo que viene después, que es un derramamiento de la ira de Dios sobre la tierra (Apocalipsis 15:1). Y la ira de Dios es algo que los creyentes no tendrán que sufrir, porque «Dios no nos ha puesto (destinado) para ira» (1 Tesalonicenses 5:9). Esto es todo el propósito de la evacuación.

Luego ¿qué significa el último versículo del capítulo 12? Este dice: «Entonces el dragón se llenó de ira contra la mujer y se fue a hacer la guerra contra el resto de la descendencia de ella, contra los que guardan los mandamientos de Dios y tienen el testimonio de Jesucristo». ¿Cómo puede haber creyentes en Jesús en la tierra después del Día de la Resurrección?

Seguramente la explicación es que después de un evento mundial tan impactante y devastador, muchas personas que permanecen creerán la verdad sobre Jesús y se convertirán en sus seguidores también. Pablo, escribiendo en Romanos 11, dice que al final de esta era, Israel como nación se volverá a Cristo. Es fácil imaginar que incluso si la nación de Israel, en general, no cree de inmediato el testimonio de los dos testigos en Jerusalén, una vez que estos testigos y millones de otros creyentes en Cristo desaparecen de la tierra en el Día de la Resurrección, los judíos y otros descendientes de Israel finalmente se darán cuenta de la verdad y se volverán a Dios en arrepentimiento por su falta de fe. Y no hay duda de que muchos no judíos harán lo mismo.

Quizás las palabras de Juan sobre «aquellos que guardan los mandamientos de Dios y la fe de Jesús» se refieren a judíos y no judíos respectivamente: «Aquí está [un llamado para] la perseverancia de los santos, los que guardan los mandamientos de Dios y la fe de Jesús» (Apocalipsis 14:12).

Viaje al espacio

Por lo cual os decimos esto en palabra del Señor: que nosotros que vivimos, que habremos quedado hasta la venida del Señor, no precederemos a los que durmieron. El Señor mismo, con voz de mando, con voz de arcángel y con trompeta de Dios, descenderá del cielo. Entonces, los muertos en Cristo resucitarán primero. Luego nosotros, los que vivimos, los que hayamos quedado, seremos arrebatados juntamente con ellos en las nubes para recibir al Señor en el aire, y así estaremos siempre con el Señor.

1 Tesalonicenses 4:15-17

Esta es la descripción de Pablo del Día de la Resurrección para todos los que han creído en Jesús. Le dijo a los creyentes cristianos en Tesalónica que él había recibido esto «en palabra del Señor». O bien uno de los apóstoles originales de Jesús le había contado lo que Jesús había dicho, o Pablo había tenido algunas conversaciones directas con el Jesús resucitado después de que lo encontró en el camino a Damasco.

La idea de encontrar a Jesús en el aire puede sonar inverosímil para nosotros, pero volar por el aire sin escalas desde Londres a Australia hubiera parecido aún más inverosímil para Pablo y sus lectores. Para los discípulos de Jesús, que lo habían visto desaparecer en el aire en el momento de su ascensión, le habría parecido una forma obvia de encontrarse con él si no tenía la intención de regresar a la Tierra de inmediato.

Este próximo viaje al espacio es lo que los escritores populares llaman «el rapto». La palabra no está en la Biblia: significa literalmente «agarrar o arrebatar». La enseñanza de Pablo probablemente explica lo que Jesús quiso decir cuando dijo: «Porque igual que el relámpago sale del oriente y se muestra hasta el occidente, así será también la venida del Hijo del hombre. Dondequiera que esté el cuerpo muerto, allí se juntarán las águilas» (Mateo 24:27,28). Jesús describía una bandada de águilas revoloteando alrededor de un cuerpo, pero en este caso no un cuerpo muerto sino el cuerpo glorioso resucitado de Jesucristo mismo. Verán «al Hijo del hombre venir sobre las nubes del cielo, con poder y gran gloria», dijo. «Enviará sus ángeles con gran voz de trompeta y juntarán a sus escogidos de los cuatro vientos, desde un extremo del cielo hasta el otro... Entonces estarán dos en el campo: uno será tomado y el otro será dejado. Dos mujeres estarán moliendo en un molino: una será tomada y la otra será dejada» (Mateo 24:30,31,40,41).

¡Esto realmente va a pasar! Es la palabra del Señor Jesús, que no puede mentir. Jesús advirtió a sus oyentes una y otra vez que creyeran lo que dijo y que estuvieran listos para el día de la evacuación, entregando sus vidas a él en arrepentimiento, confianza y obediencia antes de que llegue. ¡O prepárate o te quedarás atrás!

«Como en los días de Noé, así será la venida del Hijo del hombre, pues como en los días antes del diluvio estaban comiendo y bebiendo, casándose y dando en casamiento, hasta el día en que Noé entró en el arca, y no entendieron hasta que vino el diluvio y se los llevó a todos, así será también la venida del Hijo del hombre».
Mateo 24:37-39.[48]

En 2021, inundaciones sin precedentes en Alemania, Bélgica y los Países Bajos mataron al menos a 120 personas. Pueblos enteros fueron arrasados. Casi nadie estaba preparado

---

[48] Es verdad que en estos versículos Jesús usó el término «da venida del Hijo del Hombre», un evento que ocurrirá tres años y medio después del Día de la Resurrección. Pero el siguiente versículo comienza: «Entonces estarán dos en el campo: uno será tomado y el otro será dejado». Jesús claramente estaba hablando del día de la evacuación, no de su posterior regreso triunfal a la tierra como rey.

para los torrentes de agua que parecían venir de la nada y barrerlos.

Sin embargo, el personal del Sistema Europeo de Alerta de Inundaciones dijo que las alertas se habían enviado varios días antes. «Los meteorólogos emitieron alertas a principios de semana y, sin embargo, las advertencias no se tomaron lo suficientemente en serio y los preparativos fueron inadecuados», dijo la portavoz, la profesora Hannah Cloke. «Se emitieron alertas... que decían que se avecinaban lluvias e inundaciones muy serias: estén atentos». Sin embargo, en general, ni las autoridades locales ni la gente creyeron las advertencias. Dijeron: «Nunca ha sucedido en mi vida». No se prepararon para lo que se avecinaba y, como resultado, muchos de ellos perdieron la vida.

¡No ignore las advertencias de Jesús sobre el próximo día de la resurrección! No digas: «Nunca ha sucedido antes». *Sí pasará.* Él viene por sus elegidos. ¿Estás entre ellos? ¿Tu vida realmente le pertenece a él? Él dio su vida por ti. ¿Estás dispuesto a hacer lo mismo por causa de su nombre?

> «Mirad también por vosotros mismos, que vuestros corazones no se carguen de glotonería y de embriaguez y de las preocupaciones de esta vida, y venga de repente sobre vosotros aquel día, porque como un lazo vendrá sobre todos los que habitan sobre la faz de la tierra. Velad, pues, orando en todo tiempo que seáis tenidos por dignos de escapar de todas estas cosas que vendrán, y de estar en pie delante del Hijo del hombre».
> Lucas 21:34-36

Cuerpos resucitados

I. La promesa de la resurrección

«Resurrección» significa «vivir de nuevo en un cuerpo renovado». El Nuevo Testamento nos dice que nuestros cuerpos actuales volverán a la vida, pero en una forma que ya no estará sujeta a la muerte.

Cuatro días después de la muerte de su amigo Lázaro, Jesús le dijo a la hermana de Lázaro:
—Tu hermano resucitará.
Marta le dijo:
—Yo sé que resucitará en la resurrección, en el día final.
Entonces Jesús le respondió con estas famosas palabras:
—Yo soy la resurrección y la vida; el que cree en mí, aunque esté muerto, vivirá (Juan 11:25).

Jesús pudo hacer esta asombrosa declaración porque sabía que él mismo se levantaría de entre los muertos, venciendo a la muerte en nombre de todos nosotros. Luego él trajo a Lázaro de vuelta a la vida. Pero eso no era lo que quería decir cuando le dijo a Marta que cualquiera que creyera en él volvería a vivir. Lázaro sí volvió a vivir, pero al final murió de vejez. Lo que Jesús le dijo a Marta a continuación fue:
—Todo aquel que vive y cree en mí, no morirá eternamente.

Él estaba hablando de una vida por venir en un cuerpo que sería inmortal.

II. Nuestros nuevos cuerpos

La mejor manera de entender esta idea de un cuerpo inmortal es leer lo que sucedió cuando Jesús mismo resucitó de entre los muertos. Se apareció a sus discípulos en la tarde de lo que ahora llamamos el Domingo de Pascua, cuando estaban amontonados en una habitación cerrada, aterrorizados de que los soldados romanos también los arrestaran por su asociación con un «líder rebelde». De repente, sin llamar a la puerta, Jesús estaba en medio de ellos. Evidentemente, su cuerpo de resurrección no estaba limitado por las reglas normales del espacio tridimensional.[49] Una hora antes, él había estado hablando con otros dos discípulos en un pueblo cercano y luego desapareció ante sus ojos. (Lucas 24:31).

Sin embargo, él no era un fantasma. Invitó a sus discípulos incrédulos a sentir su cuerpo, a demostrarles que era real.

«—Mirad mis manos y mis pies, que yo mismo soy. Palpad y ved, porque un espíritu no tiene carne ni huesos como veis que yo tengo.

Y diciendo esto, les mostró las manos y los pies. Pero como todavía ellos, de gozo, no lo creían y estaban maravillados, les dijo:

—¿Tenéis aquí algo de comer?

Entonces le dieron un trozo de pescado asado y un panal de miel. Él lo tomó y comió delante de ellos» (Lucas 24:39-43).

Claramente, los fantasmas no comen pescado, incluso el pez ángel. Incluso antes de morir, Jesús prometió que cuando finalmente viniera el reino de Dios, volvería a comer la cena de la Pascua y bebería vino nuevo con sus amigos para celebrar su liberación final de la muerte. (Lucas 22:14-18) El cuerpo de Jesús ahora puede ser inmortal, pero todavía puede disfrutar de una buena comida.

«Bienaventurados los que son llamados a la cena de las bodas del Cordero», grita un ángel en Apocalipsis 19:9. ¿Por qué? Porque, por una parte, un cuerpo como el cuerpo de resurrección de Cristo se promete a todos los que creen en él. «Él transformará nuestro cuerpo mortal en un cuerpo glorioso semejante al suyo», escribió Pablo. (Filipenses 3:21)

---

[49] Si este universo tridimensional fuera parte de uno cuatridimensional, sería posible viajar a través de la parte cuatridimensional del punto A al punto B, sin pasar por ningún punto intermedio como puertas y paredes en el tridimensional. parte. Imagina un montón de hormigas correteando por un patio llano. Si tuvieras que tomar una de un lugar y colocarla en otro, las hormigas a su alrededor preguntarían, en lenguaje de hormigas, «¿De dónde vienes?» La hormiga respondía (otra vez en lenguaje de hormigas): «Desde el otro lado del patio. Realmente no sé cómo llegué aquí. Ciertamente no me arrastré todo ese camino».
El lenguaje de las hormigas es obviamente bastante avanzado.

Entonces, ¿cómo era el nuevo cuerpo glorioso de Cristo? Era reconociblemente lo mismo que era antes de su muerte; incluso llevaba las cicatrices de su crucifixión.[50] Pero creo que podemos concluir con seguridad que de cualquier otra manera fue perfecto, sin ningún tipo de impedimento físico o mental. Así es como será nuestro nuevo cuerpo. «Entonces los ojos de los ciegos serán abiertos y destapados los oídos de los sordos. Entonces el cojo saltará como un ciervo y cantará la lengua del mudo», declaró el profeta Isaías (Isaías 35:5,6). Si hemos crecido más allá de nuestro apogeo, volveremos a encontrarnos a nosotros mismos en él una vez más. El envejecimiento es causado por la degradación del ADN. Fue parte de la maldición de la muerte en la que incurrió Adán al principio, una maldición que Cristo asumió para liberarnos de ella (Romanos 5:12; 1 Corintios 15:21,22).

Así que nuestro cuerpo de resurrección ya no estará sujeto al envejecimiento y la muerte: será eternamente hermoso y fuerte. «Lo que siembras no es el cuerpo que ha de salir, sino el grano desnudo, sea de trigo o de otro grano», escribió Pablo a la iglesia en Corinto (1 Corintios 15:37).

Así también sucede con la resurrección de los muertos. Se siembra en corrupción, resucitará en incorrupción. Se siembra en deshonra, resucitará en gloria; se siembra en debilidad, resucitará en poder. Se siembra cuerpo animal, resucitará cuerpo espiritual.... Y así como hemos traído la imagen del terrenal, traeremos también la imagen del celestial... Cuando esto corruptible se haya vestido de incorrupción y esto mortal se haya vestido de

---

[50] El hecho de que los dos discípulos que caminaron con el Jesús resucitado a Emaús no lo reconocieron de inmediato no significa que se viera totalmente diferente en su cuerpo de resurrección. Ciertamente, se habría visto asombrosamente en forma y bien en comparación con la última vez que lo vieron, pero la razón principal fue que «los ojos de ellos estaban velados, para que no lo reconocieran» (Lucas 24:16).

inmortalidad, entonces se cumplirá la palabra que está escrita: «Sorbida es la muerte en victoria».

1 Corintios 15:42-44,49,54

Pablo se dejó llevar de vez en cuando.

III. ¿Qué es un cuerpo espiritual?

Entonces, si seguimos viéndonos igual y pudiendo comer y beber, ¿por qué dice Pablo que nuestro nuevo cuerpo será un cuerpo espiritual en lugar de uno físico? ¿No suena eso como algo totalmente diferente de un cuerpo de carne y hueso? Ciertamente suena así, pero el uso de las palabras «spiritual» y «carne» por parte de Pablo fue diferente al nuestro.

Cuando él visitó a los cristianos en Corinto, descubrió un grave mal comportamiento. Después les escribió una carta: «Yo, hermanos, no pude hablaros como a espirituales, sino como a carnales, como a niños en Cristo», escribió (1 Corintios 3:1).

Pablo tendía a pensar en la carne como mala: «Yo sé que en mí, esto es, en mi carne, no habita el bien... Los que son de la carne piensan en las cosas de la carne; pero los que son del Espíritu, en las cosas del Espíritu» (Romanos 7:18; 8:5). En el pensamiento de Pablo, un hombre de carne está gobernado por el peor tipo de instinto animal, mientras que un hombre espiritual vive de la manera que Dios quiere que él viva.

Entonces, cuando Pablo dijo que nuestro cuerpo se sembrará en un cuerpo físico y que se criará en uno espiritual, quiso decir que será *moralmente* diferente. Una definición de la palabra griega traducida «físico» o «natural», o *psuxikos*, está «gobernada por la naturaleza sensorial con su sujeción al apetito y la pasión».[51]

En el pensamiento de Pablo, nuestros cuerpos actuales están gobernados por nuestros instintos animales sensoriales

---

[51] Según el Léxico griego-inglés de Grimm y Wilke, Pablo podría haber escrito *sarkikos* con la misma facilidad, es decir, carnal.

más que por el Espíritu de Dios, mientras que los nuevos cuerpos en los que habitaremos vivirán y funcionarán de la manera que Dios originalmente los quiso. En nuestros cuerpos de resurrección no habrá deseos carnales contrarios a la voluntad de Dios: por lo tanto, serán cuerpos «espirituales». ¡Pero seguirán siendo cuerpos, tan completamente humanos como el cuerpo de Jesús después de su resurrección! En realidad, la palabra griega para «físico» en la forma en que entendemos la palabra no es *psuxikos* sino *phusikos*. De ahí es de donde viene nuestra palabra «físico». Si Pablo realmente hubiera querido decir que ya no íbamos a tener cuerpos físicos, habría usado esa palabra.

Hay apoyo en el último capítulo del Apocalipsis para la idea de que nuestros cuerpos de resurrección serán similares a los de Adán y Eva. Aquí Juan ve una visión de un río que fluye a través de la calle principal de la ciudad de Dios, y «a uno y otro lado del río estaba el árbol de la vida, que produce doce frutos, dando cada mes su fruto; y las hojas del árbol eran para la sanidad de las naciones» (Apocalipsis 22:1,2). Incluso en la resurrección, nuestros cuerpos a veces necesitarán ser curados, tal vez cuando cortamos nuestra mano cortando troncos o rompiéndonos una pierna en un accidente de esquí.

¡Escucha! Jesús en su cuerpo de resurrección comió y bebió. Dijo que esperaba celebrar la cena de Pascua con sus discípulos cuando regresara a la tierra, y beber «el fruto de la vid» de nuevo (Lucas 22:15,16,18). Los alimentos y los líquidos son necesarios no solo para obtener energía, sino también para el reemplazo constante de las células, el crecimiento continuo del cabello y las uñas, y la producción de hormonas utilizadas en el manejo de los mensajes internos.

Nuestros nuevos cuerpos pueden ser espirituales, como escribió Pablo, pero no seremos espíritus. Un ser humano puede romperse una pierna incluso si un fantasma no puede.

IV. ¡Garantizado para durar toda la vida!

La otra diferencia entre nuestro cuerpo actual y nuestro nuevo cuerpo es que el nuevo ya no será «perecedero»: en otras palabras, durará para siempre. Pablo dice esto cuatro veces en este pasaje del capítulo 1 de Corintios 15. Una vez que Dios haya reparado los estragos de la edad y otros tipos de daños en nuestros cuerpos y mentes, nuestros nuevos cuerpos serán muy parecidos a los cuerpos que Adán y Eva tuvieron cuando Dios los hizo. Entonces, ¿podrían sus cuerpos haber durado para siempre? Sí, ¡podrían! La muerte resultante de la degradación del ADN solo entró en los cuerpos de Adán y Eva después de que desobedecieron a Dios y cayeron en pecado. «El pecado entró en el mundo por un hombre (Adán) y por el pecado la muerte, así la muerte pasó a todos los hombres, por cuanto todos pecaron», escribió Pablo en Romanos 5:12.

Como para hacer esta verdad doblemente clara, Dios plantó un «árbol de vida» en el Jardín del Edén, y Génesis 3:22 dice específicamente que si Adán y Eva hubieran comido de ese árbol, habrían vivido para siempre.

V. Teletransportarse y volar

Pero ¿qué pasa con este asunto de desaparecer de la vista de la gente y aparecer de nuevo en una habitación cerrada, como Harry Houdini? ¿Cómo pudo Jesús hacer eso si tuviera todavía un cuerpo sólido? No lo sé exactamente, pero él ya había podido hacer ese tipo de cosas antes de morir cuando su cuerpo era exactamente como el nuestro ahora. En varias ocasiones, su afirmación de ser igual a Dios molestó tanto a la gente que lo detuvieron para matarlo, ya sea empujándolo por un precipicio o apedreándolo hasta la muerte una y otra vez, de alguna manera ya no estaba entre ellos (Lucas 4:29; Juan 8:59; 10:31,39). Una o dos veces se apareció a sus discípulos caminando por el mar de Galilea por la noche en medio de una tormenta.

Y Jesús no era el único ser humano que podía teletransportarse en un cuerpo humano normal. En los primeros meses de la vida de la iglesia, el evangelista Felipe predicó el evangelio a un funcionario real de Etiopía y terminó bautizándolo en un arroyo junto al camino. «Cuando subieron del agua», nos dice Lucas, «el Espíritu del Señor arrebató a Felipe y... se encontró en Azoto» (Hechos 8:39,40). Así que incluso en un cuerpo físico todo tipo de cosas son posibles cuando vivimos cerca del Señor, y todos haremos eso en la resurrección.

Según uno de mis hijos, no podemos soñar con algo a menos que lo hayamos experimentado en la realidad. Si tiene razón, entonces de alguna manera debo haber experimentado el vuelo, porque a menudo he soñado que volaba y no me refiero a un avión. De hecho, hay dos cosas que pretendo hacer en la primera oportunidad después de mi resurrección. Lo primero es encontrar un espejo para ver cómo me veo en mi cuerpo renovado. Lo segundo es descubrir si puedo volar.

VI. No más bebés

Cuando Dios «hombre y mujer los hizo» (Mateo 19:4), hizo que Adán y Eva fueran diferentes en carácter y en cuerpo, y esas diferencias seguramente deben permanecer en la era venidera. Son una parte esencial de nuestra humanidad tal como Dios la diseñó. Sin embargo, a pesar de todo lo que acabo de escribir, nuestros cuerpos pueden no ser exactamente como eran. En Lucas 20:35 Jesús dijo: «Los que son tenidos por dignos de alcanzar aquel siglo y la resurrección de entre los muertos, ni se casan ni se dan en casamiento». El propósito principal del matrimonio es engendrar y criar hijos.

Si no hay matrimonio en la resurrección, la implicación es que no se engendrarán más hijos. Eso debe ser así, ya que el Día del Juicio habrá terminado, y por eso el número de los elegidos será completo. En cualquier caso, si los niños continúan naciendo en una Tierra finita mientras que nadie muere, al final solo habrá espacio para estar de pie. En la era venidera, nadie morirá y nadie nacerá.

De ello se deduce que nuestros nuevos cuerpos, a pesar de que estarán en el mejor momento de la vida, serán incapaces de engendrar bebés. Para las mujeres, eso significará el fin de la menstruación, lo que imagino que será una buena noticia. Si también significará el fin de la actividad sexual es otra pregunta. Seguiremos pareciéndonos a hombres o mujeres, porque estoy seguro de que Jesús todavía se parecía a un hombre después de que resucitara, y eso implica continuar con las diferencias físicas entre nosotros, incluso si se cambia la funcionalidad asociada.

Personalmente, creo que los hombres y las mujeres podrán relacionarse entre sí de una manera similar a una relación sexual, pero de alguna manera inimaginablemente mejor. Esta parece haber sido también la opinión de C.S. Lewis: «Conocemos la vida sexual; no sabemos, excepto en vislumbres, la otra cosa que, en el Cielo, no dejará espacio para ello», escribió.[52] «El hombre entero es beber de la fuente de la alegría...».[53]

VII. El misterio de Noé

Una pregunta sobre la resurrección de los creyentes todavía tiene que ser respondida. Si solo las personas que han creído en Jesús serán las que participarán en la resurrección, ¿quedarán excluidos los hombres y mujeres de Dios que vivieron en los días del Antiguo Testamento? Noé seguramente habría creído en Jesús si lo hubiera conocido. Así lo harían Abraham y Moisés y los profetas y sus esposas. Pero ellos no conocieron a Jesús, entonces ¿serán dejados de lado?

---

[52] *Miracles* (Milagros). Lewis C S, HarperOne, Edición Revisada, 21 de abril de 2015.

[53] *The Weight of Glory and Other Addresses* (El Peso de la Gloria y Otras Discursos). Lewis C S, Zondervan, 2001.

El Antiguo Testamento enseñó que cuando las personas morían, buenas y malas por igual, acudían a un reino de espíritus difuntos llamado Sheol, en espera de un día de juicio en el fin del mundo (Job 3:16-19; 17:12-16; Salmo 30:3).[54] En el Nuevo Testamento este lugar se llama Hades. 1 Pedro 3:18,19 nos dice que cuando Jesús murió el Viernes Santo, él también fue a este mismo lugar en espíritu. 1 Pedro 4:6 también nos dice por qué fue allí: «Ha sido predicado el evangelio a los muertos, para que sean juzgados en carne según los hombres, pero vivan en espíritu según Dios». (Una traducción mejor es: «Ha sido predicado el evangelio a los muertos, para que aunque fueron juzgados en carne según los hombres, pudieron vivir en espíritu según Dios».) En otras palabras, Jesús le dijo a Noé y a todos los que habían muerto antes de que él viniera que él era su Mesías prometido. Él les dijo que si ellos creían esto y depositaban su confianza en él como Señor y salvador, entonces Dios le daría la bienvenida a su reino.

Jesús, por supuesto, no se quedó en el Hades, porque el domingo de Pascua volvió a la vida física. Juan 20:17 nos dice que luego ascendió hasta su Padre, probablemente ese mismo día de Pascua. ¡Qué reunión tan feliz debió haber sido! En Efesios 4:8-10 Pablo nos dice que cuando Jesús ascendió a lo alto «llevó cautiva la cautividad». La traducción *Dios Habla Hoy* y otras lo traducen: «Subió al cielo llevando consigo a los cautivos». Esto parece referirse a aquellos que habían sido encarcelados en Hades pero que habían respondido con fe a Jesús mientras les predicaba el evangelio.

Independientemente de lo que Pablo quiso decir, parece claro que los santos del Antiguo Testamento y otras personas justas que murieron antes del tiempo de Jesús serán incluidos en la resurrección como creyentes cuando llegue ese día, ya que

---

[54] La parábola de Jesús sobre el hombre rico y Lázaro contradice esta enseñanza sobre el Sheol o el Hades. He explicado la razón de esto en el Anexo 3: La verdad sobre el castigo eterno.

de lo contrario no habría tenido sentido que Jesús les predicara el evangelio.

Entonces, ¿a dónde van las personas que creen en Jesús ahora cuando mueren? Jesús le dijo a uno de los ladrones que estaba siendo crucificado con él: «De cierto te digo que hoy estarás conmigo en el paraíso» (Lucas 23:43). Así es como la mayoría de las versiones de la Biblia traducen lo que él dijo. Pero no había «que» ni puntuación en el griego, por lo que en vez de decir: «Te digo, hoy estarás conmigo en el paraíso», Jesús podría haber significado igualmente: «Te digo hoy, estarás conmigo en el paraíso». En este caso, simplemente habría estado prometiendo al ladrón un boleto al cielo para el Día de la Resurrección.

Y eso debe haber sido lo que quiso decir. No pudo haberle prometido al ladrón que estarían juntos en el Paraíso ese mismo día, porque no regresó con su Padre hasta después de la mañana del domingo de Pascua (Juan 20:17). ¡Pasó los dos días intermedios, no en el Paraíso sino en el Hades, predicando el evangelio! (1 Pedro 3:18,19). Entonces, si bien este versículo prueba que solo el verdadero arrepentimiento y la fe son necesarios para estar con Jesús en la vida venidera, no prueba que todos los creyentes en Cristo entren conscientemente en su presencia tan pronto como mueran.

Es cierto que en Apocalipsis 7:9-14, Juan vio una visión de los creyentes que habían muerto en la Gran Tribulación, y estaban en el cielo antes del Día de la Resurrección. No está claro si estaban en su cuerpo de resurrección final en la visión o en algún tipo de cuerpo celestial temporal como los que experimentan las personas que tienen una experiencia cercana a la muerte. Incluso puede ser que Juan simplemente estuviera teniendo una visión con la intención de tranquilizar a los creyentes que van a morir en la Gran Tribulación, una visión en la que vivirían en la presencia de Jesús en la era venidera.

Una cosa está clara. El Nuevo Testamento describe constantemente la condición de muerte como «sueño», y la característica principal del sueño es la inconsciencia. Por lo tanto, no importa mucho a dónde vamos cuando morimos por primera vez, seamos creyentes o no. Nuestra ubicación no importará. (Días antes de que mi amada esposa Ann muriera, ella susurró, «Quiero despertarme en el cielo».) Teniendo en cuenta los versículos de la Biblia que acabamos de ver, tengo la sensación de que cuando mueren los no creyentes en Jesús, todavía van al Hades para esperar el Día del Juicio. Recuerda que el Hades no es el infierno: no es particularmente desagradable, pero tampoco es particularmente agradable. Los creyentes, por otro lado, dormirán en un lugar paradisíaco y agradable como un jardín. «Paraíso» significa un jardín, por lo que podríamos describirlo como un jardín de descanso.

Sin embargo, a donde sea que vayamos primero cuando muramos, sabremos poco o nada hasta que despertemos en la presencia de Jesús. Y eso será o saludarle con alegría en el Día de la Resurrección como un creyente, o mucho más tarde estar de pie con temor como un no creyente ante su trono de juicio en el Día del Juicio. ¿Dónde estará él para ti?

El Día de la Resurrección

6. Los segundos tres años y medio

El malvado triunvirato

La Tabla 4 resume brevemente los eventos del segundo período de tres años y medio. Durante este período el mundo, ya no protegido por las oraciones y la influencia piadosa de la iglesia cristiana (2 Tesalonicenses 2:7), estará dominado por tres figuras: el dragón, la bestia y una segunda bestia descrita como un falso profeta (Apocalipsis 13:11-15; 19:20). El dragón representa a Satanás, esa «serpiente antigua, que se llama Diablo y Satanás, el cual engaña al mundo entero» (Apocalipsis 12:9).

La primera bestia también se conoce como el anticristo. Será una persona malvada motivada por Satanás quien, como los emperadores romanos de la época de Juan, obligará a las personas a adorarlo o enfrentar la muerte (Apocalipsis 13:1-10).

La segunda bestia, el falso profeta, realizará señales milagrosas e instituirá «la marca de la bestia», que de alguna manera estará asociada con el número de la bestia, 666. Se requerirá que la gente tenga esto impreso en su frente o mano para comprar y vender (Apocalipsis 13:11-18). Tal vez sea un tatuaje o incluso un código de barras holográfico. Los tres pares de líneas más largas que se usan para ubicar el comienzo, la mitad y el final de un código de barras parecen representar tres seis.

La ley del Señor (por ejemplo, Deuteronomio 6:8) ordena a los judíos que sujeten los Diez Mandamientos en sus muñecas y en la frente, y algunos judíos devotos hacen esto hoy cuando oran. Por lo tanto, ser obligado a reemplazarlos por el número de la bestia parece ser un ataque deliberado contra cualquier judío que no huya al desierto a tiempo.

El falso profeta también creará una imagen de la bestia, que la gente tendrá que adorar (Apocalipsis 13:14,15). Eso representaría un nuevo ataque contra los judíos, ya que el segundo mandamiento les prohíbe que se inclinen ante cualquier tipo de imagen (Deuteronomio 5:8,9). Debido a que la imagen podrá hablar, bien podría ser algún tipo de robot equipado con inteligencia artificial masiva. Esto no es tan disparatado como podría sonar.

En 2015, el profesor de filosofía de Oxford, Nick Bostrom, publicó una carta advirtiendo que la inteligencia artificial podría salir mal y apoderarse del mundo. Entre los que estuvieron de acuerdo con él y quienes agregaron sus firmas a la carta se encontraba Bill Gates, el fundador de Microsoft; Elon Musk, el fundador de Tesla Cars y SpaceX; Lord Martin Rees, el astrónomo real del Reino Unido; y el difunto Stephen Hawking, que fue uno de los mejores cerebros de su generación.

Las computadoras ya han vencido a los mejores jugadores del mundo de ajedrez y Go, así como a los dos mejores campeones de los Estados Unidos en el concurso de conocimientos generales, ¡Jeopardy! El Megatron Transformer conoce la totalidad de Wikipedia en inglés, 63 millones de artículos de noticias en inglés desde 2016 a 2019, 38 gigabytes de discurso de Reddit, y una gran cantidad de fuentes de Comunes Creativos.[55]

Es terriblemente fácil imaginar un momento en el que todas las decisiones del gobierno y la justicia se dejen en manos de una supercomputadora que tenga acceso a todo el conocimiento humano y supere a todos los seres humanos en inteligencia.

Este malvado triunvirato será una parodia de la Santísima Trinidad: Dios el Padre, Dios el Hijo y Dios el Espíritu Santo. Algunos comentaristas bíblicos ven a las dos bestias no como

---

[55] *We invited an AI to debate its own ethics in the Oxford Union – what it said was startling.* (Invitamos a una IA a debatir su propia ética en la Oxford Union - lo que dijo fue sorprendente.) Connock A y Stephen A, The Conversation, 10 de diciembre de 2021.

hombres diabólicamente malvados, sino simplemente como representantes del gobierno anticristiano y de la religión anticristiana. Sin embargo, la Biblia es clara en que al menos el anticristo será una persona real, y no tengo dudas de que el falso profeta también lo será.

¡Que nadie os engañe de ninguna manera!, pues no vendrá sin que antes venga la apostasía y se manifieste el hombre de pecado, el hijo de perdición, el cual se opone y se levanta contra todo lo que se llama Dios o es objeto de culto; tanto, que se sienta en el templo de Dios como Dios, haciéndose pasar por Dios... Y entonces se manifestará aquel impío, a quien el Señor matará con el espíritu de su boca y destruirá con el resplandor de su venida.

2 Tesalonicenses 2:3,4,8

El templo

Las palabras de Pablo acerca de un hombre de pecado que se proclama a sí mismo como Dios en el templo de Jerusalén se hacen eco de las profecías en el libro de Daniel del Antiguo Testamento (Daniel 7:25; 8:9-14; 11:31-37). En Daniel capítulo 11 versículos 31 y 37 se dice: «Se levantarán sus tropas (las tropas de un hombre despreciable, al cual no darán la honra del reino) que profanarán el santuario y la fortaleza, quitarán el sacrificio continuo y pondrán la abominación desoladora... Del Dios de sus padres no hará caso, ni del amor de las mujeres, ni respetará a dios alguno, porque sobre todo se engrandecerá».

La profecía original de Daniel ya se había cumplido literalmente en el año 168 a.C., cuando el rey sirio, Antíoco IV Epifanes erigió una estatua de Zeus en los recintos del templo y sacrificó un cerdo en el altar. Sin embargo, tanto Jesús como Pablo se refirieron a esta profecía como una que estaba esperando un mayor cumplimiento. «Por tanto, cuando veáis en el lugar santo la abominación desoladora de la que habló el profeta Daniel —el que lee, entienda—, entonces los que estén en Judea, huyan a los montes» (Mateo 24:15,16).

Pablo escribió sus cartas a los cristianos de Tesalónica alrededor del año 50 d.c., veinte años antes de que los romanos destruyeran el templo en Jerusalén. En ese momento, Pablo y los otros apóstoles todavía creían que Jesús regresaría durante su vida. Por lo tanto, probablemente asumió que el venidero «hombre de pecado» se establecería como Dios en el templo tal como existía en ese momento.

Entonces, ¿aún se cumplirán esas profecías de Jesús y Pablo, y de ser así se tendrá que construir un templo nuevo en Jerusalén antes de que comiencen los últimos siete años o no? Veamos ambos lados del argumento.

Los judíos religiosos de hoy creen que el templo de Jerusalén será reconstruido antes de que venga el Mesías. Malachi 3:1 dice: «Yo envío mi mensajero para que prepare el camino delante de mí. Y vendrá súbitamente a su templo el Señor a quien vosotros buscáis; y el ángel del pacto, a quien deseáis vosotros, ya viene, ha dicho Jehová de los ejércitos».

Creen que el Mesías entrará en el área del templo a través de la Puerta del Este a la ciudad, también conocida como la Puerta de Oro. Esto ha sido amurallado durante los últimos quinientos años. El profeta Ezequiel tuvo una visión: «[El ángel] me llevó luego a la puerta, la que mira hacia el oriente, y vi que la gloria del Dios de Israel venía del oriente. Su sonido era como el sonido de muchas aguas, y la tierra resplandecía a causa de su gloria... La gloria de Jehová entró en la casa por la vía de la puerta que daba al oriente» (Ezequiel 43:1-4).

El Instituto del Templo es una organización judía ubicada en la Ciudad Vieja de Jerusalén. En la actualidad, ya ha preparado vestimentas y equipo para usar en un nuevo templo. En agosto de 2016, el Centro Internacional de Medios del Medio Oriente informó sobre los preparativos activos de al menos dos organizaciones para construir un templo en el sitio de la actual Mezquita de Al-Aqsa. Ahí es donde creen que estaba el templo judío de Herodes.[56] Afirmaron que el trabajo podría completarse en tres años una vez que comenzó. La decisión del presidente Donald Trump en diciembre de 2017 de reconocer formalmente a Jerusalén como la capital de Israel habría dado más estímulo a estas personas.

La existencia de un templo a la mitad en los últimos siete años parece estar respaldada por Apocalipsis 11:1,2: «Entonces me fue dada una caña semejante a una vara de medir y se me dijo: "Levántate y mide el templo de Dios y el altar y a los que adoran en él. Pero el patio que está fuera del templo déjalo aparte y no lo midas, porque ha sido entregado a los gentiles. Ellos hollarán la ciudad santa cuarenta y dos meses"».

Sin embargo, demoler la mezquita de Al-Aqsa, el tercer sitio más sagrado del islam, parece en el momento de escribir esto que es una imposibilidad política. En mi opinión, el escenario más probable que podría cambiar la situación sería un ataque árabe contra Israel o, posiblemente, un ataque preventivo de Israel contra Irán. En cualquier caso, Israel podría finalmente decidir ignorar las simpatías pro-árabes y retomar toda la ciudad de Jerusalén, que siempre creyó que el Señor Dios le dio a la nación. Entonces podrían construir lo que quisieran.

Según el Instituto del Templo y el Jefe Rabino Ashkenazi de Israel, David Lau, hay espacio suficiente para un templo judío en el Monte del Templo, junto a la Cúpula de la Roca musulmana. Construir un templo allí podría ser un compromiso. Con suerte, nada de esto sucederá antes de que se

---

[56] En 1927, la mezquita de Al-Aqsa fue severamente dañada por un terremoto. El arqueólogo británico Robert Hamilton recibió permiso para excavar sus cimientos expuestos. Descubrió numerosos fragmentos de una iglesia bizantina anterior e incluso un *mikveh* judío. Esta fue una piscina ritual utilizada para la purificación, y se remonta a la época del templo judío de Herodes. La historia completa se publicó en el sitio web: www.israelandstuff.com/second-temple-era-mikveh-discovered-under-al-aqsa-mosque.

publique el libro. ¡No me gustaría que pensaras que había predicho algo después del evento!

Otro escenario posible es que a los judíos se les permita construir un nuevo templo como parte de un acuerdo de paz internacional para poner fin a la Gran Tribulación, mediado por la figura emergente del anticristo. El profeta Daniel habló de un «príncipe que ha de venir»: «Por otra semana más confirmará el pacto con muchos; a la mitad de la semana hará cesar el sacrificio y la ofrenda» (Daniel 9:27). Esta profecía coincidiría con el anticristo que requiere que todos adoren su estatua durante el segundo período de tres años y medio, como lo profetiza el capítulo 13 del Apocalipsis.

¿Qué pasa con el otro lado de la discusión? ¿Hay que construir un nuevo templo antes de que Cristo regrese? Dado que Jesús habría entrado en la ciudad a través de la Puerta Este desde Betania el Domingo de Ramos, las profecías en Malaquías y Ezequiel fueron cumplidas por Cristo en su primera venida. Por lo tanto, no son una prueba de que haya que construir otro templo antes de que vuelva.

En segundo lugar, la instrucción de Juan en el capítulo 11 del Apocalipsis para medir todo el templo, excepto el atrio exterior de los Gentiles, podría significar simbólicamente que debía contar el número total de descendientes de Israel vivos en el punto medio de los últimos siete años, tal vez con la intención de proporcionar una medida de protección para todos ellos durante el próximo reinado del anticristo. Eso estaría de acuerdo con Apocalipsis 12:1-6, que dice que la nación de Israel tendrá un lugar de protección preparado por Dios durante los últimos tres años y medio. Y Apocalipsis 11:1 dice que a Juan se le dijo que midiera el templo de Dios «y a los que adoran en él». Entonces no tiene que haber un templo literal para medir en ese momento.

En cualquier caso, ¿por qué debería Dios querer que se construya un nuevo templo? Ciertamente no habrá un templo en la nueva Jerusalén (Apocalipsis 21:22). El propósito del templo judío era ser un lugar donde se pudieran hacer sacrificios de animales a Dios, ya que de cualquier otra forma se puede adorar a Dios en una sinagoga, un hogar o incluso al aire libre. Los capítulos 9 y 10 de la Carta a los Hebreos explican que Dios abolió los sacrificios de animales de una vez por todas con la muerte sacrificial de Jesucristo (Hebreos 10:5,6,9,19). Por supuesto, esto no significa que los judíos no construirán un nuevo templo. Pero una vez que Jesús regrese para establecer el reino del milenio, no habrá más sacerdotes ni más sacrificios. Cualquier templo tendrá que ser usado para otros propósitos, que por supuesto podrían incluir la alabanza y la adoración de Dios.

La ira de Dios

Una vez que los cristianos desaparecen en el Día de la Resurrección a la mitad de los últimos siete años, la mayoría de la gente estará feliz con la marca de la bestia y con la demanda del profeta de que se adoren sus imágenes. Sin embargo, Dios demostrará su descontento mostrando su ira en forma de siete plagas terribles (Apocalipsis 15:5 a 16:21). El tema central de los capítulos 14 a 16 del Apocalipsis es la ira de Dios:

14:9,10 «Y un tercer ángel los siguió, diciendo a gran voz: "Si alguno adora a la bestia y a su imagen y recibe la marca en su frente o en su mano, él también beberá del vino de la ira de Dios, que ha sido vaciado puro en el cáliz de su ira"».

14:19 «El ángel metió su hoz en la tierra, vendimió la viña de la tierra y echó las uvas en el gran lagar de la ira de Dios».

15:1 «Vi en el cielo otra señal grande y admirable: siete ángeles con las siete plagas postreras, porque en ellas se consumaba la ira de Dios».

15:7 «Uno de los cuatro seres vivientes dio a los siete ángeles siete copas de oro llenas de la ira de Dios».

16:1 «Entonces oí desde el templo [celestial] una gran voz que decía a los siete ángeles: "Id y derramad sobre la tierra las siete copas de la ira de Dios"».

Estos capítulos sobre la ira de Dios son importantes, porque a pesar de que todos los que viven durante los días venideros deben soportar la tribulación, aquellos que realmente creen en Cristo cuando llegue el Día de la Resurrección no tendrán que sufrir la ira de Dios. En su muy teológica carta a los cristianos en Roma, Pablo escribió: «habiendo sido ya justificados en su sangre (la sangre de Cristo), por él seremos salvos de la ira (de Dios)» (Romanos 5:9).

Cuando Pablo habló acerca de la ira de Dios, él estaba pensando principalmente en lo que sucedería el Día del Juicio (Romanos 2:1-11). Pero a veces pensaba en ejemplos más inmediatos del juicio de Dios sobre individuos o grupos de personas (Romanos 1:18-27; 1 Tesalonicenses 2:16). Sin embargo, aquí en el Apocalipsis tenemos un derramamiento de la ira de Dios sobre el mundo en general durante los tres años y medio anteriores al regreso real de Cristo. Si aquellos que confían en la muerte de Cristo para la salvación deben ser salvados de la ira de Dios, tienen que abandonar la tierra antes de que comiencen estos últimos tres años y medio de ira.

Entonces, donde Pablo enseñó sobre el venidero día de la resurrección en 1 Tesalonicenses capítulo 5, podemos entenderlo así: «Dios no nos ha puesto para ira, sino para alcanzar salvación por medio de nuestro Señor Jesucristo, quien murió por nosotros para que ya sea que vigilemos (todavía estamos vivos cuando llegue el Día de la Resurrección) o que durmamos (ya hayamos muerto), vivamos juntamente con él (como resultado de haber resucitado a la vida antes del derramamiento de la ira de Dios sobre la tierra)».

Es por eso que la trompeta final sonará en el punto medio de los últimos siete años, y no al final de ellos. El Día de la Resurrección llegará antes de que comiencen los últimos tres años y medio de su ira.

La ramera de Babilonia

Una vez que se completa la ira de Dios, aparece una cuarta figura en la historia, representada como una ramera sentada sobre siete montañas. Se la identifica como «Babilonia la grande» y «la gran ciudad que reina sobre los reyes de la tierra» (Apocalipsis 17:5,18).

«Babilonia» era seguramente un nombre en clave para Roma[57], ya que habría sido suicida profetizar la destrucción de Roma si el emperador romano gobernante se enterara, mientras que Babilonia misma ya había dejado de ser una ciudad de gran importancia. Roma fue construida en siete colinas (Apocalipsis 17:9), se alimentó del sudor y la sangre de millones de esclavos (Apocalipsis 18:13), y Nerón acababa de crucificar a una inmensa multitud de cristianos (Apocalipsis 17:6; 18:24). Así que los capítulos 17 y 18 del Apocalipsis son principalmente una visión de la próxima destrucción de Roma. Los visigodos lograron eso en el año 410 d.C.

La escritora alemana Basilea Schlink interpretó la caída visionaria de Babilonia más ampliamente, como la destrucción venidera de todo poder político, religioso y económico del mundo.

Hay indicios a los que se refiere el capítulo 17 del Apocalipsis, no solo de la destrucción de Roma o de los poderes mundanos en general, sino de lo que sucederá cuando Cristo regrese. La bestia en la que estaba sentada la mujer «era y no es, y está para subir del abismo e ir a perdición» (Apocalipsis 17:8). Sus diez cuernos representaban a diez reyes que aún no

---

[57] En el libro apócrifo judío de 2 Esdras, también conocido como 4 Ezra, hay dos referencias a la próxima destrucción de «Babilonia y Asia». (En la Biblia, «Asia» se refiere principalmente a la Turquía moderna). Este libro fue escrito en el siglo I d. C., cuando también se escribió el Nuevo Testamento, y Babilonia misma había dejado de ser una gran ciudad. Tom Wright en *What St Paul Really Said* (Lo que dijo San Pablo en realidad) comentó: «No hubo ningún problema en eliminar mentalmente 'Babylon' y sustituirlo por 'Rome'».

habían recibido el poder real, pero lo harían y harían la guerra al Cordero que los conquistaría (Apocalipsis 17:12-14). Todas estas son referencias a los capítulos 19 y 20 cuando Jesús regresa.

¿Otra resurrección?

En Apocalipsis 19:11 al 20:3, Jesús regresa a la tierra con poder y gloria. Él destruye al anticristo, al falso profeta y a todos sus partidarios armados. Él ata a Satanás y lo arroja a un pozo, donde permanecerá por mil años. Pero luego en Apocalipsis 20 leemos estas palabras bastante confusas:

> Vi las almas de los decapitados por causa del testimonio de Jesús y por la palabra de Dios, los que no habían adorado a la bestia ni a su imagen, ni recibieron la marca en sus frentes ni en sus manos; y vivieron (literalmente «volvieron a vivir») y reinaron con Cristo mil años. Pero los otros muertos no volvieron a vivir hasta que se cumplieron mil años. Esta es la primera resurrección. Bienaventurado y santo el que tiene parte en la primera resurrección; la segunda muerte no tiene poder sobre estos, sino que serán sacerdotes de Dios y de Cristo y reinarán con él mil años.
>
> Apocalipsis 20:4-6

He argumentado que el Día de la Resurrección se llevará a cabo en el punto medio de los últimos siete años, cuando el ángel toque la última, séptima trompeta, pero estos versos parecen decir que será al final de los siete años. Además, parece que Juan nos está diciendo que solo aquellos que han sido decapitados por el régimen del anticristo estarán en la primera resurrección y reinarán con Cristo. Eso significaría que nadie que haya muerto hasta ahora reinará con Cristo en su reino del milenio. Entonces, estos versículos parecen contradecir directamente la enseñanza de Cristo y la enseñanza de Pablo de que cada creyente en Cristo que muere será resucitado de entre los muertos en la primera resurrección.

Aquí está la explicación tal y como yo lo veo. Lo que el Señor le mostró a Juan fue que las personas que serán martirizadas durante el reinado del anticristo serán resucitadas de entre los muertos *de la misma manera* que las personas que fueron resucitadas de entre los muertos en el Día de la Resurrección. La frase «esta es la primera resurrección» no significa «esta es la primera vez que tendrá lugar la resurrección». Significa que «este es el primer *tipo* de resurrección», el mismo tipo que la resurrección de los creyentes; no es el segundo tipo de resurrección que tendrá lugar al final de los mil años, cuando todos los demás volverán a la vida para enfrentar el juicio.

Juan les está diciendo a sus lectores las buenas noticias de que los nuevos creyentes martirizados por Cristo después del Día de la Resurrección en los días del anticristo también serán resucitados de los muertos y reinarán con Cristo por mil años. No se lo perderán porque se convierten en creyentes solo después de que se lleve a cabo el Día de la Resurrección «oficial».

Resumen de los últimos siete años

Resumiendo los últimos siete años previos al regreso de Cristo tenemos en orden:

- (Primero) La Gran Tribulación.
- Tres años y medio de relativa calma con los dos testigos anunciando el inminente regreso de Cristo.
- Día de la Resurrección para los creyentes en Cristo, muertos y vivos.
- Tres años y medio de impiedad casi total y la ira de Dios, durante los cuales muchos judíos y otros confiarán en Jesús como el Mesías.

- El regreso triunfal final de Cristo acompañado por un ejército de angeles y los creyentes resucitados, y su derrota de todos los poderes impíos.

La Batalla de Armagedón

Cuando Jesús regrese, la tierra todavía estará poblada por el anticristo, el falso profeta y las relativamente pocas personas[58] que han sobrevivido tanto a la tribulación como a la ira de Dios en todas sus formas. En general, no se habrán arrepentido de la incredulidad, la rebelión y la idolatría, porque a pesar de la ira de Dios «no se arrepintieron para darle gloria» (Apocalipsis 16:9), y «blasfemaron contra el Dios del cielo por sus dolores y por sus úlceras, y no se arrepintieron de sus obras» (Apocalipsis 16:11). Así que, naturalmente, no permitirán que Jesús se apodere del mundo sin pelear.

> Vi salir de la boca del dragón, de la boca de la bestia y de la boca del falso profeta, tres espíritus inmundos... que van a los reyes de la tierra en todo el mundo para reunirlos para la batalla de aquel gran día del Dios Todopoderoso... Y los reunió en el lugar que en hebreo se llama Armagedón.
>
> Apocalipsis 16:13,14 & 16

«Armagedón» es la versión griega del hebreo «Har Megiddo», el Monte de Meguido. Tiene vistas a una gran área de tierra al sur de Galilea. Se dice que Napoleón Bonaparte una vez estuvo aquí y comentó: «Todos los ejércitos del mundo podrían maniobrar sus fuerzas en esta vasta llanura».

Su ataque fallará:

---

[58] Apocalipsis 6:8 y 9:18 sugieren que solo una doceava parte de la población mundial seguirá viva para el Día de la Resurrección, y eso será antes de que los creyentes desaparezcan y la ira de Dios se derrame sobre los que quedan.

Vi a la bestia y a los reyes de la tierra y sus ejércitos, reunidos para guerrear contra el que montaba el caballo y contra su ejército. La bestia fue apresada, y con ella el falso profeta que había hecho delante de ella las señales con las cuales había engañado a los que recibieron la marca de la bestia y habían adorado su imagen. Estos dos fueron lanzados vivos dentro de un lago de fuego que arde con azufre. Los demás fueron muertos con la espada que salía de la boca del que montaba el caballo, y todas las aves se saciaron de las carnes de ellos.

Apocalipsis 19:19-21

Donde habito yo, hay aves rapaces conocidas como milanos reales. A veces, un vecino les pone sobras de pollo. En unos momentos, una docena o más estarán dando vueltas en el aire, antes de caer como piedras silenciosas desde las nubes para atrapar a su presa en un segundo y volar con ella, los largos dedos de las puntas de sus alas recortadas contra el cielo. La visión que vio Juan después de la batalla de Armagedón ¡debe haber sido verdaderamente aterradora!

El mandato del milenio de Cristo

Y luego, en el capítulo 20 del Apocalipsis, llegamos al principio del gobierno del milenio de Cristo.

En este milenio final de la era presente, Jesucristo gobernará la tierra, asistido por los creyentes resucitados que regresarán a la tierra con él. Pablo habla de «la venida de nuestro Señor Jesucristo con todos sus santos» (1 Tesalonicenses 3:13); Jesús le dice a sus doce discípulos: «En la regeneración (el nuevo mundo), cuando el Hijo del hombre se siente en el trono de su gloria, vosotros que me habéis seguido, también os sentaréis sobre doce tronos, para juzgar a las doce tribus de Israel» (Mateo 19:28); y Juan escribe en Apocalipsis 20:4: «Vi tronos, y se sentaron sobre ellos los que recibieron facultad de juzgar. Y vi las almas de los decapitados por causa del testimonio de Jesús y por la palabra de Dios... vivieron (literalmente "volvieron a la vida") y reinaron con Cristo mil años».

Sin Satanás guiando a todos por mal camino acontecerá «un reposo (literalmente «sabbat») para el pueblo de Dios» (Hebreos 4:9), correspondiente al séptimo día de la creación.

Representarse esto requiere un gran esfuerzo de imaginación. Como lo entiendo, Jesús volverá a vivir en la tierra presente por segunda vez, pero esta vez en su cuerpo resucitado (Apocalipsis 19:11). Lo acompañará un ejército de ángeles y todos los creyentes resucitados para disfrutar de sus mil años de descanso de la lucha y la persecución bajo el gobierno terrenal de Jesucristo. (Daniel 7:18,22; 1 Corintios 6:2; Mateo 16:27; Apocalipsis 19:14)

Aunque todavía habrá sobrevivientes incrédulos rebeldes, habrá dos mejoras importantes. Actualmente, Satanás se dedica a plantar pensamientos, deseos y emociones en nosotros para arruinar nuestra salud, relaciones, paz, prosperidad y comunión con Dios (Juan 8:44; 10:10). Al comienzo de los últimos mil años, será atado y convertido en inocuo. «Vi un ángel que descendía del cielo con la llave del abismo y una gran cadena en la mano. Prendió al dragón, la serpiente antigua, que es el Diablo y Satanás, y lo ató por mil años. Lo arrojó al abismo, lo encerró y puso un sello sobre él, para que no engañara más a las naciones hasta que fueran cumplidos mil años. Después de esto debe ser desatado por un poco de tiempo» (Apocalipsis 20:1-3). Esto presumiblemente significa que todo el mundo será mucho más sensible y gobernable.

La segunda mejora será que Jesús gobernará con una vara de hierro (Apocalipsis 19:15), que disuadirá del crimen incluso a las almas más endurecidas. Cuando vivíamos en Chile bajo el gobierno militar del general Pinochet, la policía armada estaba

---

[59] Apocalipsis 6:8 y 9:18 sugieren que solo una doceava parte de la población mundial seguirá viva para el Día de la Resurrección, y eso será antes de que los creyentes restantes desaparezcan y la ira de Dios se derrame sobre los que quedan.

constantemente en evidencia. En consecuencia, nos sentimos extremadamente seguros, ¡siempre y cuando manteníamos la ley!

Siendo mortales, la población sobreviviente continuará casándose y teniendo hijos (o no se molestarán en casarse y con todo tener hijos), y continuarán envejeciendo y seguirán muriendo. Mientras tanto, viviendo entre ellos y ayudando a la administración de Cristo en el mundo, estarán los santos, los creyentes resucitados con cuerpos inmortales como el cuerpo de Jesús (Apocalipsis 20:4-6). Cuando Juan dice que el juicio se ha comprometido con ellos, quiere decir que ayudarán a Jesús a gobernar a la gente como lo hicieron los jueces del Antiguo Testamento. Él no quiere decir que ellos decidirán el destino de todos en el Día del Juicio, puesto que solo Jesús hará eso.

Al final de los mil años, Satanás será liberado. La rebeldía subyacente de las naciones estallará, y habrá una batalla final. Esta es la profetizada en los capítulos 38 y 39 de Ezequiel. Ezequiel predijo que «en los últimos años» «Gog, en tierra de Magog, príncipe soberano de Mesec y Tubal» reuniría un gran ejército de muchas tierras para atacar a Israel. Aquí está la visión sobre esto que Juan registró:

> Cuando los mil años se cumplan, Satanás será suelto de su prisión y saldrá a engañar a las naciones que están en los cuatro ángulos de la tierra, a Gog y a Magog, a fin de reunirlos para la batalla. Su número es como la arena del mar. Subieron por la anchura de la tierra y rodearon el campamento de los santos y la ciudad amada; pero de Dios descendió fuego del cielo y los consumió. Y el diablo, que los engañaba, fue lanzado en el lago de fuego y azufre donde estaban la bestia y el falso profeta; y serán atormentados día y noche por los siglos de los siglos.[60]
>
> Apocalipsis 20:7-10

---

[60] Véase el Anexo 3 para una explicación de estas últimas palabras.

¡Satanás finalmente tendrá que pagar por todo el sufrimiento que ha causado!

Hay razones para creer que Mesec y Tubal son Moscú y Tobolsk, la cual es la capital histórica de Siberia sobre el río Tobol. Entonces, algunos cristianos piensan que Rusia liderará esta profetizada invasión de Israel y que sucederá pronto. Pero Apocalipsis dice claramente que no sucederá hasta por lo menos otros mil años. Y entonces llegará el momento del Juicio Final.

Pero eso necesita un capítulo para sí mismo.

7. Juicio

La base del juicio divino

> Vi un gran trono blanco y al que estaba sentado en él, de delante del cual huyeron la tierra y el cielo y ningún lugar se halló ya para ellos. Y vi los muertos, grandes y pequeños, de pie ante Dios. Los libros fueron abiertos, y otro libro fue abierto, el cual es el libro de la vida. Y fueron juzgados los muertos por las cosas que estaban escritas en los libros, según sus obras. El mar entregó los muertos que había en él, y la muerte y el Hades entregaron los muertos que había en ellos, y fueron juzgados cada uno según sus obras. La muerte y el Hades fueron lanzados al lago de fuego. Esta es la muerte segunda. El que no se halló inscrito en el libro de la vida, fue lanzado al lago de fuego.
>
> Apocalipsis 20:11-15

El Día del Juicio será para todos los que alguna vez hayan vivido y que, por una razón u otra, aún no hayan resucitado a la vida eterna como creyentes en Cristo. Los que creen en Cristo antes de morir no serán juzgados (Juan 5:24). ¡Esa es una muy buena razón para confiar en Cristo ahora!

Hace años, leí acerca de alguien que se negaba a creer que confiar en Jesús era el único camino al cielo porque ¡a causa de los Pigmeos![61] Su argumento fue que, dado que las personas que viven en remotas selvas Africanas no tenían conocimiento de Jesús, no tenían la oportunidad de confiar en él, por lo que

---

[61] Maurice Smith en su autobiografía *Five five fifty-five* (Cinco, cinco, cincuenta y cinco). Christian Literature Crusade, 1969.

excluirlos del cielo porque no creían en Jesús habría sido totalmente injusto. Bueno, ciertamente lo habría ser injusto, si eso fuera lo que enseña la Biblia. En cambio, los versículos anteriores al capítulo 20 del Apocalipsis explican por qué algunas personas que nunca han oído hablar de Cristo todavía puedan ser bienvenidas en el reino de Dios. «Y fueron juzgados los muertos por las cosas que estaban escritas en los libros, según sus obras».

Las personas que nunca han oído hablar de Jesús no serán condenadas porque no hayan creído en Jesús, pero serán juzgadas por lo que hayan hecho o no hayan hecho. En lenguaje bíblico, serán juzgados de acuerdo con sus obras.

Estoy seguro de que eso tiene mucho sentido para todos los lectores de este libro que no sean cristianos, pero a muchos lectores cristianos les parecerá una herejía. Esto se debe a que a los cristianos se les enseña que «por gracia sois salvos por medio de la fe; y esto no de vosotros, pues es don de Dios. No por obras, para que nadie se gloríe...» (Efesios 2:8:9).

Sin embargo, el juicio sobre la base de nuestras obras no hubiera parecido una herejía para Juan como autor del Apocalipsis, ni para Jesús, ni siquiera para Pablo, que escribió las palabras que acabo de citar. Entonces, por el bien de los lectores cristianos y no cristianos, permíteme explicar por qué. ¡Debes seguir conmigo en esto, porque tu destino eterno podría depender de comprender lo que te voy a decir y luego actuar en consecuencia!

Para aquellos que nunca han oído hablar de Jesucristo como el salvador del mundo, su destino final se decidirá en el juicio final. Se decidirá sobre la base de cómo han vivido. Pero si son aceptados en el reino eterno de Dios, no será porque sus buenas obras les hayan hecho ganar un lugar en él. Es porque un árbol es conocido por sus frutos. Cómo vive una persona muestra lo que hay en su corazón. Veamos lo que Jesús dijo al respecto.

En orden para que el gran Día del Juicio se lleve a cabo debe haber una segunda resurrección, una resurrección de todos los que han vivido, pero no han sido parte de la primera resurrección como un creyente en Jesucristo antes de su regreso. Nadie debe ser excluido. Aquí están las propias palabras de Jesús sobre el tema, desde Juan 5:26-29:

> «Como el Padre tiene vida en sí mismo, así también ha dado al Hijo el tener vida en sí mismo; y, además, le dio autoridad de hacer juicio, por cuanto es el Hijo del hombre. No os asombréis de esto, porque llegará la hora cuando todos los que están en los sepulcros oirán su voz; y los que hicieron lo bueno saldrán a resurrección de vida; pero los que hicieron lo malo, a resurrección de condenación (literalmente "juicio")».
>
> Juan 5:26-29

Esto no significa que habrá otras dos resurrecciones al final de los mil años. Significa que esta segunda resurrección es para juicio: resultará en una vida eterna para «aquellos que han hecho el bien», o en una condena para «aquellos que han hecho el mal». Una vez más, esta segunda resurrección no es para los creyentes, ya que inmediatamente antes de esas palabras de Jesús dijo: «De cierto, de cierto os digo: El que oye mi palabra y cree al que me envió tiene vida eterna, y no vendrá a condenación (literalmente "juicio"), sino que (ya) ha pasado de muerte a vida» (Juan 5:24).

El capítulo 5 de Juan no es el único lugar en los Evangelios donde Jesús enseña que las personas que aún no son creyentes serán juzgadas según lo que hayan hecho, bien o mal. En Mateo capítulo 25 él dice: «Cuando el Hijo del hombre venga en su gloria y todos los santos ángeles con él, entonces se sentará en su trono de gloria, y serán reunidas delante de él todas las naciones; entonces apartará los unos de los otros, como aparta el pastor las ovejas de los cabritos...». Y continúa explicando que su clasificación como ovejas o cabras dependerá de si han visitado y cuidado a los hambrientos y sedientos, a los desconocidos, a los desnudos, a los desamparados, al enfermo y al prisionero. Él dice que sobre esta base las «cabras» irán al castigo eterno, pero las «ovejas» a la vida eterna.

Así es como serán juzgadas las personas que no han conocido acerca de Jesús. Ambos grupos de personas, los justos y los injustos, le harán la misma pregunta: «Señor, ¿cuándo te vimos hambriento o sediento? Y cuándo te vimos forastero o desnudo? O cuándo te vimos enfermo o en la cárcel?» Evidentemente, las personas reunidas ante Jesús en su trono en esta enseñanza serán personas que no han tenido un conocimiento real de él.

Sin embargo, habrá otro grupo de personas presentes en el juicio final, personas que sí han conocido a Cristo, pero que lo han rechazado como su salvador y Señor. Ellos también deben presentarse ante el trono del juicio, pero ya habrán sido condenados. «El que en él cree no es condenado; pero el que no cree ya ha sido condenado, porque no ha creído en el nombre del unigénito Hijo de Dios» (Juan 3:18).

Creer en Jesús significa creer que él es el Mesías prometido y el Hijo de Dios que murió para salvarnos del pecado y de la muerte eterna. Pero significa más que eso: significa obedecerle también. «El que cree en el Hijo tiene vida eterna; el que no obedece al Hijo no verá la vida, sino que la ira de Dios descansa sobre él» (Juan 3:36 - traducción literal del griego). Creer en Jesús significa comprometerse con él como salvador *y Señor*.

Me puedo imaginar a una familia cristiana que tiene un bonito texto enmarcado en la pared de su sala de estar que dice: «El que cree en el Hijo tiene vida eterna». Pero, ¿puedes imaginarte a una familia que presente un texto que diga: «¡El que no obedece al Hijo no verá la vida, sino la ira de Dios descansa sobre él!»? Sin embargo, Jesús dijo ambas cosas. Lo dejó muy claro:

> «No todo el que me dice: "¡Señor, Señor!", entrará en el reino de los cielos, sino el que hace la voluntad de mi Padre que está en los cielos. Muchos me dirán en aquel

día: "Señor, Señor, ¿no profetizamos en tu nombre, y en tu nombre echamos fuera demonios, y en tu nombre hicimos muchos milagros?" Entonces les declararé: "Nunca os conocí. ¡Apartaos de mí, hacedores de maldad!"»

Mateo 7:21-23

Entonces, ¿cuál es la voluntad de nuestro Padre en el cielo, que él quiere que hagamos? Para empezar, si se espera que aquellos que no han oído hablar de Jesús alimenten a los hambrientos y sedientos, etcétera, ¡cuánto más deberían hacer aquellos que creen en él! Sin embargo, cuando ofrecí alojamiento temporal a un solicitante de asilo, ¡varios cristianos se negaron a apoyar mi decisión! Mahatma Gandhi dijo una vez a algunos misioneros cristianos: «Si los cristianos realmente hubieron vivido de acuerdo con las enseñanzas de Cristo, como se encuentran en la Biblia, toda la India sería cristiana hoy».

En realidad, creer en Jesús significa más que confiar en él como salvador y obedecerle como Señor, si surgua sólo por un sentido del deber. Significa amarlo. «Si me amáis, guardad mis mandamientos» dijo (Juan 14:15). Significa ser transformado en un hijo o hija de Dios por el poder del Espíritu Santo, porque «el que no nace de nuevo no puede ver el reino de Dios» (Romanos 8:14; 2 Corintios 5:17; Gálatas 3:26; Juan 3:3). Significa estar imbuido por ese mismo Espíritu, porque Jesús dijo: «Separados de mí nada podéis hacer» (Juan 15:5). Dios hará que todo esto suceda y más, una vez que confíes en Jesús su Hijo para que sea tu salvador y cuando le entregues tu vida como tu Señor.

Eso explica por qué Pablo pudo escribir a los cristianos en Éfeso: «Por gracia sois salvos por medio de la fe; y esto no de vosotros, pues es don de Dios. No por obras..» (Efesios 2:8,9). Pablo no escribía a incrédulos ni a personas que nunca habían oído hablar de Jesús y que por lo tanto solo podían esperar que el Señor los aceptara en el Juicio Final sobre la base de cómo habían vivido (Romanos 2:6-8,14-16). Escribía a personas que habían confiado en Jesús para salvarlos. Entonces, no importó qué tipo de vida habían llevado anteriormente, su destino eterno ahora estaba seguro. Como el apóstol Juan escribió en su vejez: «Estas cosas os he escrito a vosotros que creéis en el nombre del Hijo de Dios, para que sepáis que tenéis vida eterna» (1 Juan 5:13).

Y eso tú también puedes saberlo. En la vieja película en blanco y negro, *El Rey de los Reyes*, el gobernador romano Poncio Pilato le preguntó a la mafia alquilada por los líderes judíos, «¿Quieren que este hombre sea su rey?» ¿Qué hubieras tú respondido? ¿Cuál es tu respuesta ahora? ¿De verdad quieres que Jesús sea tu rey?

El destino de los condenados

A menudo la gente mira todo el mal en el mundo y pregunta: «Si hay un Dios, ¿por qué no hace algo al respecto?» Bueno, en el Apocalipsis se nos dice que en el Día del Juicio, Dios finalmente hará algo al respecto. Pero ¿por qué el largo retraso? Jesús explicó esto en una parábola.

Un granjero descubrió que un enemigo había sembrado malezas en su campo de trigo. No podía arrancarlos sin dañar el trigo, por lo que dejó que ambos crecieran juntos hasta el momento de la cosecha. Cuando llegó el momento de cosechar el trigo, él se reunió en el trigo y las malas hierbas, las separó unas de otras y quemó las malezas. Jesús concluyó su historia: «Así como se arranca la cizaña y se quema en el fuego, así será en el fin de este mundo. Enviará el Hijo del hombre a sus ángeles, y recogerán de su Reino a todos los que sirven de tropiezo y a los que hacen maldad, y los echarán en el horno de fuego; allí será el lloro y el crujir de dientes. Entonces los justos resplandecerán como el sol en el reino de su Padre» (Mateo 13:36-43).

En Apocalipsis, Juan describe el asombroso Día del Juicio como un gran trono blanco, ante el cual permanecerán todos los que han vivido, excepto aquellos que ya se han resucitado como creyentes. Jesús estará sentado en el trono como juez. Como cité al comienzo de este capítulo, «fueron juzgados los muertos por las cosas que estaban escritas en los libros, según sus obras... La muerte y el Hades fueron lanzados al lago de fuego. Esta es la muerte segunda. El que no se halló inscrito en el libro de la vida, fue lanzado al lago de fuego» (Apocalipsis 20:12-15).

Unos pocos versículos antes, Satanás había sido arrojado al lago de fuego, y ahora todos los que han preferido servir a Satanás en vez de servir a Dios se le unen allí.

- La muerte es lanzada al lago de fuego para ser destruida. Pablo escribió: «Porque [Cristo] tiene que reinar hasta que haya puesto a todos sus enemigos debajo de sus pies. El último enemigo para ser destruido es la muerte» (1 Corintios 15:25,26).
- Hades es arrojado al lago de fuego para ser destruido. No hay más necesidad de ello porque en el futuro nadie morirá. Apocalipsis 21:4 dice: «No habrá más muerte».
- Aquellos cuyos nombres no están escritos en el libro de la vida son arrojados al lago de fuego. La implicación obvia es que ellos también son lanzados allí para ser destruidos. En la Biblia, el fuego simboliza la destrucción.

Juan describe el destino de los pecadores impenitentes en el lago de fuego como «la segunda muerte». Su primera muerte es la muerte física, cuando su cuerpo muere. Su segunda muerte ocurrirá en el último juicio después de que su cadáver haya resucitado y se haya reunido con su espíritu. Luego serán consignados a la muerte definitiva y permanente, la muerte de su cuerpo y alma. Jesús dijo: «No temáis a los (es decir, a los hombres) que matan el cuerpo pero el alma no pueden matar; temed más bien a aquel (es decir, a Dios) que puede destruir el alma y el cuerpo en el infierno (literalmente "gehena", el basurero municipal en Jerusalén)» (Mateo 10:28).

Una y otra vez, la Biblia nos dice que el destino de los pecadores es muerte y destrucción, mientras que la recompensa para aquellos que creen en Jesucristo es la vida eterna. Como Jesús dijo claramente, la segunda muerte significa la destrucción del alma y el cuerpo. La elección no es entre muerte eterna y vida eterna. Es entre muerte final y vida eterna. «De tal manera amó Dios al mundo, que ha dado a su Hijo unigénito, para que todo aquel que en él cree no se pierda, sino que tenga vida eterna» (Juan 3:16). La palabra griega traducida «se pierda» significa «perecerse» o «ser destruido». La traducción *Dios habla hoy* lo traduce simplemente como «morir». Ninguna de estas palabras implica vida continua de ningún tipo. A lo largo de la Biblia el mensaje es el mismo. «El alma que peque, esa morirá» (Ezequiel 18:20). «La paga del pecado es muerte, pero la dádiva de Dios es vida eterna en Cristo Jesús, Señor nuestro» (Romanos 6:23). «Muerte» significa «muerte», no una continuación de la vida. Al menos nueve de cada diez versículos bíblicos sobre el tema lo dejan absolutamente claro. La mayoría de las imágenes de tormentos eternos en el infierno se originan de la enseñanza medieval en lugar de la Biblia.[62]

Ciertamente hay algunos versículos en el Nuevo Testamento que parecen contradecir esto. Dado que la explicación de estos versículos es algo técnica, la he incluido en un anexo, el Anexo 3, para los lectores que deseen ver este tema con más detalle.

Pero aquí y ahora simplemente notemos que una creencia en el castigo eterno no tiene lugar en los antiguos credos de la iglesia cristiana. Estos credos eran declaraciones formales de las

---

[62] Manuales de maestros musulmanes como el teólogo del siglo IX al-Ghazali y el erudito del siglo XII Qadi Ayyad «dramatizan la vida en el fuego», y presentan «nuevos castigos, diferentes tipos de pecadores y la aparición de una multitud de demonios» para exhortar a los fieles a la piedad. *The Garden and the Fire: Heaven and Hell in Islamic Culture* (El Jardín y el Fuego: el Cielo y el Infierno en la Cultura Islámica). Rustomji N, University of Colombia Press, 2009, páginas 118-119.

creencias cristianas esenciales, acordadas después de consultas extensas y prolongadas entre los primeros líderes de la iglesia Cristiana. Si un cristiano creía lo que había en los credos, entonces él o ella creía todo lo que era necesario. Dos de los credos más antiguos, el Credo de los Apóstoles y el Credo de Nicea, todavía definen los componentes esenciales de la fe cristiana en todas las ramas principales de la iglesia. *Y ni siquiera mencionan el destino de los condenados.*[63]

Por lo tanto, si la idea del fuego del infierno te ha hecho desistir de creer en Dios o en la fe Cristiana, entonces permíteme asegurarte de esto: la iglesia Cristiana dominante en sus declaraciones de fe más fundamentales no requiere que creas en tal cosa.[64]

Es cierto que en el Día del Juicio, les espera un severo castigo a los malvados ya todos los que se niegan a creer en el Dios que los creó, especialmente a las personas que deliberadamente rechazan a Jesús como su Salvador y Señor. Esto se enseña claramente en la Biblia. «Mía es la venganza, yo pagaré, dice el Señor» (Romanos 12:19). «El que se niega a creer en el Hijo no verá la vida, sino que la ira de Dios está sobre él» (Juan 3:36). «Es justo delante de Dios pagar con tribulación a los que os atribulan, mientras que a vosotros, los que sois atribulados, daros reposo junto con nosotros, cuando se manifieste el Señor Jesús desde el cielo con los ángeles de su poder, en llama de fuego, para dar retribución a los que no conocieron a Dios ni obedecen al evangelio de nuestro Señor Jesucristo» (2 Tesalonicenses 1:6-8).

Sería totalmente injusto que alguien como Joseph Stalin, Adolf Hitler o Vladimir Putin tuviera el mismo final pacífico que una viejita cuyo único crimen real había sido el egoísmo. Y como Dios es justo, totalmente justo, el castigo que impone será perfectamente proporcional al grado de culpa de cada uno.

---

[63] El *Credo de Nicea* data del 325 d.C. y el *Credo de los Apóstoles* del 390 d.C.

[64] La Iglesia Católica Romana y las Iglesias Ortodoxas tienen muchas doctrinas adicionales que incluyen la creencia en el tormento eterno de los malvados en el infierno.

Juicio

«...vida por vida, ojo por ojo, diente por diente, mano por mano, pie por pie, quemadura por quemadura, herida por herida, golpe por golpe» (Éxodo 21:23-25). «Aquel siervo que, conociendo la voluntad de su señor, no se preparó ni hizo conforme a su voluntad, recibirá muchos azotes. Pero el que sin conocerla hizo cosas dignas de azotes, será azotado poco» (Palabras de Jesús en Lucas 12:47,48).

Así que mi punto no es que los malhechores y los incrédulos deliberados escaparán a la justicia. Es que el castigo que recibirán no durará para siempre. «Misericordioso y clemente es Jehová... No contenderá para siempre ni para siempre guardará el enojo» (Salmo 103:8,9). «[Dios] no retuvo para siempre su enojo» (Miqueas 7:18). ¡Así dice la Biblia! ¿Cómo podría ser misericordioso enviar a alguien a una tortura eterna? Hacer eso significaría que el Señor sí retendrá su enojo: ¡guardará su enojo para siempre! Una creencia en el castigo eterno está en clara contradicción con las palabras de la Sagrada Escritura.

Los libros posteriores del Antiguo Testamento registran cómo el Señor castigó repetidamente al Israel rebelde por medio de la espada, el hambre y la pestilencia. Pero siempre fue con un propósito reparador. Fue para probarles que los dioses falsos a los que adoraban y los que sacrificaban a sus hijos nunca podrían salvarlos, y para llevarlos a un lugar de arrepentimiento y restauración a sí mismo. «Ellos serán mi pueblo y yo seré su Dios» (Jeremías 32:38) fue la meta repetida del Señor, y el clamor repetido de su corazón. El propósito de castigar a Israel siempre fue remediador, y nunca tuvo la intención de durar para siempre. (Jeremías 33:7-9; 29:10) Sin embargo, el castigo interminable en el infierno nunca podría tener ningún propósito reparador. Sólo podía ser vengativo.

Finalmente, la Biblia dice que eventualmente todas las cosas serán unidas en Cristo. (Efesios 1:10) Eso no puede suceder si multitudes de malhechores e incrédulos, la gran mayoría de la humanidad, quedaran desunidos de Cristo en un lugar de tormento eterno.

Después de que los británicos votaron para abandonar la Unión Europea, la nueva Primera Ministra, Theresa May, repitió sin cesar: «Brexit significa Brexit». ¡Todo lo que cualquiera pudo entender de esto fue que «Brexit» no significaba otra cosa! De la misma manera, cuando la Biblia dice que la alternativa a la vida eterna es morir, «morir» significa «morir»: no significa otra cosa. No significa seguir viviendo, de ninguna manera. Incluso Theresa May no podría haber sido más clara que eso.

Cualquiera que sea el destino de las personas que rechazan la salvación que Dios nos ofrece a través de la fe en su Hijo, ¿por qué no asegurarte aquí y ahora que tu propio destino es la vida eterna? Todo lo que tienes que hacer, y sí tienes que hacerlo, es invitar a Jesús a tomar su lugar legítimo en tu vida como tu Salvador y Señor, y luego seguir su guía.

El Día del Juicio

Al comienzo de este capítulo, dije que incluso Pablo habría aceptado que los hombres y las mujeres serán juzgados de acuerdo con sus obras en el último Día del Juicio, si no hubieran conocido a Jesús y tenido la oportunidad de recibirlo como Salvador y Señor.

En el capítulo 2 de su carta a los Romanos, hay un pasaje que nunca he escuchado leer en la iglesia: «[Dios] pagará a cada uno conforme a sus obras: vida eterna a los que, perseverando en hacer el bien, buscan gloria, honra e inmortalidad; pero ira y enojo a los que son contenciosos y no obedecen a la verdad, sino que obedecen a la injusticia» (Romanos 2:6-8). Pablo continúa escribiendo: «Cuando los gentiles (los no judíos) que no tienen la Ley (de Moisés) hacen por naturaleza lo que es de la Ley, estos, aunque no tengan la Ley, son ley para sí mismos, mostrando la obra de la Ley escrita en sus corazones, dando testimonio su conciencia y acusándolos o defendiéndolos sus razonamientos en el día en que Dios juzgará por medio de

Juicio

Jesucristo los secretos de los hombres, conforme a mi evangelio» (Romanos 2:14-16).

Estas palabras de Pablo nos cuentan tres hechos importantes sobre el Día del Juicio:

- Dios juzgará los secretos de los hombres a través de Cristo Jesús. Es Jesús quien será el juez. El Padre le ha dado autoridad al Hijo para juzgar al mundo porque, habiendo sido un hombre, Jesús comprende nuestras debilidades y tentaciones. Él juzgará de manera limpia y justamente (Juan 5:25-27; Hebreos 4:15,16).
- Lo que la ley exige está escrito en sus corazones. Si bien Jesús juzgará a cada hombre según su trabajo (y, por supuesto, «cada hombre» significa también cada mujer), es lo que hay en su corazón, sus pensamientos y deseos secretos ocultos y su carácter lo que realmente determinará su destino. Jesús dijo que un árbol es conocido por sus frutos, porque es el fruto que produce un árbol que muestra qué tipo de árbol es. Por eso el juicio se basará en las obras. Pero esencialmente, Jesús buscará personas que hayan demostrado que realmente quieren vivir de acuerdo con las leyes del reino de Dios y que estarán felices de obedecer a Jesús como su rey.
- Él *dará* vida eterna. Por muy bueno que haya sido, la vida eterna sigue siendo un regalo. No es algo que alguien pueda ganar o merecer a través de sus propias acciones o esfuerzos.

En primer lugar, no podríamos hacer nada si Dios no nos hubiera dado nuestra vida libremente. Como Juan Wesley declaró: «Todas las bendiciones que Dios ha otorgado al hombre provienen de su favor gratuito y no merecido... No hay nada que seamos, tengamos o hagamos, que pueda merecer la menor cosa a la mano de Dios».[65]

Jesús dijo: «Así también vosotros, cuando hayáis hecho todo lo que os ha sido ordenado, decid: "Siervos inútiles somos, pues (solo) lo que debíamos hacer, hicimos"» (Lucas 17:10). ¿Quién puede decir que ha hecho todo lo que Dios le ha ordenado que haga? Como Pablo escribió más adelante en Romanos: «No hay justo, ni aun uno» (Romanos 3:10).

Quienesquiera que seamos, creyentes en Cristo o alguien que ha vivido una vida piadosa sin haber oído nunca de él, solo recibimos la vida eterna como un regalo libre de Dios, concedido gratuitamente a nosotros por su inmerecida gracia y amor y misericordia.

Una enfermedad espiritual

¡La vida en la tierra no es como Dios quiso que fuera!

Mientras escribo esto en 2017, 67 de los 194 países del mundo están involucrados en una guerra en curso[66]; 65 millones de personas son refugiados[67]; y 795 millones de personas, o el 11% de la población mundial, padecen desnutrición crónica[68]. Mientras millones mueren de hambre, ¡millones más comen demasiado! Un tercio de la población de muchos países occidentales tiene sobrepeso y sufre o muere por problemas de salud causados por comer y beber demasiado, o por una dieta no natural creada por la industria alimentaria con fines de lucro. Muchos más mueren a causa del estrés excesivo creado por la adoración del dinero y el

---

[65] *Sermon 1: Salvation by Faith* (Sermón 1: La Salvación por la Fe). Wesley J, *Forty-four Sermons* (Cuarenta y cuatro sermones), Epworth Press, Londres, 1944.
[66] www.warsintheworld.com.
[67] *Figures at a glance* (Figuras de un vistazo). Agencia de la ONU para los Refugiados, 2015. www.unhcr.org/.
[68] Informe de la ONU para la Agricultura y la Alimentación para 2014-2016, publicado en www.worldhunger.org/, enero 2017.

Juicio

abandono del plan de Dios para la vida familiar y un día semanal de descanso completo del trabajo. En los Estados Unidos, 34.000 personas mueren cada año por armas de fuego, otras 34.000 por vehículos motorizados y 52.000 por envenenamiento, principalmente por alcohol.[69] En Rusia, más de 600 mujeres son asesinadas en sus hogares cada *mes* como resultado de la violencia doméstica.[70] En el mundo en su conjunto, entre 40 y 50 millones de niños no nacidos son asesinados cada año, en los Estados Unidos uno de cada cinco embarazos termina.

En general, cuantos más vecinos inmediatos tiene alguien, más probable es que él o ella se sienta solo/a. En el Reino Unido 4.000 personas se quitan la vida cada año, en Rusia, 28.000, y en los Estados Unidos, ¡casi 40.000![71] ¿Qué otra raza inteligente gastaría una fortuna en la construcción de hospitales, escuelas, locales comerciales y hogares, y luego los destruiría a todos de nuevo con proyectiles y bombas, como han hecho los rusos en Ucrania?

Alguien escribió que, si un marciano visitara nuestro planeta, ¡llegaría a la conclusión de que la Tierra era un asilo para los criminalmente locos!

De muchas maneras menos dramáticas también la vida ha salido mal. Tenemos que cerrar con llave las puertas de nuestros autos para evitar que alguien los robe, tenemos que estar constantemente atentos a cada vez más estafas, nos peleamos con colegas y vecinos e incluso con miembros de la familia o miembros de nuestra iglesia o mezquita o sinagoga. Una gran parte de la riqueza de nuestra nación es absorbida por

---

[69] Centers for Disease Control and Prevention: National Center for Health Statistics (Centros para el Control y la Prevención de Enfermedades: Centro Nacional de Estadísticas de Salud), 2014.
www.cdc.gov/nchs/fastats/injury.htm
[70] www.bbc.co.uk/news/world-europe-38804687 visto en enero de 2017.
[71] *Suicide rates: Data by country* (Tasas de suicidio: Datos por país). Organización Mundial de la Salud, 2012. World Population Prospects (Perspectivas de la Población Mundial) 2015, Naciones Unidas.

armamentos y defensa; por la policía, las cárceles, el poder judicial y la profesión jurídica; por ejecutivos pagados en exceso en cargos públicos y negocios privados; y al monitorear el desempeño de las escuelas, hospitales, servicios ferroviarios, autoridades locales y otros organismos porque no se confía en que las personas que los manejan los manejen de manera competente.

No es suficiente decir que tales actividades mantienen a las personas en el empleo. De lo contrario, todos estos gastos podrían invertirse en educación, atención médica, construcción de viviendas, instalaciones recreativas, transporte público, infraestructura, el apoyo a la producción de alimentos orgánicos y ambientalmente sensibles, y otras causas más valiosas.

Ahora tú no puedes ser personalmente responsable de todos los problemas del mundo, pero tampoco lo es nadie más. Ningún individuo causa todos los problemas del mundo, sin embargo, todos estamos involucrados en causarlos. Como una sola piedra en la Gran Muralla China, nuestra contribución individual a lo que está mal en el mundo puede parecer totalmente insignificante, pero es a partir de muchas contribuciones tan pequeñas como se construye todo el edificio.

¿Quién puede decir que realmente ama a su prójimo como a sí mismo, o que no puede dar razonablemente más tiempo y dinero para ayudar a las personas sin hogar, a los solitarios, a los oprimidos, a los enfermos o a los hambrientos? ¿Quién puede afirmar que nunca ha mentido, envidiado o actuado de manera egoísta? ¿Cuántos realmente han perdonado en sus corazones a todos los que les han hecho mal? Por encima de todo, ¿quién de nosotros ama a nuestro Creador con todo nuestro corazón, mente, alma y fortaleza; todos los días reconoce con gratitud su don de la vida y todas las demás bendiciones que disfrutamos; y diariamente le pide ayuda para vivir de la manera que él quiere que lo hagamos?

La Biblia tiene una explicación simple de por qué nos comportamos como lo hacemos. Se llama PECADO. El

Juicio

pecado es mucho más que simplemente quedarse fuera de la manera en que Dios quería que viviéramos. Es más que perder el noveno grado de GCSE (Grado de Cristo de Satisfactorio Esfuerzo).[72] Y no se trata solo de no respetar la ley de Moisés y todas sus ramificaciones rabínicas, ni de observar fielmente los cinco pilares del islam y las enseñanzas del Hadiz. El pecado es algo mucho más profundo, incrustado en el espíritu humano. Es una enfermedad del espíritu humano que afecta a cada uno de nosotros.

Incluso Pablo, que probablemente intentó, más que nadie, vivir una vida perfecta antes de conocer a Jesús, se quejó: «Puedo querer lo que es correcto, pero no puedo hacerlo. Porque no hago el bien que quiero, pero el mal que no quiero es lo que hago. Ahora, si hago lo que no quiero, ya no lo hago yo, sino el pecado que mora dentro de mí» (Romanos 7:18-20).

El pecado no es algo malo que hagamos: es lo que nos hace hacer lo que es malo. Es lo que nos impide ser tan buenos como deberíamos ser. Es una enfermedad que heredamos de nuestros padres (Salmo 51:5; Romanos 5:12). Solo una persona puede curarnos del pecado: Jesucristo. Jesús, quien nació de Dios, es el único ser humano que ha vivido toda su vida sin pecado, y él es el único que puede librarnos de él. «De cierto, de cierto os digo que todo aquel que practica el pecado, esclavo es del pecado... Así que, si el Hijo os liberta, seréis verdaderamente libres» (Juan 8:33,35).

Cuando un ángel le dijo a José en un sueño que el nuevo bebé de María salvaría al pueblo de Dios de sus pecados (Mateo 1:21), hizo mucho más que salvándolos de las consecuencias del pecado. Jesús vino a liberarnos del pecado mismo, a sanar la enfermedad espiritual por la que todos sufrimos, a corregirnos para que finalmente podamos vivir de la manera que Dios quería.

---

[72] Para los lectores no británicos, GCSE o el Certificado General de Educación Secundaria es un examen escolar realizado a la edad de 15 o 16 años en una variedad de materias, con un logro de cada alumno evaluado por un número del 1 al 9, con 9 siendo el nivel más alto de logro.

La razón por la que es tan importante aceptar la ayuda de Jesús en este asunto es que, en el mundo nuevo, cuando finalmente se establezca el reino de Dios, no habrá pecado. Apocalipsis 21:27 dice: «No entrará en ella ninguna cosa impura o que haga abominación y mentira, sino solamente los que están inscritos en el libro de la vida del Cordero». Solo una sociedad total y permanentemente libre de pecado puede ser una sociedad en la que nadie sufra, nadie sea infeliz, nadie sea tratado injustamente, nadie tenga miedo. ¡En el mundo venidero no puede haber acciones pecaminosas, pensamientos pecaminosos, deseos pecaminosos, ningún pecado de ninguna clase, nunca! Y por lo tanto, ¿lo has resuelto?, no puede haber pecadores.

Esto no significa que el pecado no es culpa nuestra. Todavía tenemos una opción. Cuando yo tenía diez años, mi maestro me mando extender la mano, y me golpeó en la palma con una regla. ¡Realmente dolió! Me había prestado un rollo de cinta adhesiva, diciéndome que volviera el extremo cuando terminara de usarlo, para que a la siguiente persona le resultara más fácil encontrar el extremo.

Yo estaba enojado porque no lo había desobedecido deliberadamente: simplemente lo había olvidado. Todo el mundo se olvida de hacer cosas a veces, pensé. Sin embargo, el hecho era que él me había dicho que hiciera algo y yo no lo había hecho, por lo tanto, merecía ser castigado. Siempre es fácil poner excusas por nuestro comportamiento, pero el hecho permanece: somos personalmente responsables de cada acto de desobediencia a Dios.

Quizá conozcas la historia de Jesús sobre dos hombres que fueron a orar al templo. El 'chico bueno' le recordó a Dios todas las cosas buenas que había hecho: el 'chico malo' le rogó a Dios que tuviera misericordia de él por ser tan pecador. Jesús dijo que este último era aquel cuya oración Dios aceptó. Dios no puede tener misericordia de nosotros hasta que dejemos de intentar probar cuán buenos somos y admitamos que somos pecadores por elección que merecen ser castigados en consecuencia.

Es por eso que tú y yo necesitamos la ayuda de Jesús para ser salvados. No importa si eres ateo, agnóstico, cristiano, judío, musulmán, hindú, budista o devoto de *Thee Temple Ov Psychick Youth* (sic) (El Templo de la Juventud Psíquica): solo Jesucristo puede liberarte del pecado. Y te explicaré en el Epílogo cómo él puede hacer eso por ti.

Un nuevo cielo y tierra

El capítulo 21 del Apocalipsis comienza: «Entonces vi un cielo nuevo y una tierra nueva, porque el primer cielo y la primera tierra habían pasado y el mar ya no existía más... El que estaba sentado en el trono dijo: "Yo hago nuevas todas las cosas"» (Apocalipsis 21:1,5).

El profeta Isaías trajo una palabra similar del Señor 750 años antes: «He aquí que yo crearé nuevos cielos y nueva tierra. De lo pasado no habrá memoria ni vendrá al pensamiento» (Isaías 65:17). Pedro escribió en su segunda carta: «Pero el día del Señor vendrá como ladrón en la noche. Entonces los cielos pasarán con gran estruendo, los elementos ardiendo serán deshechos y la tierra y las obras que en ella hay serán quemadas... Pero nosotros esperamos, según sus promesas, cielos nuevos y tierra nueva, en los cuales mora la justicia» (2 Pedro 3:10-13).

¡Dios va a empezar de nuevo! El Dios todopoderoso que diseñó y creó la tierra presente hace seis mil años creará una nueva tan pronto como Jesucristo como Juez haya pronunciado su última sentencia y la corte celestial se haya disuelto para siempre.

«Entonces vi un cielo nuevo y una tierra nueva...». La palabra «cielo» está en singular, y en algunos pasajes de la Biblia, cuando está en singular, se refiere claramente a la atmósfera de la Tierra. Entonces, este versículo en Apocalipsis 21:1 implica que es solo la Tierra y su atmósfera lo que Dios va a rehacer.

Pero Apocalipsis 21:5 dice, «El que estaba sentado en el trono dijo: "Yo hago nuevas todas las cosas"». Esto implica que todo el universo va a ser rehecho.

Cualquiera que sea, puede que no sea de mucha importancia para nosotros, pero puedes leer lo que yo pienso en el Anexo 4 si estás interesado. Lo que es seguro es que Dios va a hacer un nuevo planeta Tierra, y todo en la tierra será nuevo. En muchos sentidos, la nueva tierra no será radicalmente diferente de nuestro planeta actual.[73] La promesa de que nuestros cuerpos de resurrección serán similares a los de Jesús significa que el aire, el agua y la comida, la temperatura y la fuerza de la gravedad serán muy similares a las actuales. Una fuerza de gravedad similar casi seguramente significa que la nueva tierra tendrá el mismo tamaño que la antigua.[74] En el Anexo 5, he mostrado que Dios va a recrear el mundo tal como era en el principio.

La vida humana continuará de manera familiar. «Edificarán casas y morarán en ellas; plantarán viñas y comerán el fruto de ellas» (Isaías 65:21). Los profetas previeron un estilo de vida un tanto rural y orgánico en el reino venidero, a pesar de que estaban bien familiarizados con las grandes ciudades. «Se sentará cada uno debajo de su vid y debajo de su higuera...»

---

[73] El Apocalipsis 21:1 dice: «Entonces vi un cielo nuevo y una tierra nueva, porque el primer cielo y la primera tierra habían pasado y el mar ya no existía más». La mayoría de la gente entiende que en la nueva tierra no habrá mar. Sin embargo, Juan simplemente decía que el primer cielo y la tierra habían fallecido, el mar incluido. No dijo si habría mares en la tierra nueva. Pero cuando Dios hizo la primera tierra, incluyó mares y muchas criaturas marinas, todo lo cual dijo que era bueno. Entonces, no hay ninguna razón por la que no deba recrearlos, así como va a recrear todo lo demás. Hechos 3:20,21 dice que Dios enviará a Jesucristo otra vez, a quien «es necesario que el cielo reciba hasta los tiempos de la restauración de todas las cosas».

[74] Ciertamente, si yo fuera el Señor Dios haciendo un planeta que pretendía reemplazar un día por uno más permanente, ¡haría el primero lo más similar posible a mi diseño final previsto para comprobar que funcionaría!

(Miqueas 4:4). «¡Dichosos vosotros, los que sembráis junto a todas las aguas y dejáis sueltos al buey y al asno!» (Isaías 32:20).

A juzgar por la popularidad del programa titulado *Escape to the Country* (Escapatoria al Campo) de la BBC (La Corporación Británica de Radiodifusión), muchas personas lo considerarían una buena noticia. Esta mañana mientras escribo un psicólogo en la radio estaba analizando las tensiones adicionales que sufren las personas que viven en ciudades, donde el acceso a los espacios verdes y el entorno natural es limitado.

La nueva Jerusalén

En el capítulo 21 del Apocalipsis, Juan ve una visión de «la santa ciudad, la nueva Jerusalén, descender del cielo», pero no creo que esta visión deba entenderse como la descripción de una ciudad literal. Lógicamente, no puedo ver cómo las puertas de una ciudad literal pueden estar hechas de una sola perla, ni cuál es el objetivo de tener tales puertas si nunca se cierran de noche o de día. Y ciertamente no puedo entender cómo una ciudad real en una tierra real puede tener 2400 km cuadradas y tener solo una calle, y menos aún tener 2400 km de altura. ¡Por encima de las 8 km no hay suficiente aire para respirar! Pero si esta imagen no se toma literalmente, ¿cuál es la realidad que simboliza?

Hay dos pistas en este capítulo. Los versículos 18 y 19 nos dicen que su muro se construirá de jaspe y sus cimientos se construirán con doce tipos diferentes de piedras preciosas. En el capítulo 54 de Isaías, versículos 11 y 12, Dios conforta a la nación de Israel con las palabras: «¡Pobrecita, fatigada con tempestad, sin consuelo! He aquí que yo cimentaré tus piedras sobre carbunclo y sobre zafiros te fundaré. Tus ventanas haré de piedras preciosas; tus puertas, de piedras de carbunclo, y toda tu muralla, de piedras preciosas». En Isaías, una imagen de una ciudad enjoyada representa a Israel, el pueblo de Dios del Antiguo Testamento.

Los versículos 2, 9 y 10 del Apocalipsis 21 proporcionan la segunda pista. En estos versos la ciudad es llamada la Novia del Cordero. «Y yo Juan vi la santa ciudad, la nueva Jerusalén, descender del cielo, de parte de Dios, ataviada como una esposa hermoseada para su esposo... Uno de los siete ángeles... habló conmigo, diciendo: "Ven acá, te mostraré la desposada, la esposa del Cordero"... y me mostró la gran ciudad, la santa Jerusalén, que descendía del cielo de parte de Dios».

Es difícil imaginar a Jesús viniendo a vivir en la tierra para casarse con una ciudad, por muy hermosa que sea, pero podría venir a «casarse» con una ciudad que representase a la iglesia, su pueblo redimido que le ha entregado su vida.

Y es precisamente como la novia de Jesús que Pablo describe a la iglesia en su carta a los Efesios. En el capítulo 5:25-27, Pablo escribió: «Maridos, amad a vuestras mujeres, así como Cristo amó a la iglesia y se entregó a sí mismo por ella, para santificarla, habiéndola purificado en el lavamiento del agua por la palabra, a fin de presentársela a sí mismo, una iglesia gloriosa, que no tuviera mancha ni arruga ni cosa semejante, sino que fuera santa y sin mancha».

Entonces, al igual que en el Antiguo Testamento una ciudad enjoyada simboliza una nación restaurada de Israel, en el Nuevo Testamento la hermosa y santa ciudad que Juan vio simboliza todo el cuerpo de creyentes, judíos y gentiles, que descienden del cielo para casarse con el Cordero de Dios, Jesucristo (Apocalipsis 19:7,8; 21:2).

¿Por qué bajarán del cielo si muchos de ellos ya han estado viviendo como creyentes resucitados en la tierra? Porque al final de los últimos mil años, Dios destruirá esta vieja tierra y creará una nueva (Apocalipsis 21:1). Mientras los constructores derriban su antigua casa, serán trasladados a un alojamiento temporal en el cielo, para estar «ataviada como una esposa hermoseada para su esposo».

Creación restaurada

Mientras que la nueva tierra será, en muchos aspectos, similar a la antigua, en otras formas será muy diferente. Las maldiciones que vinieron sobre la tierra presente como resultado del pecado de Adán y el diluvio (Génesis 3:17-19; 2:6; 7:11; 9:12-15): espinos y cardos, plagas y enfermedades, sequías e inundaciones, terremotos y maremotos, huracanes y las erupciones volcánicas; todas estas desviaciones de la creación perfecta original de Dios pertenecerán al pasado. Pablo escribió: «Sabemos que toda la creación gime a una, y a una está con dolores de parto hasta ahora» (Romanos 8:22).

Así como las personas que han puesto su esperanza en Jesús esperan ser libres de la discapacidad, la enfermedad y la decadencia en sus cuerpos de resurrección, el mundo natural espera su propia redención. «El anhelo ardiente de la creación es el aguardar la manifestación de los hijos de Dios... La creación misma será libertada de la esclavitud de corrupción a la libertad gloriosa de los hijos de Dios» (Romanos 8:19,21).

En Apocalipsis 21 Juan oyó una voz del trono de Dios que declaro: «El tabernáculo de Dios está ahora con los hombres. Él morará con ellos, ellos serán su pueblo y Dios mismo estará con ellos como su Dios. Enjugará Dios toda lágrima de los ojos de ellos; y ya no habrá más muerte, ni habrá más llanto ni clamor ni dolor, porque las primeras cosas ya pasaron» (Apocalipsis 21:3,4).

Mientras escribía este pasaje, los equipos de rescate italianos están tratando desesperadamente de encontrar supervivientes en un hotel enterrado bajo una avalancha. Es en la misma región del centro de Italia que sufrió tres grandes terremotos el año anterior, cuando se destruyó una aldea entera, Arquata del Tronto.

El luto, el llanto y el dolor siguen inevitablemente a las avalanchas, terremotos, erupciones volcánicas, huracanes, inundaciones, marejadas, sequías e incendios forestales. Tanto ha ido mal con el mundo natural desde el día en que el Señor

Dios primero contempló su nueva creación y vio que era «bueno en gran manera» (Génesis 1:31). Pero estas cosas no van a continuar para siempre. ¡La tierra va a ser muy buena en gran manera una vez más!

El lugar seco se convertirá en estanque y el sequedal en manaderos de aguas...

Isaías 35:7

«En lugar de la zarza crecerá ciprés, y en lugar de la ortiga crecerá arrayán...»

Isaías 55:13

«Yo os enviaré las lluvias a su tiempo, y la tierra y el árbol del campo darán su fruto. Vuestra trilla alcanzará hasta la vendimia y la vendimia alcanzará hasta la siembra; comeréis vuestro pan hasta saciaros y habitaréis seguros en vuestra tierra».

Levítico 26:4,5

«El lobo y el corderoserán apacentados juntos; el león comerá paja como el buey y el polvo será el alimentode la serpiente. No afligirán ni harán mal en todo mi santo monte». Jehová lo ha dicho.

Isaías 65:25

Un mundo libre de pecado

Sin embargo, incluso todas estas mejoras no son nada cuando pensamos en la diferencia que producirá el fin del pecado. Porque una de las «primeras cosas» que habrá pasado es el pecado. Trate de imaginar la vida en un mundo en el que todos vivan en perfecta armonía con la voluntad de Dios. Un mundo en el que todos aman a su prójimo como a sí mismos, en el que todos son amables, serviciales, generosos, alegres, sinceros, responsables y dignos de confianza. Un mundo en el que nadie es egoísta ni avaro o deshonesto.

Juicio

En un mundo así, nadie morirá de hambre, nadie quedará sin hogar, nadie se sentirá solo, nadie tendrá miedo. No habrá guerra, ni terrorismo, ni robo, ni violencia. No habrá necesidad de ejércitos, policías, jueces o prisiones, todos los cuales consumen mano de obra y recursos materiales, y dejan a la sociedad más pobre. Las personas nunca tendrán que cerrar con llave sus puertas o ventanas, o autos, o bicicletas. En el mundo de los negocios ya no habrá diferencias vastas y moralmente injustificables en el salario de los propietarios y empleados; las disputas se resolverán de manera amistosa y justa sin necesidad de huelgas, y nadie tendrá que trabajar horas excesivas en un ambiente estresante. Sin enfermedad y sin discapacidades físicas o mentales, no habrá necesidad de un servicio de salud costoso. ¡Todos tendrán todo lo que necesitan! Así es como se suponía que era el mundo.

«Ninguna nación alzará la espadacontra otra nación ni se preparará más para la guerra. Se sentará cada uno debajo de su vid y debajo de su higuera, y no habrá quien les infunda temor. ¡La boca de Jehová de los ejércitosha hablado!»

Miqueas 4:3,4

Habitará el juicio en el desierto y en el campo fértil morará la justicia. El efecto de la justicia será la paz y la labor de la justicia, reposo y seguridad para siempre.

Isaías 32:16,17

Vendrán sobre ti y te alcanzarán todas estas bendiciones, si escuchas la voz de Jehová, tu Dios. «Bendito serás tú en la ciudad y bendito en el campo. Bendito el fruto de tu vientre, el fruto de tu tierra, el fruto de tus bestias, la cría de tus vacas y los rebaños de tus ovejas. Benditas serán tu canasta y tu artesa de amasar».

Deuteronomio 28:2-5

¿Nos reconoceremos el uno al otro?

¡Absolutamente! Cuando Jesús predijo la desolación de los injustos en el Día del Juicio, dijo: «Allí será el llanto y el crujir de dientes, cuando *veáis* a Abraham, a Isaac, a Jacob y a todos los profetas en el reino de Dios, y vosotros estéis excluidos» (Lucas 13:28). Si los patriarcas y los profetas serán reconocibles, no hay razón para que aquellos que hemos conocido y amado no fueran reconocibles también, siempre que ellos y nosotros tengamos un asiento en el reino, un asiento que nos podemos garantizar por haber aceptado la invitación de Cristo para ser nuestro Salvador y Señor aquí y ahora.

Sin embargo, es posible que no reconozcas a tus seres queridos de inmediato a menos que mueras joven. Cuarenta años después de terminar la escuela, fui a Oxford para reunirme con otros cincuenta hombres que habían terminado en el mismo colegio y año que yo. Me sorprendió ver una fila de otros hombres a punto de entrar en el mismo colegio de la universidad donde nosotros habíamos planeado reunirnos. Me llevó quince o veinte segundos darme cuenta de que en realidad eran todos mis antiguos compañeros de escuela. Habían cambiado tanto con el tiempo que, para empezar, no reconocí a ninguno de ellos.

No estoy sugiriendo que en la vida por venir todos pareceremos jóvenes de dieciocho años. Nuestro cuerpo de resurrección será como el cuerpo de resurrección de Jesús (Filipenses 3:21), el de un adulto maduro pero sin ningún signo de envejecimiento (1 Corintios 15:42,43; Efesios 4:13). ¡Así que me arriesgaré y sugeriré que los hombres se verán como lo hicieron a los treinta y las mujeres a los veinticinco! ¿Cómo suena eso?

Consideraciones prácticas

Me han preguntado: «¿Cómo es posible que todos los que alguna vez han vivido encajen en un planeta del mismo tamaño

Juicio

que la presente Tierra?» Esa es una buena pregunta. Como escribió San Pablo en Filipenses 3:21, nuestros cuerpos serán como el cuerpo de Jesús. Y su cuerpo era más o menos del mismo tamaño que nuestros cuerpos actuales, que no han sido diseñados para vivir en un mundo más grande con más gravedad. Por supuesto, la gravedad en sí misma podría cambiar, pero creo que es más probable que el Señor haya diseñado esta Tierra como un prototipo de tamaño completo, ¿no estás de acuerdo?

Entonces, ¿cuántas personas podrían haber? Obviamente, nadie lo sabe sino Dios; sin embargo, algunas predicciones razonables son posibles.

Se espera que la población mundial en ese año alcance los 8,5 mil millones, por lo que es razonable suponer que habrá suficiente espacio en la Tierra para 8,5 mil millones de personas. Sin embargo, Apocalipsis 8:11 dice que muchos morirán en la Gran Tribulación, y Apocalipsis 9:18 dice que una tercera parte más del mundo morirá, por lo que para el Día de la Resurrección en el capítulo 12 de Apocalipsis, la población probablemente se habrá reducido por lo menos a la mitad. a 4,25 mil millones de personas.

Como hemos visto, no todos los que han nacido heredarán la vida eterna. «Angosta es la puerta y angosto el camino que lleva a la vida, y pocos son los que la hallan», dijo Jesús (Mateo 7:14). Actualmente, alrededor del 30% de la población mundial afirma ser cristiana, pero es probable que muchos de ellos no sean más que seguidores nominales. Entonces, si «los elegidos» representan el 5% de los 4,25 mil millones de habitantes restantes en 2030, 0,21 mil millones de creyentes desaparecerán el Día de la Resurrección. Eso dejará con vida a 4,04 mil millones de personas durante los últimos tres años y medio.

Al final de este período, muchos de estos sobrevivientes impenitentes morirán en la batalla de Armagedón. (Apocalipsis 16:12-16; 19:17-21) Así que digamos que no habrá más de 4 mil millones de sobrevivientes en la tierra cuando Jesús regrese con todos los elegidos resucitados (1 Tesalonicenses 3:13).

¿Cuántos serán los elegidos en total? El Population Reference Bureau estima que el número total de personas que han vivido será de unos 117 mil millones para el año 2030.[75] Entonces, si los elegidos representan el 5% de toda la humanidad, alcanzarán 117×5/100 = 5,85 mil millones. Por lo tanto, cuando Jesús regrese, habrá en el mundo 5,85 mil millones de elegidos resucitados y 4 mil millones de sobrevivientes no resucitados, una población total de 9,85 mil millones. 9,85 mil millones son bastante más que la población estimada actual de 8,5 mil millones. Pero los profetas nos dicen que cuando venga el Señor, los árboles del campo aplaudirán, los desiertos se convertirán en estanques de agua, etc. Entonces, si el 5% es una estimación correcta pero sobria de la proporción de los salvos, hay habrá lugar para todos en la tierra presente, y los números de creyentes y de incrédulos sobrevivientes serán algo similar.

Pero, ¿qué pasa con la vida en la nueva tierra? En el Día del Juicio, la mayoría de la población no salva será consignada al lago de fuego (Apocalipsis 20:15), pero ese mismo día, un número adicional de personas piadosas que nunca tuvieron la oportunidad de creer en Jesús mientras estaban vivos serán añadido a la comunidad de los salvos. (Mateo 25:31-46; Romanos 2:6,7; Apocalipsis 20:12) ¡Pero no hay problema! Si la nueva tierra va a ser como era la tierra antes del diluvio, su área de tierra habitable podría ser el doble de su área actual. Los océanos ahora cubren alrededor del 70% de la superficie del mundo, pero según la Biblia había mucha menos agua antes del diluvio. La evidencia geológica indica que antes del Diluvio, las regiones polares de la Tierra eran templadas y habitables, e Isaías profetizó que incluso los desiertos florecerán, por lo que la nueva Tierra, con un área de tierra mayor que es habitable,

---

[75] *How many people have ever lived on earth?* (¿Cuántas personas han vivido en la tierra?) www.prb.org/articles/how-many-people-have-ever-lived-on-earth. Visto marzo de 2022.

Juicio

acomodará a una población de muchas más personas que ahora.

Hay cientos y otras preguntas que uno podría hacer acerca de esta increíble vida por venir: «¿Hablaremos todos el mismo idioma?[76] ¿Seremos todos vegetarianos? ¿Seguirán los animales dando a luz, envejecerán y morirán? ¿Resucitarán grandes obras creativas como las obras de Shakespeare y las sinfonías de Beethoven y las pinturas de Rembrandt? ¿Podremos leer las mentes de los demás?» En general, la Biblia sólo hace alusión a las respuestas a tales preguntas.[77]

¡Adelante y arriba!

Una pregunta sobre la nueva Tierra se ha instalado en mi mente en particular, y es esta:. Si realmente vamos a vivir para siempre, ¿no habrá un momento en el que deberíamos haber explorado todos los lugares, haber hecho todo y haber escuchado la historia de la vida de todos tantas veces que lo conocemos todos de memoria? ¿No nos aburriremos? Sé que todavía será posible que las personas creativas compongan más música, pinten más cuadros, escriban más libros, hagan trabajos manuales, diseñen edificios, rediseñen jardines, incluso quizás sigan haciendo descubrimientos científicos. Pero aún así...

Creo que mi profeta favorito Isaías tiene una respuesta a mi pregunta que me satisface: «Levantad en alto vuestros ojos y

---

[76] ¡Sí! Sofonías 3:9, profetizando acerca del día del Señor, dice: «En aquel tiempo devolveré yo a los pueblos pureza de labios, para que todos invoquenel nombre de Jehová, para que le sirvan de común consentimiento». «Pureza de labios» es «una habla pura» en el hebreo, y la palabra «habla» es la misma que se usa en el relato de la construcción de la torre de Babel en Génesis capítulo 11. Antes de eso, todos hablaban el mismo idioma. En la nueva era, cuando Dios deshaga todos los efectos del pecado, volveremos a hablar todos en el mismo idioma.

[77] Las respuestas a muchas preguntas sobre la vida en la nueva tierra se encuentran en un libro titulado *Heaven* (El Cielo). Alcorn R, Tyndale House Publishers, Inc, 2004.

mirad quién creó estas cosas; él saca y cuenta su ejército; a todas llama por sus nombres y ninguna faltará. ¡Tal es la grandeza de su fuerza y el poder de su dominio!» (Isaías 40:26).

Isaías nos dice que el Señor Dios no solo hizo 100 mil millones de estrellas en cada una de al menos 10 billones de galaxias[78], sino que conoce completamente a cada uno de ellas individualmente. Y sin duda su conocimiento incluye todos sus planetas. Conociendo al Señor, cada uno de ellos será diferente. Y dado que casi ninguna de estas innumerables estrellas se puede ver a simple vista, Dios no puede haberlas hecho para que el cielo se vea bonito, ni incluso para ayudar a los navegantes y exploradores a navegar de noche. Por supuesto, podría haberlos hecho simplemente para su propia diversión, pero ¿no crees que es más probable que los haya hecho para nuestro beneficio de alguna manera?

Desde los primeros días de la historia, los hombres han tenido la necesidad de explorar la tierra. Cuando Cristóbal Colón zarpó a través del océano Atlántico, no tenía idea de si descubriría otra tierra, o si él y su tripulación seguirían navegando hacia el oeste hasta que se quedaran sin comida y agua, y murieran, o incluso si se caerían por el borde. Pero algo impulsó a Colón y su tripulación a descubrir qué había allí.

En el siglo XIX y principios del XX, misioneros, marineros y científicos británicos exploraron África, el sur del Pacífico e incluso la Antártida. Ahora la humanidad está empezando a explorar otros planetas en el sistema solar. ¿Qué hace que las películas y libros como *Star Wars, Star Trek, 2001: Una odisea en el espacio* y *Journey into Space* (Viaje al Espacio) sean tan populares? Su asombrosa popularidad surge de una convicción en la mente humana de que debe haber más por ahí esperando ser explorado, y un impulso profundamente incrustado en el espíritu humano para explorarlo.

Los relatos del Evangelio sugieren que Jesús en su cuerpo de resurrección podría viajar a través del espacio, al menos en

---

[78] www.space.com/26078-how-many-stars-are-there.html

distancias cortas, pero incluso a pesar de esa posibilidad, la historia nos advierte que no limitemos las posibilidades de viajar por medios más naturales:

«¿Cómo, señor, haría que un barco navegue contra el viento y las corrientes encendiendo una hoguera bajo su cubierta?», exigió Napoleón Bonaparte, cuando se le habló del barco de vapor de Robert Fulton en el siglo XIX. «Te lo ruego, discúlpame; no tengo tiempo para escuchar esas tonterías».

«El viaje en tren a alta velocidad no es posible porque los pasajeros, incapaces de respirar, morirían de asfixia», afirmó el Dr. Dionysius Lardner en 1830.

En 1933, cuando el avión bimotor Boeing 247 abandonó el suelo por primera vez, un ingeniero de Boeing anunció con orgullo: «Nunca se construirá un avión más grande». Sentó a diez pasajeros.

Y tres años después, en 1936, el New York Times informó con confianza a sus lectores: «Un cohete nunca podrá abandonar la atmósfera de la Tierra».

Sin embargo, en 2018 la revista *Materials World*[79] informó sobre un experimento financiado en parte por la Agencia Espacial Europea para desarrollar «velas» de grafeno que acelerarían una nave espacial hasta el 20% de la velocidad de la luz y serían capaces de alcanzar el sistema estelar Alpha Centauri en veinte años.

Personalmente, creo que Dios ha hecho un enorme, y posiblemente infinito, número de planetas habitables, cada uno de ellos esperando ser explorados entre el presente y la eternidad. Un día los hijos de Dios resucitados comenzarán a viajar hacia ellos; descubrirán y se deleitarán con la inimaginable flora y fauna que encontrarán allí; construirán casas de vacaciones, jardines botánicos, parques temáticos, y senderos de aventura.

---

[79] *Sailing space with graphene* (Navigando espacio con grafeno). Le K T, *Materials World*, Institute of Materials, Mining and Metallurgy, 1 de febrero de 2018.

Para empezar, no todos los planetas serán un paraíso, ya que los seres humanos prosperan con los desafíos, y los grandes logros no se sirven en paños calientes. Pero cuando un grupo de tales pioneros cumplan su visión, y en cada nuevo planeta tendrán todo el tiempo del mundo para lograrlo, entonces invitarán a sus amigos de la nueva Tierra u otros mundos a visitarlos. ¡Ellos mostrarán el nuevo paraíso que han creado y se divertirán juntos como niños en su primer castillo inflable!

No estoy sugiriendo que vivirán permanentemente en estos otros planetas. Creo que la Tierra, donde reinará Jesús, seguirá siendo el planeta de residencia permanente de todos, ya que si un número finito de personas se dispersara entre un número infinito de estrellas, es difícil imaginar cómo la sociedad podría continuar de una manera significativa bajo el reinado de Jesús.

¿Y por qué parar en el viaje espacial? Jesús le dijo a sus discípulos: «Para Dios todo es posible» (Mateo 19:26). Si podemos viajar por el espacio, ¿por qué no también a través del tiempo? ¿Podríamos visitar escenas de la historia de la Tierra, ya sea sobrenaturalmente o en una máquina del tiempo como el Tardis, o al menos holográficamente en algo como un holodeck de *Star Trek*? Tal vez, como el doctor Dolittle, podamos comunicarnos con animales y aves, o incluso experimentar sus vidas en cuerpos de avatar como lo hizo Jake Scully en la película *Avatar*.

«Os digo que todo lo que pidáis orando, creed que lo recibiréis, y os vendrá» dijo Jesús (Marcos 11:24). ¡Pero esa promesa no es para los pecadores! Imaginen lo que sucedería si Dios le concediera a alguien que lo pidió la capacidad de quemar a cualquiera que no le gustara, como los discípulos de Jesús, Santiago y Juan, una vez quisieron hacer. Imagínese lo que les sucedería a los negocios si Dios le permitiera a todos los que pidieron sacar dinero ilimitado de un cajero automático cuando quisieran. ¡Imagina lo que podría pasar si todos pudiéramos hacer lo que quisiéramos mientras aún somos pecadores!

Juicio

Pero un día, cuando Jesús el salvador finalmente haya erradicado el pecado de nuestras mentes, corazones y espíritus, cuando en la resurrección finalmente nos parezcamos a él y solo queramos lo que está en consonancia con la voluntad de su Padre, entonces finalmente la promesa de Cristo será cumplida sin ninguna restricción, «Pedid, y se os dará» (Mateo 7:7).

¿Suena demasiado bueno para ser verdad? «Erráis, ignorando las Escrituras y el poder de Dios» (Mateo 22:29). Las personas a quienes Jesús se dirigía eran saduceos que no creían en ninguna resurrección, pero él bien podría haber dicho lo mismo para nosotros. No es que esperemos demasiado de Dios, sino que esperamos demasiado poco de él. «Somos criaturas poco entusiastas, bromeando con la bebida, el sexo y la ambición cuando se nos ofrece una alegría infinita, como un niño ignorante que quiere seguir haciendo pasteles de barro en un barrio pobre porque no puede imaginar lo que significa la oferta de un día festivo por el mar. Somos demasiado fáciles de complacer».[80] Así escribió C.S. Lewis en uno de sus pasajes más famosos. Pablo habría estado de acuerdo con él. En su primera carta a los Corintios, escribió: «Cosas que ojo no vio ni oído oyó ni han subido al corazón del hombre, son las que Dios ha preparadopara los que lo aman» (1 Corintios 2:9).

No es de extrañar que Jesús dijera: «El reino de los cielos es semejante a un tesoro escondido en un campo, el cual un hombre halla y lo esconde de nuevo; y gozoso por ello va y vende todo lo que tiene y compra aquel campo» (Mateo 13:44). Su punto era que un lugar en el reino eterno de Dios vale más que cualquier cosa que podamos encontrar, ganar, lograr o poseer en esta vida. ¡Créelo!

La vida eterna puede ser tuya, pero solo como un regalo de Jesús, un regalo que debes pedir, pero un regalo que él está deseando darte si estás dispuesto a entregarte a él. Algunos predicadores cristianos advierten a sus oyentes: «No se

---

[80] *The Weight of Glory and Other Addresses* (El peso de la Gloria y Otros Discursos). Lewis C S, Zondervan, 2001.

demoren. Cristo podría volver en cualquier momento». Eso no es cierto, como hemos visto, pero es cierto que podrías *morir* en cualquier momento. La muerte llega inesperadamente por todo tipo de razones. Entonces, si quieres recibir la vida eterna como un regalo de la gracia de Dios, es mucho mejor hacerlo ahora, mientras puedas. Mucho mejor que soportar los años de la ira de Dios y esperar lo mejor cuando llegue el Día del Juicio.

Entonces, si Jesucristo no va a regresar en ningún momento, ¿cuándo exactamente va a regresar? Antes de que podamos finalmente responder eso, hay una pregunta más que debemos enfrentar: ¿Pudo Jesús haber cometido un error? ¿No les dijo a sus discípulos que volvería en su vida? Porque si cometió un error al respecto, ¿podría haberse equivocado al creer que alguna vez regresaría?

Juicio

8. ¿Pudo Jesús haber cometido un error?

Los primeros discípulos esperaban que Jesús regresara en sus vidas

No hay duda de que los primeros seguidores de Jesucristo creyeron que él volvería a estar en sus vidas, o al menos en la vida de la mayoría de ellos.

San Pablo escribió: «Os digo un misterio: No todos moriremos; pero todos seremos transformados, en un momento, en un abrir y cerrar de ojos, a la final trompeta, porque se tocará la trompeta, y los muertos serán resucitados incorruptibles y nosotros (es decir, aquellos a quienes él estaba escribiendo y que todavía estaban vivos y pateando,) seremos transformados» (1 Corintios 15:51,52).

Con la posible excepción de Judas, cuya carta es muy corta, todos los demás escritores de cartas en el Nuevo Testamento acordaron que Jesús volvería muy pronto, mientras aún estuvieran vivos (Hebreos 10:37; 1 Pedro 4:7; Santiago 5:7; 1 Juan 2:28; Apocalipsis 22:20).[81] Pablo incluso atribuyó esta enseñanza a Jesús: «Os decimos esto en palabra del Señor: que nosotros que vivimos, que habremos quedado hasta la venida del Señor, no precederemos a los que durmieron» (1 Tesalonicenses 4:15).

De modo que o bien Pablo, Pedro, Juan, Santiago y los autores de Hebreos y Apocalipsis entendieron mal lo que Jesús había dicho sobre el momento de su regreso, o bien Jesús les

---

[81] Pablo y Pedro habían cambiado de opinión cuando escribieron sus cartas finales.

enseñó que volvería en el transcurso de su vida. Esto es ciertamente lo que los escritores de los evangelios entendieron que Jesús había enseñado. Aquí están algunas de las enseñanzas de Jesús tal y como las registraron.

Las enseñanzas de Jesús

> A estos doce envió Jesús, y les dio instrucciones diciendo: «Por camino de gentiles no vayáis, y en ciudad de samaritanos no entréis, sino id antes a las ovejas perdidas de la casa de Israel. Y yendo, predicad, diciendo: "El reino de los cielos se ha acercado"... De cierto os digo que no acabaréis de recorrer todas las ciudades de Israel antes que venga el Hijo del hombre».
>
> Mateo 10:5-7,23

> El Hijo del hombre vendrá en la gloria de su Padre, con sus ángeles, y entonces pagará a cada uno conforme a sus obras. De cierto os digo que hay algunos de los que están aquí que no gustarán la muerte hasta que hayan visto al Hijo del hombre viniendo en su Reino.
>
> Mateo 16:27,28

> Inmediatamente después de la tribulación de aquellos días (la caída de Jerusalén)... [verán] al Hijo del hombre venir sobre las nubes del cielo, con poder y gran gloria... No pasará esta generación hasta que todo esto acontezca.
>
> Mateo 24:29,30,34

«Por tanto, el que se avergüence de mí y de mis palabras en esta generación adúltera y pecadora, también el Hijo del hombre se avergonzará de él cuando venga en la gloria de su Padre con los santos ángeles». También les dijo: «De cierto os digo que algunos de los que están aquí no gustarán la muerte hasta que hayan visto que el reino de Dios ha venido con poder».

Marcos 8:38-9:1

«De cierto os digo que no pasará esta generación sin que todo esto acontezca».

Marcos 13:30

«Entonces habrá señales en el sol, en la luna y en las estrellas, y en la tierra angustia de las gentes, confundidas a causa del bramido del mar y de las olas. Los hombres quedarán sin aliento por el temor y la expectación de las cosas que sobrevendrán en la tierra, porque las potencias de los cielos serán conmovidas. Entonces verán al Hijo del hombre que vendrá en una nube con poder y gran gloria. Cuando estas cosas comiencen a suceder, erguíos y levantad vuestra cabeza, porque vuestra redención está cerca... «De cierto os digo que no pasará esta generación hasta que todo esto acontezca».

Lucas 21:25-32

«No se turbe vuestro corazón... Vendré otra vez y os tomaré a mí mismo».

Juan 14:1,3

Piensa en sus palabras iniciales en el Evangelio de Marcos: «Jesús fue a Galilea predicando el evangelio del reino de Dios. Decía: "El tiempo se ha cumplido y el reino de Dios se ha acercado. ¡Arrepentíos y creed en el evangelio!"» (Marcos 1:14,15).

El evangelio o las buenas nuevas que Jesús anunció no eran que Dios iba a establecer su reino prometido. Eso no habría sido una noticia, porque su audiencia judía sabía que iba a hacer eso algún día. La buena noticia que Jesús proclamó no era que Dios iba a inaugurar su reino, sino que lo haría de manera inminente, que su inauguración estuvo cerca. *Esa* fue la buena noticia que trajo. ¡La nueva era prometida, cuando los hombres convertirán sus espadas en arados y el lobo se acostaría con el cordero, y la injusticia cesarían para siempre bajo el eterno reinado mundial del Mesías prometido, esto estaba a la vuelta de la esquina! ¡Eran la generación que lo iba a ver pasar! Esas fueron las buenas nuevas que Jesús les dijo que creyeran. ¿Por qué habría dicho que era una buena noticia si el reino de Dios no iba a llegar hasta 2000 años más adelante? Si tuvieran que esperar otros 2000 años, habrían sido malas noticias, no buenas noticias.

Jesús claramente enseñó que regresaría para inaugurar el reino prometido de Dios en la vida de sus oyentes. Los escritores de los Evangelios y las Epístolas no entendieron mal lo que dijo. ¿Cómo pudieron haberlo hecho? Durante casi seis semanas después de su resurrección, se apareció a la mayoría de ellos, «hablándoles acerca del reino de Dios» (Hechos 1:3). Como resultado, entendieron por unanimidad que él regresaría del cielo para establecer el reino antes de que todos murieran.

Sin embargo, Jesús no regresó como ellos esperaban, y para la mayoría de las personas hoy en día, su regreso parece estar tan lejos como siempre. Entonces, ¿cómo podemos reconciliar lo que parece haber sido un gran error por su parte con su afirmación de que solo dijo lo que su Padre celestial le dijo?

Intentos de explicaciones

Los comentaristas de la Biblia presentan varias explicaciones. El erudito judío David Stern dice que la palabra «generación» puede significar «gente» o «raza», y que cuando Jesús dijo: «No pasará esta generación sin que todo esto acontezca», simplemente estaba prometiendo que los judíos como raza sobrevivirían hasta el final de la era.

Si eso es lo que quiso decir, simplemente estaba haciendo eco de la promesa de Dios en Jeremías 31:35,36 de que Israel continuaría como nación para siempre. Sea como sea, no es la lectura natural de las palabras de Cristo, y no explica algunos de los otros pasajes en los que dijo que volvería con poder durante la vida de sus oyentes, como Marcos 9:1: «También les dijo: — De cierto os digo que algunos de los que están aquí no gustarán la muerte hasta que hayan visto que el reino de Dios ha venido con poder».

William Barclay y otros comentaristas de la Biblia dicen que Jesús se estaba refiriendo solo a sus profecías de la próxima destrucción de Jerusalén cuando dijo que sus oyentes vivirían para ver que sucediera. En ese sentido, Jesús tenía toda la razón. Jerusalén cayó en el año 70 d.C., treintaisiete años después de su profecía y apenas en una generación de cuarenta años (Vea el Salmo 95:10). Sin embargo, en cada pasaje sobre la venidera destrucción de Jerusalén, Jesús también habló acerca de su propia venida sobre las nubes del cielo en poder y gloria. Y cada vez él dijo: «De cierto os digo que no pasará esta generación hasta que *todo esto* acontezca». (Mateo 24:34 es solo un ejemplo.)

Otros sugieren que cuando Jesús dijo: «Hay algunos de los que están aquí que no gustarán la muerte hasta que hayan visto que el reino de Dios ha venido con poder», quiso decir que algunos de sus oyentes vivirían para ver milagros poderosos realizados, o tal vez el poderoso crecimiento de la iglesia al conquistar un mundo pagano. Pero sus oyentes ya habían visto a Jesús expulsar demonios e incluso resucitar a los muertos, y en la oración anterior no había estado hablando sobre el crecimiento de la iglesia sino sobre el Hijo del hombre que venía en la gloria de su Padre. Además, en Marcos 13:26, la frase «con gran poder» se refería claramente no a los milagros ni al crecimiento de la iglesia sino al regreso de Jesús. «Entonces verán al Hijo del hombre, que vendrá en las nubes con gran poder y gloria».

Muchos maestros cristianos resuelven el problema reinterpretando el significado del reino de Dios para significar vivir con Jesús como rey. Esta es una enseñanza popular hoy en día. Ciertamente, cuando vivimos con Jesús como nuestro rey, en un sentido limitado, el reino de Dios ya ha venido entre nosotros. Pero una minoría de la población que obedece de manera imperfecta a Jesucristo en esta tierra presente está muy lejos de las sorprendentes promesas acerca del reino de Dios hechas por los profetas del Antiguo Testamento (Isaías 65:17-25; Miqueas 4:1-4 y Zacarías 14:1-9).

Esas promesas de que el reino de justicia de Dios se establecerá algún día en toda la tierra aún no se han cumplido, a pesar del hecho de que Jesús dijo que su cumplimiento era inminente. De hecho, muchos judíos considerarían esto como evidencia de que Jesús *no* era el Mesías. A los ojos de los judíos, el reino de Dios no ha llegado ni siquiera ahora, y mucho menos durante la vida de los apóstoles.

En cualquier caso, Jesús no solo dijo que sus oyentes vivirían para ver venir el reino de Dios: ¡también dijo que vivirían para verlo regresar!

La explicación dispensacional

Una explicación más creíble del fracaso de Cristo para regresar cuando dijo que lo haría es que Dios efectivamente quiso que el mundo fuera evangelizado dentro de una generación, pero solo el mundo judío. Por ejemplo, en Mateo 15:24, Jesús declaró: «No soy enviado sino a las ovejas perdidas de la casa de Israel», y en Juan 20:21 les dijo a sus once discípulos restantes: «Como me envió el Padre, así también yo os envío». Luego, cuando los judíos rechazaron el mensaje, Dios inauguró un nuevo plan que era la evangelización de los gentiles, algo que obviamente tendría que tomar mucho más tiempo. Esta es la explicación dada por Michael Penny y otros.[82]

La idea es que al igual que Dios no pudo cumplir la promesa que hizo a la generación del Éxodo de traerlos a Canaán debido a su incredulidad, tampoco no pudo cumplir la

---

[82] *A Key to Unfulfilled Prophecy* (Una Clave para la Profecía Incumplida). Penny M, The Open Bible Trust, Reading, Gran Bretaña, 2011.

promesa que hizo a la generación judía del tiempo de Jesús sobre el regreso de Cristo como rey, por su incredulidad. Porque, como todas las promesas de Dios, esta promesa del inminente regreso de Cristo tenía una condición asociada a ella, una condición que no cumplían.

En el capítulo 3 de Hechos, Pedro les dijo a las multitudes judías que habían colaborado en la crucifixión de su Mesías: «Así que, arrepentíos y convertíos para que sean borrados vuestros pecados; para que... [Dios] envíe a Jesucristo» (Hechos 3:19,20). Claramente, las promesas de perdón y el regreso de Cristo dependían del arrepentimiento y conversión de los judíos. Y mientras muchos judíos se arrepintieron de su incredulidad en Jesús, los judíos como nación no lo hicieron. La consecuencia fue que sus pecados no fueron borrados, el Cristo prometido no regresó a ellos, y en lugar de vivir para ver el regreso del Hijo del hombre, vieron la destrucción de su templo y gran parte de la ciudad santa por los romanos solo cuarenta años después.

Como resultado, Dios dirigió la atención de los apostoles al mundo gentil:

> Habiéndole señalado un día, vinieron a él muchos [de los líderes locales de los judíos en Roma] a la posada [de Pablo], a los cuales les declaraba y les testificaba el reino de Dios desde la mañana hasta la tarde, persuadiéndolos acerca de Jesús, tanto por la Ley de Moisés como por los Profetas. Algunos asentían a lo que se decía, pero otros no creían. Como no estaban de acuerdo entre sí, al retirarse les dijo Pablo esta palabra:
> —Bien habló el Espíritu Santo por medio del profeta Isaías a nuestros padres, diciendo: «Ve a este pueblo y diles: De oído oiréis y no entenderéis; y viendo veréis y no percibiréis...»
> —Sabed, pues, que a los gentiles es enviada esta salvación de Dios, y ellos oirán.
>
> Hechos 28:23-29

No es estrictamente cierto hablar de un cambio de plan por parte de Dios. Había un solo plan, pero tenía varias etapas. En Hechos 2:23 Pedro le dijo a la multitud que escuchaba que Jesús fue «entregado por el determinado consejo y anticipado conocimiento de Dios». En otras palabras, Dios sabía de antemano que los líderes judíos en Jerusalén rechazarían a Jesús como su Mesías; sin embargo, él siguió adelante y envió a su Hijo al mundo para su salvación.

De la misma manera, sabía que la mayoría de ellos seguirían rechazando a Jesús después de haber ascendido al cielo, pero siguió adelante y le dijo a sus apóstoles que predicaran a Cristo a la raza judía en todo el mundo conocido, para darles una oportunidad de recibirlo como su Salvador y Rey. Fue solo después de que ellos también rechazaran esta oportunidad que inauguró la siguiente etapa de su plan, que era predicar el evangelio a los gentiles e invitarlos a unirse a su reino en igualdad de condiciones con su raza elegida.

Lo interesante es que Jesús predijo que todo esto sucedería:

«El reino de los cielos es semejante a un rey que hizo una fiesta de boda a su hijo. Envió a sus siervos a llamar a los invitados a la boda, pero estos no quisieron asistir. Volvió a enviar otros siervos con este encargo: —Decid a los invitados que ya he preparado mi comida. He hecho matar mis toros y mis animales engordados, y todo está dispuesto; venid a la boda.

«Pero ellos, sin hacer caso, se fueron: uno a su labranza, otro a sus negocios; y otros, tomando a los siervos, los golpearon y los mataron. Al oírlo el rey, se enojó y, enviando sus ejércitos, mató a aquellos homicidas y quemó su ciudad. Entonces dijo a sus siervos: —La boda a la verdad está preparada, pero los que fueron invitados no eran dignos. Id, pues, a las salidas de los caminos y llamad a la boda a cuantos halléis.

«Entonces salieron los siervos por los caminos y reunieron a todos los que hallaron, tanto malos como buenos, y la boda se llenó de invitados».

Mateo 22:2-10

Observa que la parábola incluía una predicción del martirio de algunos de los líderes de la iglesia primitiva y la destrucción de la ciudad de Jerusalén. ¡Es difícil concluir que Jesús realmente no sabía exactamente cómo iban a funcionar las cosas!

La verdadera explicación

Si bien la explicación dispensacional del fracaso de Jesús para regresar en la vida de sus oyentes parece plausible, tengo una explicación alternativa fascinante, que creo que es la verdadera. Está respaldada por las escrituras y presenta un desafío increíble para aquellos de nosotros que somos sus seguidores hoy.

En primer lugar, Jesús efectivamente ordenó a sus apóstoles que predicaran el evangelio a todas las naciones, y no solo al pueblo judío. En Mateo 28:18,19 le dio a sus once apóstoles restantes esta gran comisión: «Jesús se acercó y les habló diciendo: "Toda potestad me es dada en el cielo y en la tierra. Por tanto, id y haced discípulos a todas las naciones"». El griego dice literalmente «discipular a todas las naciones», no «hacer discípulos de *entre* todas las naciones». Además, la palabra griega *ethna*, traducida aquí como «naciones», se usa generalmente en el Nuevo Testamento para referirse a las naciones gentiles, ¡a diferencia de la nación judía! (Por ejemplo, en Mateo 4:15 y 6:32). Así que la comisión de Cristo al final del Evangelio de Mateo era claramente predicar el evangelio y hacer discípulos de todas las naciones, y *especialmente* de las naciones no judías.

La intención de Jesús era así de explícita en los Evangelios de Lucas y Marcos. En Lucas 24:46,47 leemos: «Y [Jesús] les dijo: "Así está escrito, y así fue necesario que el Cristo padeciera y resucitara de los muertos al tercer, y que se predicara en su nombre el arrepentimiento y el perdón de pecados en todas las naciones, comenzando desde Jerusalén"». El griego declara inequívocamente, «en todas las *naciones*», no «en todo el mundo». El relato de Marcos de las instrucciones de Cristo a sus discípulos es aún más inclusivo. «Y él les dijo: "Id por todo el mundo y predicad el evangelio a toda criatura"» (Marcos 16:15). ¿Cómo es posible que «toda criatura» o sea «toda la creación» haya significado solo a los judíos?

Como si eso no fuera suficiente, hay al menos 58 versos en el Antiguo Testamento, desde el Génesis hasta Malaquías, que dicen que la preocupación de Dios es por «todas las naciones», «todos los pueblos», «toda la humanidad», «toda la creación», «cada criatura», «cada rodilla», «cada lengua», «hombres de todos los idiomas» y «el mundo» para conocerlo y adorarlo.[83] Y Jesús dijo que había venido a cumplir toda la ley y los profetas (Mateo 5:17). En el Nuevo Testamento, hay otros 29 versos similares que hablan del deseo de Dios de que las personas de cada grupo étnico lo conozcan y lo adoren.

Es cierto que Jesús dijo que fue enviado solo a las ovejas perdidas de la tribu de Israel durante su primera visita a la tierra. En un ministerio que duró poco más de dos años, no hubo tiempo para predicar tanto a los gentiles como a los judíos. Pero cuando algunos gentiles de habla griega querían encontrarse con Jesús durante su última semana aquí, dijo que después de su muerte y resurrección las cosas serían diferentes. «Yo, cuando sea levantado de la tierra, *a todos* atraeré a mí mismo», dijo (Juan 12:32).

Es difícil creer que Jesús quiso que el evangelio se predicara solo a los judíos. Al final del Evangelio de Mateo, Jesús prometió a los once apóstoles restantes: «Yo estoy con vosotros todos los días, hasta el fin del mundo». La implicación parece

---

[83] Al momento de escribir, los versos mencionados se enumera ywam.org/get-involved-now/all-nations-verse-list

clara. Cuando los apóstoles hubieran terminado su tarea de predicar a todas las naciones, llegaría el fin de la era.

Los apóstoles podrían haber pensado que predicar a todas las naciones dentro de su vida era una tarea imposible, pero el hecho es que podrían haberlo hecho, ¡y podrían haber completado la tarea mucho antes de morir! Podrían haber completado la tarea muy fácilmente por el poder de la *multiplicación*.

El poder de la multiplicación

Atrás en el huerto del Edén, el Señor le dijo a Adán y Eva: «Fructificad y multiplicaos; llenad la tierra...». Si pensaban que era una tarea imposible, era porque no habían contado con el poder de la multiplicación. Debido a que fueron fructíferos e hicieron un buen número de niños (Génesis 5:3,4), y porque cada uno de sus hijos también dio a luz a un buen número de niños (Génesis 5:6,7), ¡dos personas eventualmente llenaron la tierra con personas![84]

De la misma manera, Jesús le dijo a sus once apóstoles restantes: «Id y haced discípulos a todas las naciones... enseñándoles que guarden todas las cosas que os he mandado» (Mateo 28:19,20). Ellos también deben haber pensado que fue

---

[84] Se estima que la población mundial en 0 d.C. fue de alrededor de 300 millones. Si la vida humana comenzara con solo dos personas en aproximadamente 4000 a.C. como implica la Biblia, la población habría crecido a 300 millones para el año 0 d.C. a una tasa de crecimiento anual promedio de 0,48%. Eso es significativamente menor que la tasa de crecimiento promedio en la población mundial del 0,80% entre 1750 d.C. y 2000 d.C., por lo que es perfectamente factible. Incluso si toda la vida humana se reiniciara con la familia de ocho de Noé después del diluvio, una tasa de crecimiento anual del 0,76%, casi exactamente la tasa de crecimiento en los siglos recientes, habría producido la población estimada en 0 d.C. No sabemos la tasa en los siglos a.C., pero si algunas personas tuvieran ocho hijos y probablemente tantas hijas como tenía el padre del Rey David, la población podría haber aumentado fácilmente por 0,76% cada año.

una tarea imposible hacer discípulos de todas las naciones. Pero no fue imposible, porque Jesús también les dijo que enseñaran a sus nuevos discípulos a hacer lo mismo que él les había ordenado que hicieran. Es exactamente lo que Pablo le dijo a su discípulo Timoteo que hiciera: «Lo que has oído de mí ante muchos testigos, esto encarga a hombres fieles que sean idóneos para enseñar también a otros» (2 Timoteo 2:2). Una vez más, es el principio de la multiplicación en el trabajo.

Si cada ola de conversos hubiera enseñado a la siguiente ola a hacer lo mismo, y si ellos hubieran enseñado a sus conversos a hacer lo mismo, entonces el mundo entero podría haberse alcanzado en una generación a través del proceso de multiplicación. Y eso es lo que comenzó a suceder desde el principio. Cuando solo Pedro y los otros apóstoles estaban predicando en Jerusalén «el Señor *añadía* cada día a la iglesia los que habían de ser salvos» (Hechos 2:47). Pero cuando la iglesia se extendió por Judea, Galilea y Samaria, y todos comenzaron a compartir las buenas nuevas con sus vecinos, la cantidad de creyentes se *multiplicó* (ver Hechos 9:31).

Unos seis meses después del día de Pentecostés, Esteban fue apedreado hasta la muerte. Los nuevos creyentes en Jerusalén huyeron a otras partes del país donde predicaban la palabra (Hechos 8:1-4). Pero supongamos que ellos y cada uno de los creyentes posteriores hubieran estado dispuestos a seguir avanzando para continuar compartiendo las buenas nuevas de Jesús donde nunca antes se habían escuchado. Y supón que cada creyente llevó a una sola persona a creer en Jesús cada año y que cada nuevo creyente hizo lo mismo. Eso es factible, ¿no te parece? El hecho sorprendente es que si eso hubiera sucedido, en tan solo dieciséis años, el primer grupo de 3000 cristianos que se bautizaron el día de Pentecostés se habría multiplicado a casi 200 millones, ¡la población estimada de todo el mundo en ese momento! ¡Solo dieciséis años!

Digamos que en Pentecostés en el año 30 d.C., había 3000 cristianos en total. En el año 31 d.C. el número se habría duplicado a 6000, en el año 32 d.C. se habría duplicado nuevamente a 12000, y así sucesivamente. Si sigues duplicando el número, verás que para el año 46 d.c. habría alcanzado los 196,600 millones (Ingrese «3000 x 2^16» en su calculadora si no me crees.) Y eso no es todo. No todos los que escucharon el evangelio lo hubieran aceptado: tal vez solo uno de cada diez lo hubiera hecho. En ese caso, la tarea de convertir a 20 millones de personas a Cristo en lugar de 200 millones podría haberse realizado ¡en menos de trece años!

Para ser justo, los cálculos suponen que nadie habría muerto durante ese período. Y para que el proceso de multiplicación haya continuado según lo calculado, muchos o quizás la mayoría de los creyentes hubieran tenido que mudarse a nuevos lugares e incluso a nuevos países a medida que se completaba la evangelización de sus ubicaciones actuales. ¿Pero no es eso exactamente lo que Jesús esperaba que muchos cristianos hicieran? En Lucas 18:29,30 dijo: «De cierto os digo que no hay nadie que haya dejado casa, o padres o hermanos o mujer o hijos, por el reino de Dios, que no haya de recibir mucho más en este tiempo, y en el siglo venidero la vida eterna».

Brian Stiller[85], al escribir sobre misioneros en el país comunista de Laos, donde solo el 1:5% de la población son cristianos, dijo: «Escuchamos cuenta tras cuenta de hombres, mujeres, jóvenes, y parejas jóvenes y de mediana edad con mucho que ganar por quedarse en casa, responder al llamado del Señor de abandonar sus hogares para tierras lejanas».

En la práctica, algunos cristianos con responsabilidades familiares, problemas de salud o falta de fervor habrían permanecido allí o fracasado como evangelistas. Sin embargo, otros, ardientes con el Espíritu Santo, fácilmente podrían haber compensado eso al llevar a más de una persona a Cristo cada año. Multitudes de samaritanos respondieron a la predicación

---

[85] *An Insider's Guide to Praying for the World* (Una guía de información privilegiada para orar por el mundo). Stiller B C, Bethany House Publishers, 2016.

de Felipe, por ejemplo, y ni siquiera era un apóstol (Hechos 8:5,6). Me parece seguro que la tarea de predicar el evangelio a todos en la tierra podría haberse realizado bien dentro de una generación si la mayoría de los creyentes y sus conversos hubieran obedecido las instrucciones de Cristo para multiplicarse. Una de las razones por las que le decía a la gente que podía regresar en cualquier momento era inculcar un sentido de urgencia en su evangelismo.

Este principio de multiplicación estaba evidentemente en la mente de Jesús en su parábola de la levadura o leudado. «¿A qué compararé el reino de Dios? Es semejante a la levadura que una mujer tomó y mezcló con tres medidas de harina, hasta que todo hubo fermentado» (Lucas 13:20,21). Las células de levadura se dividen, se reproducen y se multiplican.

Y mientras mis cálculos se basan en que todos guíen a Cristo una sola persona al año por un máximo de dieciséis años, creo que Jesús previó que sus seguidores llevaran a más de dieciséis personas a la fe durante su vida. En su parábola del sembrador, dijo que la buena tierra representaba a las personas «que oyen la palabra, la reciben y dan fruto a treinta, a sesenta y a ciento por uno» (Marcos 4:20). Entonces, realmente no es sorprendente que Jesús haya esperado que la tarea de la evangelización mundial se complete dentro de una generación. ¡*Podría haberse hecho*!

La población total del mundo en el año 1 d. C. era de solo 250 o 300 millones, en comparación con los casi 8 mil millones actuales. Además, más del 90% de la población vivía en Europa y en el sur y el este de Asia continental, todos accesibles desde Israel por tierra. El hemisferio sur estaba prácticamente deshabitado.[86]

---

[86] *Long-term dynamic modeling of global population and built-up area in a spatially explicit way* (Modelado dinámico a largo plazo de la población global y el área edificada de una manera espacialmente explícita). Goldewijk K K y Janssen P. HYDE 3:1, The Holocene, junio de 2010, vol. 20, no. 4, pp. 565-573.

Sé que antes de la era de las aplicaciones de traducción y los aviones transatlánticos, habría habido problemas relacionados con el lenguaje y los viajes a continentes lejanos, pero para Dios todo es posible. Él demostró en el día de Pentecostés que el don de lenguas podría cruzar las barreras del idioma, y tal vez ese fue su propósito principal. E incluso si Dios no permitía a las personas cruzar el mar como él le permitía a Jesús hacerlo, o mover a alguien sobrenaturalmente de un lugar a otro como parece haber hecho con Felipe en Hechos 8:40, en aquellos días sí tenían naves, y el estrecho de Bering entre Rusia y Alaska en América del Norte tiene solo 90 km de ancho en su punto más estrecho.

Así que me parece que, en la mente de Jesús, sus discípulos y sus conversos difundirían el evangelio por toda la tierra mediante el proceso de multiplicación dentro de una generación, y que, en consecuencia, él podría regresar antes de que todos murieran de vejez. Él pretendía que sus primeros apóstoles abrieran un camino en cada territorio de la tierra, y que los creyentes resultantes comprometieran sus vidas plenamente a difundir el mensaje de Jesucristo y su reino en el poder del Espíritu Santo durante unos pocos años antes de su regreso. Debían abandonar todo lo demás y tomar su cruz para seguirlo (Lucas 14:25-27,33).

Incluso antes de que el Espíritu Santo fuera dado en Pentecostés, Jesús envió a 72 hombres en una carrera de entrenamiento para decirle a la gente que el reino de Dios estaba cerca para sanar a los enfermos (Lucas 10:1-9,17). Y Jesús reforzó su plan para involucrar a todos los creyentes en el evangelismo en el día de su ascensión. Le dijo a sus once apóstoles: «Id por todo el mundo y predicad el evangelio a toda criatura... Estas señales seguirán *a los que creen*: En mi nombre echarán fuera demonios, hablarán nuevas lenguas, tomarán serpientes en las manos y, aunque beban cosa mortífera, no les hará daño; sobre los enfermos pondrán sus manos, y sanarán» (Marcos 16:15-18).

Claramente, todos los nuevos creyentes debían estar equipados para proclamar a Cristo en el poder del Espíritu Santo, no simplemente los apóstoles. Ese fue el plan que Jesús anunció. Si se hubiera cumplido, se hubieran evitado siglos de guerra e incontables millones de personas no habrían muerto en los siglos siguientes por la guerra, la sequía, el diluvio, el hambre y la plaga.

Entonces, ¿qué salió mal?

Cuando la visión se desvanece

Aunque la iglesia cristiana primitiva era, en muchos sentidos, increíble y cambió el mundo, estaba lejos de ser perfecta. Había peleas y disputas en ella (Santiago 4:1; Hechos 15:39; Gálatas 2:11); celos y contiendas (1 Corintios 3:3); casos de grave inmoralidad sexual (1 Corintios 5:1); y salidas tempranas de la fe en Cristo (Gálatas 3:1-3). También parece que tanto los apóstoles como la mayoría de los primeros cristianos nunca comprendieron completamente la visión de predicar el evangelio a todo el mundo y dedicar sus vidas a ese único propósito primordial. Debemos considerar estos hechos:

- Jesús había ordenado a sus once apóstoles que fueran sus testigos «en Jerusalén, en toda Judea, en Samaria y hasta lo último de la tierra» (Hechos 1:8), pero permanecieron en Jerusalén durante al menos otros diecisiete años (Gálatas 1:18 y 2:1,9).
- Pedro, Juan y otros «pilares» de la iglesia decidieron que su ministerio debía ser confinado a los judíos (Gálatas 2:9) cuando Jesús había ordenado claramente a *todos* los apóstoles que predicaran el evangelio a *todas* las naciones (Mateo 28:19; Marcos 16:15; Lucas 24:47,48; Hechos 1:8).
- Decidieron (Gálatas 2:9) que solo Pablo y Bernabé debían predicar a los gentiles cuando incluso en el Imperio Romano ¡los gentiles superaban en número a los judíos por cincuenta a uno!

- En lugar de «declarar los hechos maravillosos de aquel que les llamó de las tinieblas a su luz maravillosa» (ver 1 Pedro 2:9), muchos creyentes comunes se volvieron poco entusiastas (Apocalipsis 3:15,16). Abandonaron su primer amor por Jesús (Apocalipsis 2:4) y murieron espiritualmente (Apocalipsis 3:1), tal como Jesús había predicho que lo harían (Mateo 24:12).

Por supuesto, es fácil para nosotros ser críticos: la mayoría de nosotros no hemos experimentado la oposición, las amenazas, los arrestos o el riesgo de martirio que muchos de los primeros cristianos enfrentaban diariamente. Sin embargo, me parece que aunque las cosas empezaron muy bien, en unos pocos años, tanto los apóstoles originales como la primera generación de cristianos abandonaron en gran medida la misión mundial que Jesús les había dado.

En consecuencia, aunque la iglesia todavía creció rápidamente dentro de los confines del Imperio Romano, esa primera generación de creyentes nunca vivió para ver el regreso de Cristo. La promesa que Jesús había hecho repetidamente, de que regresaría dentro de sus vidas para establecer el reino de Dios nunca se cumplió, al igual que Dios nunca cumplió su promesa a los esclavos en Egipto de traerlos a la tierra de Canaán. ¡Casi todas las promesas de Dios, quizás todas, vienen con condiciones!

¿Qué pasa con nosotros?

No puedo terminar este capítulo sin aplicar a nostros sus lecciones. Como aprenderás en el próximo capítulo, ¡es posible que no te queden muchos años para alentar a los que conoces o amas a que pongan su confianza en Cristo! Si hemos comprometido nuestras vidas a Jesucristo y su misión, ¿qué estamos haciendo nosotros para compartir las buenas nuevas de la vida eterna con el mundo?

Hay muchas maneras de hacer esto, pero en mi opinión, hay por lo menos cinco cosas que cada creyente debe hacer. Como las recomendadas «cinco al día» frutas y vegetales en nuestra dieta física, estas son las esenciales vitaminas espirituales que necesitamos para compartir las buenas nuevas de manera efectiva:

I. ¡Únete a una iglesia!

Si es posible, únete a una iglesia viva que esté comprometida a guiar a las personas a Cristo. Esto te dará un estímulo esencial, te brindará una enseñanza sólida, y te dará oportunidades para invitar a personas a eventos sociales o de evangelización. Si no es posible unirte a una iglesia viva en tu vecindario, al menos pídele al Señor que te ayude a encontrar a uno o dos cristianos más con los que puedas compartir y orar con regularidad para que podáis apoyaros y alentaros mutuamente en vuestra vía hacia Cristo. Alguien una vez le aconsejó a Juan Wesley: «La Biblia no sabe nada de religión solitaria».

II. ¡Conoce el evangelio!

Poco después de comenzar mi ministerio, dos miembros de mi congregación me preguntaron cómo podían conocer a Dios personalmente. ¡No sabía cómo responderles! Si no estamos seguros de cuáles son las buenas nuevas y cómo Jesús puede cambiar nuestras vidas para siempre, ¿cómo podemos esperar explicárselo a alguien más?

Si nadie en tu iglesia te puede explicar el evangelio de una manera que puedas entenderla, encuentra a otros dos o tres cristianos y trata de resolver junto a ellos lo que creas con la ayuda de la Biblia. Si crees que sería de ayuda, practica compartir esto con los demás. Así es como el personal de ventas está capacitado, y tenemos algo mucho más importante que ofrecer que las aspiradoras, los autos deportivos o los seguros de vida. ¡Practica lo que vas a predicar! Nadie se hizo bueno en nada sin un poco de práctica.

III. Trabaja y aprende tu propio testimonio de tres oraciones.

Pedro escribió: «Si alguien pregunta por qué crees que vas a vivir para siempre, prepárate para decírselo». (Ver 1 Pedro 3:15) Aquí está mi testimonio de tres oraciones:

Cuando tenía dieciocho años decidí que si había un Dios que tenía un propósito en hacerme lo mejor que yo podía hacer fue averiguar qué era.

Después de una larga lucha, oré: «Oh Dios, todavía no estoy seguro de si eres real, pero a partir de este momento voy a creer que lo eres y haré todo lo que me digas».

Como aprendí a conocer a Dios como Padre, Hijo y Espíritu Santo, él ha demostrado una y otra vez que es real y le ha dado a mi vida un propósito que todavía estoy cumpliendo felizmente en la vejez.

Así, ¿puedes resumir en tres oraciones cómo solía ser tu vida, cómo llegaste a conocer a Jesús como tu Salvador y Señor, y qué diferencia ha supuesto para ti? No tiene que sonar espectacular: solo tiene que ser la verdad.

IV. ¡Ama a tus vecinos!

Haz un esfuerzo para conocer a tus vecinos, colegas, compañeros de estudios, etcétera. Socializa con ellos; ayúdalos cuando puedas; ayuda con la tarea, cuidado de niños, elevadores de automóviles o traducción; sé hospitalario, visítalos cuando estén necesitados, ofrécete a orar con ellos cuando estén enfermos, haz un esfuerzo adicional. Poner en práctica el amor suaviza el suelo del corazón. Y cuando el Espíritu Santo te dé la oportunidad de compartir la palabra de Dios con ellos, podrás echar raíces y tal vez producir el fruto de la vida eterna.

V. **Estate abierto a la guía del Espíritu Santo.**

Cuando Jesús le dijo al codicioso cobrador de impuestos, Zaqueo, que bajara del árbol en el que estaba escondido, supongo que no había planeado buscar de antemano a Zaqueo. Solo mantuvo sus ojos abiertos. Probablemente le preguntó a sus discípulos: «¿Quién es ese hombrecito gracioso escondido en un árbol allá arriba?», y Mateo, el ex recaudador de impuestos que incluso podría haber trabajado para Zaqueo, se lo habría dicho. Así que mantente abierto al Espíritu Santo mientras viajas y te encuentras con personas. Tal vez veas a alguien con quien Dios quiere que hables. Sé valiente, abre tu boca y confía en el Espíritu para que te diga qué decir.

VI. **¡Ora para que la gente sea salvada!**

Estamos comprometidos en una batalla espiritual por las almas humanas, y esto requiere armas espirituales. Por encima de todo, requiere la oración empoderada por el Espíritu. Un resultado principal de orar por los miembros que no son salvos de tu familia, escuela, universidad, lugar de trabajo o vecindario es que te mantendrá alerta y dispuesto a compartir el amor de Dios, de palabra o hecho, con ellos cada vez que él te brinde la oportunidad de hacerlo. Ora por ti también. Cada mañana, ofrécete a Jesús para su servicio, pidiéndole que te dé audacia para hablar y actuar como su representante.

Ah, sí, seis formas, no cinco. Bueno, dije «al menos cinco», ¡así que no voy a cambiar eso ahora!

Hoy hay creyentes de Cristo en todo el mundo. ¡Hay creyentes en países como Cuba, ¡Irán, Corea del Norte, e incluso en nuestro propio país! Si los creyentes actualmente suman solo el 1% de la población de una nación, el hecho es que, si cada uno presentara a una persona a Cristo cada año y les enseñara a hacer lo mismo, entonces un tercio de la población estaría en el reino de Dios dentro de cinco años.[87] Y como Jesús dijo que relativamente pocas personas encontrarán el camino a la vida, ¡eso seguramente sería más que suficiente para preparar al mundo para su inminente regreso! Vamos, gente. ¡Vayamos a hacerlo! Usemos con todas nuestras fuerzas cualquier don y oportunidad que Dios nos haya dado para cumplir la gran comisión de Cristo. ¡Así es como podemos, por fin, ser la generación que vea su regreso en poder y gloria!

¡Levantaos, pueblo de Dios! Deshacedse de cosas menores;
Dad la mente, el cuerpo y alma a Él, sirviendo al Rey de los reyes.

William Pearson Merrill, traducido.

---

[87] Al final del primer año los creyentes constituirían el 2 % de la población; después de dos años, 4%; después de tres años 8%; después de cuatro años 16%; y después de cinco años el 32%, o casi un tercio de la población total.

¿Pudo Jesús haber cometido un error?

9. La fecha del regreso de Cristo

¿Todos están de acuerdo?

Finalmente, llegamos a la fecha del regreso de Cristo. Cuando los cuatro críticos de una botella de vino de Hardy Stamp Cabernet Merlot del sudeste de Australia le otorgan una calificación de 5 estrellas, lo más probable es que sea bastante bueno, siempre que los cuatro sean independientes entre sí o no sean empleados de la firma que lo produce. En este capítulo veremos que varios métodos independientes para determinar la fecha del regreso de Cristo están de acuerdo entre sí, lo que nos da una buena razón para creer que tienen razón. Es cierto que todos estos métodos se basan en la suposición de que lo que la Biblia nos enseña es verdad; por lo que, en cierto sentido, no son independientes. Hice mi mejor esfuerzo para demostrar la verdad de la Biblia en *Dios, la Ciencia y la Biblia*.

Así que veamos, por fin, qué nos dice la Biblia acerca de la fecha del regreso de Cristo.

Seis mil años

En el Capítulo 2, vimos cómo habrá seis mil años desde la creación hasta el regreso de Cristo y el comienzo de su reinado de mil años sobre esta tierra presente. Entonces, si el mundo fue creado en el 4004 a.c. como calculó el arzobispo Ussher, el reino milenario debería haber comenzado seis mil años después de eso en el año 1997 d.C. Claramente, eso no sucedió. Sin embargo, también hemos visto que la mayoría de las personas que han intentado calcular la fecha de creación basada en el texto Hebreo del Antiguo Testamento han encontrado fechas bastante más recientes, la mayoría de las cuales nos dejan esperando todavía que comience el reino milenario. Con una estimación promedio de 3946 a.c. para la creación, todo lo que se puede concluir de esta línea de profecía bíblica es que el regreso de Cristo tendrá lugar en algún momento a mediados de este siglo.

Dos mil años

Afortunadamente, hay otra forma de alcanzar el objetivo. Hemos visto cómo los eventos históricos registrados en el Antiguo Testamento a menudo eran modelos de eventos mucho más importantes que ocurrirían más adelante en la vida de Jesús. También es cierto que en el Antiguo Testamento hay muchas palabras relacionadas con eventos de ese tiempo que proféticamente predijeron eventos más importantes en la vida de Jesús. Un ejemplo está en el capítulo 7 de Isaías.

El rey Acaz, quien entonces reinaba en Jerusalén, se aterrorizó al saber que el ejército sirio había unido fuerzas con el ejército de las tribus del norte de Israel para atacar su pequeño reino de dos tribus, la de Judá y la de Benjamín. El profeta Isaías le dijo que no se preocupara. «La virgen concebirá y dará a luz un hijo, y le pondrá por nombre Emanuel», le dijo al rey... Porque antes que el niño sepa desechar lo malo y escoger lo bueno, la tierra de los dos reyes que tú temes será abandonada» (Isaías 7:14,16). Isaías continuó diciéndole que Asiria los conquistaría a ambos, que es exactamente lo que sucedió.

Ahora, lo que Isaías dijo sobre la virgen era lo más peculiar. En primer lugar, llamar a su hijo «Emanuel» equivale a blasfemia, porque «Emanuel» significa «Dios con nosotros». Era como llamar a su hijo «Dios». E imagínate cómo se habría sentido el pequeño muchacho cuando fue a la escuela y le dijo a su maestro cómo se llamaba. ¡Es impensable! En segundo lugar, Isaías dijo que la madre le daría el nombre a su hijo. En la cultura Hebrea, ese fue siempre el trabajo del padre.[88] De hecho, la forma en que Isaías lo expresó sin ninguna mención de un padre, me sugiere que realmente quiso decir «la virgen concebirá» como la versión Reina-Valera traduce, no «una joven concebirá» como algunas otras versiones lo traducen. En ese caso, el nacimiento de este niño realmente habría sido una señal milagrosa para convencer al rey Acaz de que Isaías le estaba diciendo la verdad sobre los reyes invasores.

Como te habrás dado cuenta, aunque Isaías estaba hablando de algo que iba a suceder casi de inmediato, sus palabras fueron una extraña predicción del nacimiento del Señor Jesús, quien de hecho fue concebido por una virgen y fue verdaderamente «Dios con nosotros». Así, una profecía sobre algo que sucedió en ese momento se cumplió de otra manera y más profunda muchos años después en el nacimiento de Jesucristo.

Entonces, ¿por qué te he estado contando todo esto? Porque en el libro del profeta Oseas, declara:

> Venid y volvamos a Jehová, pues él nos destrozó, mas nos curará; nos hirió, mas nos vendará. Después de dos días nos hará revivir, al tercer día nos levantará, y viviremos delante de él.
>
> Oseas 6:1,2

Oseas alentaba a su propia nación a regresar a una vida de obediencia a Dios al decirles que, si lo hacían, Dios les devolvería sus fortunas. Pero al igual que la profecía de Isaías, sus palabras, «Después de dos días nos hará revivir, al tercer día nos levantará, y viviremos delante de él», suena bastante peculiar. Oseas mismo se debe haber preguntado mientras pronunciaba estas palabras: «¿Qué estoy diciendo? ¿Se van a transformar las fortunas de toda nuestra nación dentro de dos

---

[88] «Juan es su nombre», declaró el padre de Juan el Bautista en el nacimiento de su hijo. «Le pondrás por nombre Jesús», dijo el ángel a José, cuando le informó que María estaba a punto de dar a luz al hijo de Dios.

días, es decir, el próximo lunes? ¿Por qué el Señor pone esas palabras en mi boca?»

En teoría, un profeta cuyas palabras no se hicieron realidad podría ser condenado a muerte (Deuteronomio 18:22). Sin embargo, Oseas estaba tan seguro de que sus palabras eran de Dios que las escribió, y las mantuvo escritas a pesar de que el reino del norte de Israel al que se dirigía nunca regresó al Señor y experimentó el avivamiento y la restauración. Entonces, ¿estaba equivocada Oseas? ¿Qué estaba pasando?

San Pedro lo explicó en su primera carta. «Los profetas que profetizaron de la gracia destinada a vosotros inquirieron y diligentemente indagaron acerca de esta salvación, escudriñando qué persona y qué tiempo indicaba el Espíritu de Cristo que estaba en ellos, el cual anunciaba de antemano los sufrimientos de Cristo y las glorias que vendrían tras ellos» (1 Pedro 1:10-12).

Cuando las palabras de Oseas se interpretan como una referencia al sufrimiento y la resurrección de Jesucristo, se vuelven extraordinariamente específicas. Dicen que la crucifixión de Jesús estuvo en la voluntad y propósito de Dios; que estaría muerto por dos días; y que luego sería resucitado y restaurado a la vida, capacitando a aquellos que se habían arrepentido y regresado a Dios para vivir en su presencia.

De hecho, esta profecía es casi con certeza en lo que Jesús estaba pensando cuando dijo a sus discípulos: «Así está escrito, y así fue necesario que el Cristo padeciera y resucitara de los muertos al tercer día» (Lucas 24:46).[89]

Eso parece explicar las cosas, pero el nudo enredado de esta profecía no está completamente desatado. Porque dice que al tercer día *nos* levantará el Señor, y *nosotros* viviremos delante de él. Una vez más, San Pedro viene al rescate. Todo lo que tenemos que hacer entonces es insertar en las palabras de Oseas

---

[89] La otra posibilidad es que Jesús estaba pensando en la historia de Jonás, que estuvo en el vientre de un pez durante tres días; pero eso no habla del sufrimiento de Jesús de la misma manera que lo hace este versículo de Oseas.

la «clave» de Pedro de que un día es igual a mil años, y leerlas así: «Después de dos mil años nos hará revivir, al tercer mil años día nos levantará, y viviremos delante de él». Ahora Oseas profetizaba el día venidero en que los creyentes en Cristo resucitarían de entre los muertos, y el reinado subsiguiente de mil años de Jesús cuando ellos vivirán delante de él en su presencia (Apocalipsis 20:4).

Así que el Día de la Resurrección será «después de dos mil años». La pregunta es, ¿dos mil años después de qué? La respuesta más obvia es dos mil años después de que Oseas dijo esas palabras en aproximadamente 715 a.c. Pero en ese caso, el Día de la Resurrección habría llegado en el año 1285 d.C. También significaría que el reino final de los mil años habría comenzado antes de que se hubieran completado los seis mil años de historia.

Sin embargo, si las palabras de Oseas realmente estuvieran dirigidas no a su audiencia inmediata, sino a los lectores de Pedro, como Pedro dijo que eran, entonces es casi seguro que Pedro las hubiera interpretado como dos mil años después de su propio tiempo. O más precisamente, después de que se anunciaran por primera vez las buenas nuevas de la victoria de Cristo sobre el pecado y la muerte (1 Pedro 1:12). En otras palabras, dos mil años después de la resurrección de Cristo.

Las palabras de Oseas: «Él nos destrozó, mas nos curará; nos hirió, mas nos vendará», aunque originalmente se dirigieron a su propia gente, pueden interpretarse fácilmente como una referencia profética a la terrible muerte de Jesús y su subsiguiente resurrección y sanación milagrosas. Porque era la voluntad de Dios que su Hijo muriera por nuestros pecados y que luego conquistara la muerte y resucitara (Véase Isaías 53:10,11).

En realidad, Pedro y los primeros cristianos estaban tan convencidos de que Jesucristo regresaría en su vida que no hay pruebas de que hayan pensado en interpretar la profecía de Oseas de esta manera. Si Pedro hubiera sabido que la venida de Cristo se demoraría tanto, entonces no tengo dudas de que no solo habría recordado a sus lectores que un día con el Señor es como mil años, sino que también habría aplicado esto a la profecía de Oseas.

Entonces parece que tenemos un mensaje claro de que el Día de la Resurrección será dos mil años después del año en que Jesucristo resucitó. Y eso tiene mucho sentido, ya que, si bien la fecha de creación no es segura, el rango de fechas posibles calculadas por varias personas muestra que dos mil años después de la resurrección de Cristo bien podrían ser seis mil años después de la creación. Entonces, los dos métodos para determinar el tiempo del fin, años desde la creación y años desde la resurrección de Cristo, se apoyan mutuamente.

Lo que nos lleva a la siguiente pregunta: ¿cuándo fue el año de la muerte y resurrección de Cristo?

La fecha de la muerte y resurrección de Cristo

Los relatos de la vida de Cristo en los cuatro evangelios incluyen muchas referencias a otras figuras y eventos históricos conocidos, como César Augusto (63 a.C. al 14 d.C.); un primer censo realizado cuando Quirinius (o Cyrenius) era el gobernador de Siria; el rey Herodes el Grande (74/73 a.C. al 4 a.C.); Arquelao, el gobernante de Idumea, Judea y Samaria (desde el 4 a.C. hasta el 6 d.C.); y el procurador romano Poncio Pilato, que gobernó Judea entre el 26 y el 36 o 37 d.C. Un ejemplo de tales referencias se puede encontrar en Lucas, capítulo 3, versículos 1 al 3:

> En el decimoquinto año del reinado de Tiberius César, Poncio Pilato gobernador de Judea y Herodes (un hijo de Herodes el Grande) tetrarca de Galilea, y su hermano Felipe tetrarca de la región de Ituraea y Trachonitis, y Lysanias tetrarca de Abilene, en el sumo sacerdocio de Anás y Caifás, la palabra de Dios vino a Juan el hijo de Zacarías en el desierto; y se fue a toda la región

alrededor del Jordán, predicando un bautismo de arrepentimiento para el perdón de los pecados.

Los historiadores de la época proporcionan información externa sobre tales personas y eventos, como los historiadores romanos Dio Casio y Tácito, y el historiador judío Flavio Josefo. Otras fuentes incluían calendarios contemporáneos (había más de uno), astronomía e incluso acuñaciones romanas. Con toda esta información, los historiadores pueden resolver cuándo tuvieron lugar los eventos significativos en la vida y el ministerio de Jesucristo. Sin embargo, hacer esto con precisión no es nada fácil, y ciertamente no lo intentaré aquí. Lo que seguramente debe ser el estudio más completo y definitivo es el libro *New Testament Chronology* (Cronología del Nuevo Testamento), escrito por Kenneth Frank Doig y publicado por Edwin Mellen Press en 1990. Aquí es donde Doig, apoyado por 216 referencias a otros escritores, resumió 68.000 palabras de investigación en la cronología de la vida de Cristo:

- Jesús nació aproximadamente el 25 de diciembre en el año 5 a.c.
- Fue bautizado por Juan el Bautista aproximadamente el 6 de enero en 28 d.C., cuando tenía 31 años.
- Después de un ministerio de dos años y tres meses, fue crucificado el viernes 7 de abril, 30 d.C., cuando tenía 33 años.
- Fue resucitado a la vida eterna el domingo, 9 de abril, 30 d.C.
- Esta es la única cita que satisface plenamente las Escrituras y la reconstrucción de la historia antigua y los calendarios.

Así que ahí estamos. ¡Dos mil años después del 30 d.C. nos da 2030 d.C. para el año del Día de la Resurrección! Supongo que es posible que el Día de la Resurrección no sea exactamente dos mil años después de la resurrección de Jesús, pero puede suceder uno o dos años más tarde porque Oseas dijo «*Después* de dos días nos hará revivir». Sin embargo, Oseas también dijo: «*al* tercer día nos levantará», lo que a mi entender suena como si significara que la resurrección tendrá lugar al comienzo del siguiente milenio, o al menos muy pronto después de que comience.

¿Es posible acercarse más a la fecha del Día de la Resurrección que el año? ¡Sí lo es! Las fiestas judías nos lo dirán.

Las fiestas judías

Esta es una historia real. Un hombre una vez estaba cuidando a su pequeña nieta. Ella tenía un juego de té de juguete y le trajo una taza pequeña que había llenado con agua.

—¿Te apetece una taza de té, abuelo? —preguntó ella.

—Eso sería muy bonito, querida. Gracias —dijo él.

Cuando terminó, ella le preguntó:

—¿Te gustó tu té, abuelo? ¿Te gustaría otra taza?

Era solo una taza pequeña, así que estuvo de acuerdo.

—Muchas gracias, querida.

Cuando la madre regresó a casa, él le contó lo hospitalaria que había sido su pequeña hija. Ella lo miró con horror.

—¡Pero ella no puede llegar a los grifos! —exclamó—. ¿De dónde crees que consiguió el agua?

En su tiempo de juego, los niños practican habilidades de uso real en la vida adulta. Cuando mi hermana menor tenía alrededor de seis años, nos hacía sentar en el suelo a mí y a nuestra otra hermana como sus alumnos, mientras nos «enseñaba» desde detrás del taburete del piano. Ella creció para convertirse no solo en maestra, sino también en una consultora muy deseada para escuelas que fallan.

Uno de nuestros hijos solía jugar interminables juegos de Monopoly con suministros de dinero aparentemente ilimitados. Se convirtió en gerente financiero en una de las principales empresas de servicios públicos de Gran Bretaña.

Algo similar estaba sucediendo cuando Dios estableció las fiestas judías anuales y los rituales del templo en los días de Moisés. Su propósito era, y aún lo es en el caso de las fiestas, recordarle al pueblo de Dios sus relación histórica con ellos y enseñarles sobre la gratitud, la santidad, el pecado y el perdón. De lo que la gente no se habría dado cuenta es que, como las meriendas para los niños, estas fiestas y rituales también fueron una preparación en el corazón y en la mente para lo real, la venida de su Mesías (Hebreos 9:23,24; 10:1).

Toma la fiesta de la Pascua, por ejemplo. En las semanas anteriores al éxodo de Egipto, el Señor envió una serie de plagas cada vez más horribles sobre los egipcios en un esfuerzo por persuadir al Faraón para que libere a su ejército de esclavos hebreos. (En este momento en la historia, los descendientes de Abraham, Isaac y Jacobo fueron llamados hebreos en la Biblia). Cuando todos estos esfuerzos fallaron, el Señor le dijo a Moisés que iba a hacer algo aún peor, y esta vez tendría éxito: él iba a matar al hijo primogénito de cada familia egipcia. Esto puede parecer bastante cruel, pero numerosos esclavos hebreos probablemente morían todos los días bajo los azotes de sus dueños egipcios.

Para que el ángel de la muerte no cometiera un error y matara a algunos de los niños hebreos, Moisés debía decirle a cada familia hebrea que matara un cordero y esparciese su sangre sobre el dintel y los postes de las puertas de su casa. El ángel asesino *pasaría por encima* de las casas con sangre, y los niños se salvarían de la muerte. Dios también les dijo que asaran y comieran su cordero esa misma noche para darles fuerza para su huida de Egipto, porque esa misma noche iba a entregarlos. Así fue como, a través de la muerte de un cordero, el pueblo se salvó de la muerte, se liberó de la esclavitud y se le dio la fuerza para comenzar una nueva vida bajo el gobierno de Dios en su camino hacia la tierra prometida de Canaán.

Después, el Señor les ordenó que recordaran esta gran liberación al mismo tiempo cada año al comer una comida especial de Pascua con cordero asado y otros ingredientes simbólicos en sus hogares.

Todo el evento del Éxodo y la comida de la Pascua que aún se recuerda en muchos hogares judíos fue un asombroso avance de la muerte de Jesucristo y la salvación que su muerte nos ha brindado. El primo de Jesús, Juan el Bautista, lo llamó «¡Este es el Cordero de Dios, que quita el pecado del mundo!» (Juan 1:29) Cuando Jesús murió, incluso el travesaño de su cruz salpicado de su sangre recordaba el dintel sobre la entrada de cada hogar hebreo en esa noche dramática en el antiguo Egipto. Jesús murió como un cordero pascual para salvarnos, no de la muerte física sino de la muerte eterna. A través de él, pudimos ser rescatados, no de la esclavitud a un faraón egipcio y sus capataces, sino a Satanás y al pecado en todas sus formas.

Inmediatamente después de la semana de la Pascua, en el primer día de la semana siguiente, se celebra la Fiesta de los Primeros Frutos o de las Primicias, los primeros signos de una nueva vida en el mundo de la naturaleza con la aparición de granos de cebada verde. Fue en este día mismo que Jesús volvió a la vida. «Pues por cuanto la muerte entró por un hombre, también por un hombre la resurrección de los muertos. Así como en Adán todos mueren, también en Cristo todos serán vivificados. Pero cada uno en su debido orden: Cristo, las primicias; luego los que son de Cristo, en su venida» (1 Corintios 15:21-23).

Así que las fiestas judías prefiguran al prometido Mesías Jesús. Pero ¿cómo nos dicen el mes de su regreso? Lo explicaré. Moisés instituyó tres fiestas principales que debían celebrarse cada año asistiendo al tabernáculo o templo. Como se indica en Deuteronomio 16:16 fueron:

I   La Fiesta de los Panes sin Levadura, que comenzó con la comida de la Pascua en marzo o abril en el aniversario del Éxodo y terminó con el festival de los Primeros Frutos o Comienzo de la Cosecha, el comienzo de la cosecha de cebada.

II La Fiesta de las Semanas o Pentecostés, en mayo, que celebraba la cosecha de trigo.

III La Fiesta de los Tabernáculos, también llamada la Fiesta de las Enramadas, la Fiesta de la Recolección o simplemente La Fiesta. Esto sucedió en septiembre u octubre, y básicamente se celebró la cosecha de fruta, la cosecha final del año. Comienza con el festival de las Trompetas, continúa diez días después con el Día de la Expiación y termina con una semana de acampar en los techos en memoria de los cuarenta años de estancia de Israel en tiendas de campaña en el desierto, camino a la tierra prometida de Canaán.

El significado central de cada una de las fiestas enumeradas anteriormente corresponde claramente a tres eventos principales en la vida de Jesús y sus seguidores:

I   Su muerte y resurrección
II Su don del Espíritu Santo que resulta en tres mil nuevos creyentes.
III La resurrección de los creyentes en Cristo, el arrepentimineto de Israel, su reconciliación con su Mesías y la cosecha de sus almas en su reino, y un recordatorio de que estamos en un viaje alegre a la tierra prometida de un nuevo cielo y tierra.

Como escribí de antemaño, la muerte de Jesús en realidad tuvo lugar en la semana de la Pascua, cuando los corderos fueron sacrificados en memoria de la noche en que los hebreos marcaron sus puertas con la sangre de un cordero para salvarlos del ángel de la muerte. Su resurrección tuvo lugar el primer día de la semana siguiente cuando se celebraron los primeros frutos o el comienzo de la cosecha. Pablo escribió: «Pero ahora Cristo ha resucitado de los muertos; primicias de los que murieron es hecho» (1 Corintios 15:20).

El Espíritu Santo fue dado en el día de Pentecostés, donde se celebró la cosecha de trigo, y los tres mil nuevos creyentes que fueron bautizados ese día representaron una cosecha de almas. «De cierto, de cierto os digo que si el grano de trigo que cae en la tierra no muere, queda solo, pero si muere, lleva mucho fruto» (Juan 12:24).

Es claro que Dios dispuso que estos eventos importantes en la vida y el ministerio de Jesús ocurrieran en las fechas de las festividades judías correspondientes. Por lo tanto, sería increíble que no programara el Día de la Resurrección para coincidir con el tercero de los tres principales festivales anuales, la Fiesta de los Tabernáculos, que también se conoce como la Fiesta de la Recolección. Esto se lleva a cabo en septiembre u octubre, como dije.

En el Anexo 6 he mostrado con más detalle cómo Jesús cumplió con el simbolismo de estas fiestas y cómo todos ellos lo señalan claramente. Por ahora, solo quiero ver la Fiesta de los Tabernáculos, porque no solo nos dice en cuál mes ocurrirá el Día de la Resurrección, sino que también, creo, ¡en qué día será!

La Fiesta de los Tabernáculos

La Fiesta de los Tabernáculos o la Fiesta de las Enramadas implica hacer refugios temporales de palos y hojas, a menudo en los techos planos de las casas, para recordar a los judíos el momento en que sus antepasados vivían en tiendas de campaña en el desierto. Digo «implica» en lugar de «implicaron», porque las familias judías religiosas todavía lo celebran. La fiesta fue instituida por el Señor para que fuera un momento feliz de celebración al final del trabajo de verano. Por esa razón, también se le llama la Fiesta de la Recolección.

«Celebrarás la fiesta solemne de los Tabernáculos durante siete días, cuando hayas hecho la cosecha de tu era y de tu lagar. Te alegrarás en tus fiestas solemnes, tú,

tu hijo, tu hija, tu siervo, tu sierva, y el levita, el extranjero, el huérfano y la viuda que viven en tus poblaciones. Durante siete días celebrarás la fiesta solemne en honor de Jehová, tu Dios, en el lugar que Jehová escoja, porque te habrá bendecido Jehová, tu Dios, en todos tus frutos y en todas las obras de tus manos, y estarás verdaderamente alegre».
Deuteronomio 16:13-15

En esencia, es la cosecha de acción de gracias de Israel.

Cuando Jesús describió el final de esta era, usó una metáfora sobre la cosecha: «Dejad crecer juntamente lo uno y lo otro hasta la siega, y al tiempo de la siega yo diré a los segadores: "Recoged primero la cizaña y atad la en manojos para quemarla; pero recoged el trigo en mi granero"» (Mateo 13:30).

Pablo también vinculó la resurrección con la cosecha: «Pero preguntará alguno: "¿Cómo resucitarán los muertos? ¿Con qué cuerpo vendrán?"... Lo que siembras no es el cuerpo que ha de salir, sino el grano desnudo, sea de trigo o de otro grano... Así también sucede con la resurrección de los muertos. Se siembra en corrupción, resucitará en incorrupción... Los muertos serán resucitados incorruptibles y nosotros seremos transformados» (Extractos de 1 Corintios 15:35-52).

Incluso hay un indicio de la metáfora de la cosecha en una profecía relacionada de Zacarías en el Antiguo Testamento: «Jehová será visto sobre ellos... Jehová, el Señor, tocará la trompeta... En ese día el Señor, su Dios, les salvará... El trigo alegrará a los jóvenes, y el vino a las doncellas» (Zacarías 9:14-17).

Está claro que en la Biblia el Día de la Resurrección se compara con el tiempo de la cosecha y, por lo tanto, está vinculado en el pensamiento a la Fiesta de los Tabernáculos o la Recolección.

Sin embargo, la Fiesta de los Tabernáculos abarca más de una semana de vivir en refugios o casetas temporales para celebrar la cosecha final del año. Comienza el día del Año Nuevo Judío, el primer día del mes de Tishri, con la Fiesta de las Trompetas (Levítico 23:23-25). Diez días después llega el solemne Día de la Expiación (Levítico 23:26-32), y solo entonces se celebra el momento de la cosecha con la Fiesta de las Enramadas (Levítico 23:33-36). Entonces, si el Día de la Resurrección es para coincidir con la Fiesta de los Tabernáculos o la Recolección, ¿en qué punto ocurrirá?

Como leímos en el Capítulo 5, el momento exacto de la resurrección será anunciado por una fuerte trompeta, que Pablo describió como «la final trompeta». «Os digo un misterio: No todos moriremos; pero todos seremos transformados, en un momento, en un abrir y cerrar de ojos, a la final trompeta, porque se tocará la trompeta, y los muertos serán resucitados incorruptibles y nosotros seremos transformados» (1 Corintios 15:51,52).

Piensa un momento en esto. Si te dijera que el camino donde vivía estaba en «la final bocacalle» y lo dejase así, no te serviría de nada como una dirección. Necesitarías saber dónde estaban las bocacalles anteriores para que tenga algún sentido. Entonces, cuando Pablo les dijo a sus lectores que serían resucitados «a la final trompeta», no habría sido de ayuda y no habría tenido ningún sentido para ellos a menos que supieran de qué estaba hablando. Deben haber sabido cuáles eran todas las trompetas precedentes o cuál era la final trompeta. De lo contrario, lo que Pablo les escribió habría sido una tontería. Entonces, ¿qué fue esta «final trompeta», o todas las trompetas anteriores, con la que Pablo podría asumir con confianza que sus lectores estaban familiarizados?

Para la época de Jesús y Pablo, el servicio celebrado en la Fiesta de las Trompetas en el templo y las sinagogas involucró un total de cien trompetas.[90] (¡No es de extrañar que Isaías

---

[90] La información sobre las explosiones de trompeta se toma de Wikibooks, *Hebrew Roots/Holy Days/Trumpets/The Blowing of the Shofar* (Raíces Hebreas /Días Santos/Trompetas/El Soplo del Shofar).

profetizara que cuando el Mesías llegara, los oídos de los sordos no se detendrían!) El culto fue diseñado para llamar a los judíos a un período de autoexamen y arrepentimiento durante los próximos diez días que condujeron al Día de la Expiación. Las primeras 99 explosiones de trompeta se componían de conjuntos repetidos de tres tipos diferentes:

- Tekiah. Un sonido puro e ininterrumpido. Llama al hombre a buscar en su corazón, abandonar sus caminos equivocados y buscar el perdón a través del arrepentimiento. El «tekiah» llama a la gente a la atención y a considerar nuevamente la enseñanza de Moisés. En general, es un llamado a escuchar a Dios y recibir de él las órdenes del día.
- Teru'ah. Un sonido roto, entrecortado, tembloroso. Tipifica la tristeza que le llega a un hombre cuando se da cuenta de su mala conducta y desea cambiar su forma de ser. Debe contener al menos ocho notas, por lo que la mayoría de los trompetistas tocan nueve para estar seguros.
- Shevarim. Un sonido de alarma similar a una ola, que llama al hombre a permanecer junto a la bandera de Dios. «Shevarim» en hebreo significa no solo un cierto sonido único, también denota romper algo o causar daño o ambos. Es la nota para la actividad rápida y bulliciosa, la señal para golpear tiendas y desarmar el campamento. (Creo que también podría referirse a romper hábitos y relaciones pecaminosos).

Los 99 disparos resultantes fueron seguidos por un solo toque de trompeta, el «Tekiah ha-Gadol». (*Gadol* quiere decir 'grande'.) Éste es un sonido prolongado e ininterrumpido, mantenido durante el tiempo que el «tokea» o el trompetista puedan manejar. (¡Donde hay varios trompetistas, compiten para ver quién puede mantenerlo durante más tiempo!) Esta explosión especial se ve como una apelación final al arrepentimiento sincero y la expiación. ¡Es la final trompeta!

El nombre judío para la Fiesta de las Trompetas es Yom Teruah, «día de Teruah». Según Christie Eisner[91], «el judaísmo tiene tres toques de shofar principales. El que se toca en Shavuot (Pentecostés) se llama "la primera trompeta". El que se toca en la primera fiesta de otoño de Yom Teruah o Rosh Hashanah se llama "la final trompeta". El que se toca en Yom Kippur (el Día de la Expiación) se llama "la gran trompeta". Todos están registrados en las Escrituras y todavía suenan hasta el día de hoy».

Así que cuando San Pablo escribió «Todos seremos transformados... a la final trompeta», su significado era tan claro, al menos para sus lectores, como si hubiera escrito: «Todos seremos transformados una víspera de Año Nuevo».

La Fiesta de las Trompetas es única entre las fiestas prescritas en el Antiguo Testamento, en que el Señor no explicó cuál era su propósito. Levítico 23:23-25 simplemente dice que la gente debía observar el primer día de Tishri como un día de descanso *sabbat* y que se reunirían para tocar las trompetas. No un centenar de trompetas, sino una explosión de varias trompetas al mismo tiempo para hacer tanto ruido como sea posible. Las complicadas series de diferentes tipos de explosiones practicadas en años posteriores y sus significados asociados fueron invenciones posteriores de los rabinos. Entonces, ¿por qué el Señor quería un día especial para ser observado por una fuerte explosión de trompeta, sin darle ningún significado?

El propósito más común de una explosión de trompeta en los días bíblicos era advertir a las personas sobre un peligro inminente y llamarlas a actuar en consecuencia. En el capítulo 33 de Ezequiel, el Señor dijo:

«Cuando traiga yo espada sobre la tierra, y el pueblo de la tierra tome a un hombre de su territorio y lo ponga

---

[91] *Finding the Afikoman* (Encontrar el Afikoman.). Eisner C, p:191. Ruth's Road, 2015.

por centinela, y él vea venir la espada sobre la tierra, y toque la trompeta y avise al pueblo, cualquiera que oiga el sonido de la trompeta y no se prepare, y viniendo la espada lo hiera, su sangre será sobre su cabeza. El sonido de la trompeta oyó, pero no se preparó: su sangre será sobre él; pero el que se prepare, salvará su vida».

Ezequiel 33:2-5

Jesús se hizo eco de esas palabras sobre observar y prestar atención a la advertencia de una trompeta cuando hablaba con sus discípulos sobre el Día de la Resurrección en el capítulo 24 de Mateo. «Entonces estarán dos en el campo: uno será tomado y el otro será dejado. Dos mujeres estarán moliendo en un molino: una será tomada y la otra será dejada. Velad, pues, porque no sabéis a qué hora ha de venir vuestro Señor» (Mateo 24:40-42). ¿Para qué debemos vigilar? Jesús le dio la respuesta a esto unos versos antes:

«Inmediatamente después de la tribulación de aquellos días, el sol se oscurecerá, la luna no dará su resplandor, las estrellas caerán del cielo y las potencias de los cielos serán conmovidas. Entonces aparecerá la señal del Hijo del hombre en el cielo, y todas las tribus de la tierra harán lamentación cuando vean al Hijo del hombre venir sobre las nubes del cielo, con poder y gran gloria. Enviará sus ángeles *con gran voz de trompeta* y juntarán a sus escogidos de los cuatro vientos, desde un extremo del cielo hasta el otro».

Mateo 24:29-31

Debemos observar una señal en el cielo, la aparición de Jesús en el cielo y esperar el sonido de una trompeta muy fuerte. ¡Entonces debemos dejarlo todo y no correr sino volar!

Por lo tanto, me parece que Dios estableció la Fiesta de las Trompetas como un signo profético que apunta hacia el Día de la Resurrección. No celebraba algo que ya había ocurrido y no requería que los fieles tomaran medidas inmediatas, por lo que no se dio ninguna razón para ello. Su significado simbólico se cumpliría solo en el día en que todos los que hayan aceptado a Jesucristo como Salvador y Señor sean resucitados a la vida eterna. Lo último que escucharemos antes de encontrarnos con el Señor en el cielo será una explosión de trompeta larga y muy fuerte. Solo que esta vez será soplado no por hombres, sino por un solo ángel, sin competidores.

Otro pensamiento. En el capítulo 11 del Apocalipsis, es la explosión de la séptima trompeta la que anuncia el Día de la Resurrección. En Israel, el primer día de cada nuevo mes era anunciado por una explosión de trompeta (Salmo 81:1-3). Tishri es el séptimo mes en el calendario religioso judío. Así que la explosión de la trompeta que anunció el comienzo de la Fiesta de las Trompetas también fue la séptima llamada de trompeta del año.

¿Te digo algo que me emociona? La Fiesta de las Trompetas debe ser observada como un día de reposo, y Tishri 1 cuando la Fiesta tenga lugar en el año 2030 ya será un día de reposo. Cuando descubrí esto, sentí que el Señor me estaba alentando a creer que 2030 será el año en que finalmente se escuchará esa sorprendente última trompeta.

Los escritores cristianos y los escritores mesiánicos judíos que conectan la Fiesta de las Trompetas con el Día de la Resurrección como hago yo, también conectan el Día de la Expiación a los eventos en la tierra que seguirán a la resurrección, cuando los judíos como nación se den cuenta de su error al rechazar a Jesús como su Mesías y se volverá a él como un cuerpo en arrepentimiento y fe. Dado que el Día de la Expiación tiene lugar nueve días después de la Fiesta de las Trompetas, la nación judía tendrá nueve días después de la sorprendente desaparición de todos los seguidores de Cristo para organizar un último Día nacional de la Expiación por el rechazo de Jesús como su Mesías.

Será más bien como uno de los días nacionales de oración que el rey Jorge VI anunció para la nación británica durante la Segunda Guerra Mundial. La Fiesta de las Enramadas, que durará una semana y sigue al Día de la Expiación, será una celebración de la cosecha final —su reunión en el reino de Dios— y un momento de gozosa espera de su vida eterna prometida en la nueva tierra. Así, la Fiesta de los Tabernáculos o de la Recolección prefigura la cosecha final de los judíos que, por fin, saldrán del desierto al reino de Jesucristo y se unirán a los cristianos resucitados cuando regrese para gobernar el mundo.

La hipótesis del Jubileo

Hubo otros dos eventos importantes del calendario instituidos por el Señor a través de Moisés. Se ordenó al pueblo de Israel que observara cada siete años como un día de descanso para la tierra, un «año sabático», cuando no se debían sembrar cultivos (Este fue otro eslabón en lo que podríamos llamar «la cadena de descanso»: un séptimo día de descanso, un séptimo año de descanso y un séptimo milenio de descanso). Y luego cada cincuenta años tenían que proporcionar un año más de descanso para la tierra, liberar a todos los esclavos y devolver toda la tierra tomada en garantía a sus dueños originales. Este quincuagésimo año fue llamado «año de jubileo», y fue una ocasión muy seria.

> «Contarás siete semanas de años, siete veces siete años, de modo que los días de las siete semanas de años vendrán a sumar cuarenta y nueve años. Entonces harás tocar fuertemente la trompeta en el séptimo mes; el día diez del mes —el día de la expiación— haréis tocar la trompeta por toda vuestra tierra. Así santificaréis el año cincuenta y pregonaréis libertad en la tierra a todos sus habitantes. Ese año os será de jubileo, y volveréis cada uno a vuestra posesión, y cada cual volverá a su familia.

El año cincuenta os será jubileo; no sembraréis, ni segaréis lo que nazca de por sí en la tierra, ni vendimiaréis sus viñedos, porque es el jubileo: santo será para vosotros. Del producto de la tierra comeréis».

Levítico 25:8-12

Así como los eventos pasados en la vida de Cristo han coincidido con las fiestas judías correspondientes, algunas personas creen que la resurrección o el regreso de Cristo tres años y medio más tarde tendrán lugar al comienzo de un año de jubileo. El regreso de Cristo al comienzo del reino milenario haría la conexión más obvia, ya que es cuando la tierra de Israel será devuelta a la nación de Israel.

Ya que un año jubilar iba a ser anunciado por un fuerte llamado de trompeta en el Día de la Expiación, algunas personas creen que esta será «la final trompeta» a la que Pablo se refería cuando escribió que los creyentes resucitarían «a la final trompeta». En este caso, el Día de la Resurrección se llevará a cabo, no en la Fiesta de las Trompetas, sino en el Día de la Expiación diez días después. Sin embargo, no hay referencia a los años de jubileo en el Nuevo Testamento, y los años de jubileo no se han observado desde el 122 a.C. o antes. Por lo tanto, parece poco probable que Pablo se estuviera refiriendo a una trompeta de jubileo en el supuesto de que sus lectores supieran de qué estaba hablando. E incluso si así fuera, la única diferencia sería que el Día de la Resurrección se llevará a cabo diez días después de lo que he concluido.

La hipótesis del jubileo en sí misma es la idea de que esta edad actual de seis mil años se ha dividido en ciento veinte jubileos de cincuenta años. Hay al menos un libro publicado que afirma que Abraham nació exactamente en el cuadragésimo jubileo después de la creación, el éxodo de Egipto tuvo lugar en el quincuagésimo jubileo, y el templo de Salomón se completó en el sexagésimo jubileo, etcétera.

Tristemente, una historia tan ordenada del mundo no es más que una ilusión. En el Capítulo 2 expliqué cómo calcular cuántos años después de la creación ocurrieron el Éxodo y otros eventos tempranos, utilizando las cronologías de los descendientes de Adán registradas en el texto hebreo. Usando la información del capítulo 6 de 1 Reyes, estas fechas pueden extenderse para determinar cuándo se completó el templo de Salomón. La Tabla 5 muestra los resultados.

Tabla 5: Comparación de fechas clave y años de jubileo

Evento	Años totales calculados desde la creación	Años totales afirmados desde la creación
Nacimiento de Abraham	1948	2000 = 40 jubileos
Fecha del Éxodo	2679	2500 = 50 jubileos
Finalización del primer templo	3165	3000 = 60 jubileos
Decreto de Ciro que permite a los judíos regresar a Jerusalén*	3428	3500 = 70 jubileos
Nacimiento de Jesucristo*	3963	4000 = 80 jubileos
* Basado en una fecha generalmente aceptada de 539 a.C. para el decreto de Ciro y 4 a.C. para el nacimiento de Jesucristo y una fecha de 3967 a.C. para la creación. Una fecha de creación alternativa de 4004 a.C. (fecha del Arzobispo Ussher) pondría el nacimiento de Cristo en exactamente 80 jubileos, pero todas las demás fechas aún no coincidirán con los múltiplos de 10 jubileos.		

La Tabla 5 muestra que ninguno de los eventos mencionados ocurrió en un múltiplo de diez jubileos desde la creación. Algunos ocurrieron antes y otros después, por lo que ningún tipo de ajuste podría hacer que todos encajen.

En realidad, creo que el regreso de Cristo se producirá al comienzo de un año jubilar. Un mundo liberado de la camisa de fuerza satánica del pecado sin duda cumplirá la idea de un año de jubileo. Pero deducir el año de su regreso a partir de la fecha del próximo año jubilar parece ser imposible. Los años de jubileo ya no se celebran y nadie sabe con certeza cuándo será el próximo. Hasta aproximadamente el 2016, algunos escritores predecían el regreso de Cristo en 2016 o 2017 con la creencia de que uno de esos años sería un año jubilar. El judío mesiánico que acuñó la frase «la hipótesis del jubileo» todavía predice, en el momento en que escribo, que su regreso será en 2027. Esto parece estar basado en una creencia incorrecta por la que el historiador Josefo dijo que el 24 o 23 a.C. era un año jubilar.

Un examen histórico muy largo y detallado de todas las pruebas sobre los años de jubileo estuvo disponible a principios de 2017 en el sitio web https://www.creation-answers.com/chronoj.htm. El artículo de siete mil palabras *Cronología de los jubileos* se basó, no en años desde la creación, sino en evidencias de la Biblia y varias otras fuentes históricas de cuándo los judíos realmente celebraron los años de jubileo. Su autor concluyó:

> Si se celebrara un año jubilar en esta era moderna, como una proyección de los jubileos celebrados en la Era del Templo, es probable que el próximo año jubilar corresponda aproximadamente al año 2029 d.C. (año arriba, año abajo). Debido a cierta incertidumbre inherente a los supuestos que se hacen actualmente y debido a la antigüedad del material de la fuente citada, el análisis actual debe considerarse muy especulativo.

Sin embargo, si él tiene razón, entonces 2030 d.C. podría ser el último ciento veinte aniversario del jubileo, y de acuerdo con mis propias conclusiones, ¡ese será el año de la resurrección!

Una caja de fechadores

He mantenido mi caja de fechadores bien cerrada hasta ahora, pero ha llegado el momento de abrirla.

La Fiesta de los Panes sin Levadura se lleva a cabo en marzo o abril y la Fiesta de la Recolección o de los Tabernáculos se lleva a cabo en septiembre u octubre. En realidad, son fechas fijas en el calendario judío, pero como el calendario judío es diferente del calendario gregoriano, el que la mayoría del mundo usa, parecen variar. Sin embargo, para un año en particular, se pueden obtener las fechas exactas de las fiestas judías según el calendario gregoriano más utilizado.

Suponiendo que Kenneth Doig tenga razón al fechar la resurrección de Jesucristo hacia el 30 d.C. y que el Día de la Resurrección para los creyentes tendrá lugar dos mil años después de acuerdo con la profecía de Oseas, entonces el Día de la Resurrección será en el 2030 d.C. en la Fiesta de las Trompetas. En ese año, el primer día de Tishri, cuando suene la trompeta final en la fiesta de las trompetas, será el sábado 28 de septiembre de 2030. Es verdad que esta fecha será de dos mil años más seis meses después de la resurrección de Cristo, y por eso podría ser de dos mil años menos seis meses, en Tishri 2029. Pero ya que Oseas escribió «*Después* de dos días nos hará revivir», creo que será en 2030, como he dicho.

Jesús regresará tres años y medio más tarde, que será en 2034 aproximadamente, el 28 de marzo. Los dos testigos habrán comenzado su ministerio de anunciar el regreso de Cristo siete años antes, lo que significa a finales de marzo de 2027. Ahí es cuando sabremos con certeza si las fechas a las que la Biblia nos ha conducido son realmente correctas. Si lo son, entonces la Gran Tribulación ocurrirá en algún momento antes de esto. ¡Así que prepárate!

En la última cena con sus discípulos, Jesús les dijo: «¡Cuánto he deseado comer con vosotros esta Pascua antes que padezca!, porque os digo que no la comeré más hasta que se cumpla en el reino de Dios» (Lucas 22:15,16). En 2034, la cena de Pascua se tomará la tarde del lunes 3 de abril, una semana después del 28 de marzo. Eso le daría a Jesús una semana para ganar la batalla del Armagedón y prepararse para la celebración de la Pascua más grande de la historia. ¡Qué celebración será esa! «Y el ángel me dijo: "Escribe: 'Bienaventurados los que son invitados a la cena de las bodas del Cordero.'"» (Apocalipsis 19:9). De alguna manera, y solo Dios sabe cómo, Jesús comerá esa increíble cena de Pascua, no solo con sus discípulos originales como prometió, sino con todos los creyentes resucitados que han regresado a la tierra con él. Para ellos, al menos, la muerte no existirá más. ¡Qué fantástica fiesta será! ¿Vas a estar allí?

El día anterior, el domingo 2 de abril de 2034, habría sido celebrado por los cristianos como el Domingo de Ramos si todavía hubieran estado en la tierra. Ese fue el día en el año 30 d.C. cuando Jesús entró a Jerusalén en un burro, anunciando así su afirmación de ser el salvador de Israel, pero con humildad y paz. Esta vez, sin embargo, entrará en Jerusalén montado en un caballo de guerra blanco, y nadie podrá disputar su autoridad para ser el rey de Israel y de todas las naciones de la tierra.

> Él, siendo en forma de Dios... tomó la forma de siervo y se hizo semejante a los hombres. Mas aún, hallándose en la condición de hombre, se humilló a sí mismo, haciéndose obediente hasta la muerte, y muerte de cruz. Por eso Dios también lo exaltó sobre todas las cosas y le dio un nombre que es sobre todo nombre, para que en el nombre de Jesús se doble toda rodilla de los que están en los cielos, en la tierra y debajo de la tierra; y toda lengua confiese que Jesucristo es el Señor, para gloria de Dios Padre.
>
> Filipenses 2:6-11

Entonces vi el cielo abierto, y había un caballo blanco. El que lo montaba se llamaba Fiel y Verdadero, y con justicia juzga y pelea... En su vestidura y en su muslo tiene escrito este nombre: Rey de reyes y Señor de señores.

Apocalipsis 19:11,16

La fecha de la creación

Hay una fecha final para ser deducida, a saber, la fecha de la creación. Si el Día de la Resurrección tendrá lugar en septiembre de 2030 y si Dios creó el mundo exactamente seis mil años antes, entonces la creación tuvo lugar en septiembre de 3971 a.C. (No hubo un año cero). Martín Lutero calculó el año como 3961 a.c., pero la estimación previa más cercana parece ser 3967 por Heinrich Bünting.

Resumen de los próximos eventos

En resumen, la Biblia nos lleva a las fechas que se muestran en la Tabla 6.

Tabla 6: Fechas predichas bíblicamente sugeridas para los próximos eventos

Evento	Fecha
La Gran Tribulación - guerra nuclear, erupciones volcánicas sin precedentes, u otra cosa más incomparable en la historia.	Algún tiempo antes de 2027
Los dos testigos comenzarán su ministerio de tres años y medio en Jerusalén.	Domingo 28 de marzo o en torno, en 2027
Día de la Resurrección.	Sábado 28 de septiembre de 2030 La Fiesta de las Trompetas, Tishri 1
Regla de tres años y medio del anticristo. Conversión de muchos	2030 - 2034

judíos y otros.	
El regreso de Jesucristo con todos los creyentes resucitados y la inauguración del reino del milenio.	Martes 28 de marzo, Nisan 8, o en torno en 2034
Comida festiva de la Pascua, que también podría ser «la cena de las bodas del Cordero».	Lunes 3 de abril de 2034, la tarde de Nisan 1

Una razón final

Hay una razón final por la que Dios puede tener que intervenir y poner fin a esta era muy pronto. El médico británico Aubrey de Grey, cofundador de la Fundación Methuselah, cree que a través de los desarrollos en ingeniería de tejidos y medicina regenerativa, las personas podrán vivir hasta mil años.

Ray Kurzweil ha ido aún más lejos. Kurzweil es un célebre inventor que ha hecho muchas predicciones correctas sobre el futuro en los últimos veinte años. «Creo que llegaremos a un punto alrededor de 2029 cuando las tecnologías médicas agregarán cada año un año adicional a su esperanza de vida», dijo a la revista *Playboy* en mayo de 2016. «Con eso, no me refiero a la esperanza de vida basada en su fecha de nacimiento, sino más bien a la esperanza de vida restante». Lo que significa que cualquier persona que aún esté viva para entonces vivirá para siempre.

Como mencioné anteriormente, la inmortalidad crearía problemas de población insuperables si los niños siguieran naciendo. Para evitar que Adán y Eva comieran del árbol de la vida y vivieran para siempre, Dios los expulsó del jardín del Edén. Por lo tanto, si la humanidad encuentra su camino de regreso al árbol de la vida para el año 2029 o más allá, es difícil ver cómo Dios puede permitir que la vida tal y como la conocemos continúe.

«Ahora embarque»

En algunos aeropuertos, no sabes si tu avión ha regresado de su destino anterior hasta que se enciende un letrero en la puerta de embarque que dice: «Embarque». Jesús prometió que cuando sus discípulos finalmente vieran el cumplimiento de todas las cosas que había predicho, entonces sabrían que su regreso estaba cerca.

«De la higuera aprended la parábola: Cuando ya su rama está tierna y brotan las hojas, sabéis que el verano está cerca. Así también vosotros, cuando veáis todas estas cosas, conoced que está cerca, a las puertas. De cierto os digo que no pasará esta generación hasta que todo esto acontezca».

Mateo 24:32-34

En otras palabras, la generación que vea un cumplimiento de todas las señales que Jesús predijo será la generación que vea su regreso.

Entonces, ¿cuáles eran esas señales de las que Jesús habló que anunciarían sin ambigüedad su llegada a la puerta de salida? Algunas de ellas, como las guerras, la persecución y las señales en los cielos, han continuado a lo largo de los siglos, por lo que no han sido de mucha ayuda. Pero había dos señales en que Jesús se relacionaba inequívocamente con el momento de su regreso.

En Lucas 21:24, Jesús dijo que Jerusalén sería pisoteada por los gentiles hasta que se cumplieran los tiempos de los gentiles. Cuarenta años después de que dijera esto Jerusalén fue destruida, tal como lo había predicho. Pero en 1948, Palestina fue restablecida por acuerdo internacional como una patria para los judíos, y Jerusalén ya no era pisoteada por los gentiles. Esta fue una declaración inequívoca de parte de Dios de que los tiempos de los gentiles se habían cumplido. No quiero ocupar mucho en esto, pero la vida útil promedio en el Reino Unido es actualmente de ochentaidós años. Eso significa que la generación nacida en 1948 llegará a su fin en 2030, el año que creo será el Año de la Resurrección. «No pasará esta generación hasta que todo esto acontezca». ¡Qué privilegio nacer en la generación que finalmente verá el regreso de Cristo! ¡Es tan excitante!

Pero hay más. En el capítulo 7 del Apocalipsis, Juan vio personas en el cielo «de todas las naciones, tribus, pueblos y lenguas». Estas eran personas que habían muerto durante la Gran Tribulación, el período anterior a los últimos siete años. Esto significa que las personas de todos los grupos lingüísticos deben haber tenido la oportunidad de escuchar y responder al Evangelio antes de que la Gran Tribulación llegue y se vaya. ¿Es esa una posibilidad en este momento presente? Ciertamente lo es.

En 1999, Traductores de la Biblia Wycliffe (WBT en inglés) se fijaron una meta titulada *Visión 2025*. Este objetivo se había convertido en una posibilidad porque la informatización ha acelerado enormemente el proceso de traducción de la Biblia. Junto con otras organizaciones en todo el mundo, el objetivo de WBT era «ver un programa de traducción de la Biblia iniciado en todos los idiomas restantes que lo necesiten para el 2025». Si se dan cuenta de su objetivo, para el año 2025, los traductores bíblicos de WBT y otros grupos trabajarán en los evangelios con hablantes nativos en todos los grupos de idiomas importantes restantes.

Mientras este trabajo se está realizando, otra organización, Global Recordings Network (GRN), está haciendo grabaciones de la Biblia disponibles para los grupos de idiomas más pequeños, utilizando narradores nativos. Las personas que no pueden leer o que nunca han visto un libro ahora pueden escuchar estas grabaciones en sus teléfonos inteligentes. ¡La aplicación de teléfono de GRN, descargable desde www.5fish.mobi, tiene la historia grabada de Jesús y parte o toda la Biblia en 6,700 idiomas diferentes! Incluso donde no hay acceso a Internet o electricidad, aún pueden escucharlos usando los reproductores de MP3 de cuerda manual proporcionados por GRN. Chile para Cristo, la organización benéfica que fundé, proporcionó dos de estas máquinas a una comunidad Pehuenche que vive en las montañas de los Andes.

Solo en nuestra generación ha sido posible que el Evangelio llegue a las personas en todos los rincones del planeta. Incluso en países donde el evangelismo está totalmente prohibido y las personas no pueden comprar una Biblia o asistir a una reunión de la iglesia, aún pueden leer y escuchar el Evangelio en secreto gracias a la Red Mundial. El Evangelio se está predicando en todo el mundo, y está sucediendo en nuestra generación.

Cuando los discípulos de Jesús le preguntaron: «Dinos, ¿cuándo serán estas cosas y qué señal habrá de tu venida y del fin del siglo?» (Mateo 24:3), su respuesta, muy significativa, terminó: «Y será predicado este evangelio del reino en todo el mundo, para testimonio a todas las naciones, y entonces vendrá el fin» (Mateo 24:14). Esta fue la segunda señal inequívoca de su inminente regreso que Jesús le pidió a sus seguidores que cuidaran, la señal que declararía más allá de cualquier duda que el fin de esta era habría llegado por fin. «Entonces vendrá el fin», dijo.

Ese «entonces» es ahora.

La fecha del regreso de Cristo

Epílogo

Jesús, el camino, la verdad y la vida

Tu lugar en la eternidad depende totalmente de tu relación con el Señor Jesucristo vivo. Como Pedro les dijo a los gobernantes judíos en el año 33 d.c.: «En ningún otro hay salvación, porque no hay otro nombre bajo el cielo, dado a los hombres, en que podamos ser salvos» (Hechos 4:12).

Lo único que nos impide vivir para siempre en el maravilloso mundo por venir es nuestro pecado, al igual que en los días antiguos, la lepra excluía a las personas de la sociedad humana. Tratar de comprar un lugar en el reino de Dios por un buen comportamiento sería como ver a un leproso ofrecer dinero a los aldeanos para que lo dejen vivir entre ellos mientras aún es un leproso. Jesucristo es la única persona que ha vivido sin pecado y él es el único que puede lidiar con nuestro pecado y restaurarnos en una relación correcta con Dios el Padre. «¡Este es el Cordero de Dios, que quita el pecado del mundo!» (Juan 1:29).

Jesús murió por todo el mundo. ¡Murió por los cristianos, judíos, musulmanes, hindúes, budistas, agnósticos, ateos y por ti! Ya sea que creas que lo merezcas o no lo merezcas, que seas adorable o desagradable; lo que hayas hecho o no hayas hecho en el pasado; por muy mal que la gente te haya tratado y lo que sea que hayan dicho sobre ti, nada de esto hace ninguna diferencia. Dios quiere que todos sean salvados y que vivan en amorosa comunión con él mismo (1 Timoteo 2:4; 1 Juan 1:1-3).

Con la ayuda de Jesús, puedes comenzar la vida eterna ahora mismo, no porque te la hayas ganado o porque la mereces, sino como un regalo gratuito del Dios que te ama más de lo que puedes imaginar. «La paga del pecado es muerte, pero

Epílogo

la dádiva de Dios es vida eterna en Cristo Jesús, Señor nuestro» (Romanos 6:23).
Para recibir la vida eterna, simplemente debes poner tu confianza en Jesús como tu salvador y Señor. Eso significa estar verdaderamente arrepentido por tus pecados y pedirle a Dios que te perdone por el amor de Jesús que dio su vida por ti en la cruz. Y significa pedirle a Jesús que sea el Señor de tu vida a partir de este momento, permitiéndole que te ayude a vivir una vida nueva y cambiada que honre a su Padre. Es la única manera en que puedes conocer a Jesús en el Día de la Resurrección. El camino al Paraíso es una calle de dirección única, y esa única dirección es Jesús.

Diciendo «Lo haré» a Jesús

Encuentra un lugar tranquilo donde puedas hablar en voz alta con el Señor Jesús. Él ha estado anhelando este momento desde antes de que nacieras. Usa tus propias palabras o di la siguiente oración si expresa lo que hay en tu corazón.

Querido Señor Jesús,
Creo que eres el Hijo de Dios. Tú sabes quién soy. Me doy cuenta de que debido a mi pecado estoy bajo una sentencia de muerte. Realmente lamento todas las cosas malas que he hecho, dicho y pensado. (Si hay algo en particular en tu conciencia, menciónalo). Por favor, perdóname. Con tu ayuda, ahora quiero vivir de la manera que tú quieres y cumplir con el propósito para el que me creaste.
Señor Jesús,
Te agradezco muchísimo que hayas muerto en la cruz para que pueda ser perdonado y liberado del pecado para vivir para siempre en tu reino.
Ahora te abro la puerta de mi vida. Por favor, entra como mi salvador y Señor, y ayúdame a vivir para ti desde este momento en adelante.
Gracias, Señor Jesús.

Jesús dijo: «Todo lo que el Padre me da, vendrá a mí, y al que a mí viene, no lo echo fuera» (Juan 6:37). Si oraste así y lo dijiste en serio, puedes estar seguro de que Jesús te aceptó y te restauró a una relación correcta con el Padre; que todos tus pecados han sido perdonados y que tienes la promesa de la vida eterna.

«Si confesamos nuestros pecados, él es fiel y justo, y perdonará nuestros pecados y nos limpiará de toda maldad» (1 Juan 1:9).

«Porque tanto amó Dios al mundo que dio a su único Hijo, para que todo aquel que cree en él no perezca, sino que tenga vida eterna» (Juan 3:16).

Primeros pasos

Aquí propongo algunas sugerencias para tus primeros pasos como un nuevo miembro de la familia de Dios.

I. Toma nota permanente de la fecha.
¡Es tu nuevo cumpleaños! Querrás recordar este día en el futuro.
«Si alguno está en Cristo, nueva criatura es: las cosas viejas pasaron; todas son hechas nuevas» (2 Corintios 5:17).

II. Dile a alguien lo que has hecho.
«Si confiesas con tu boca que Jesús es el Señor y crees en tu corazón que Dios lo levantó de entre los muertos, serás salvo» (Romanos 10:9).

III. Bautízate.
«El que crea y sea bautizado, será salvo» (Marcos 16:16).
En la Biblia, el bautismo significa ser sumergido en agua por un líder de la iglesia. Es una forma de hacer pública tu decisión de pertenecer a Jesús, así como una boda es

Epílogo

una forma de hacer pública una decisión de compartir la vida con alguien de forma permanente. El bautismo no te «salva». Es así como le demuestras a Jesús que estás dispuesto a obedecerlo, y él a ti que tus pecados han sido lavados y que tu nueva vida con él realmente ha comenzado.

Para ser bautizado, tendrá que encontrar una iglesia si no pertenece a una. Las iglesias pueden ser grandes o pequeñas, formales o informales, muertas o vivas. Una buena iglesia local te dará la bienvenida a la familia de Dios y te ayudará a crecer como un hijo de Dios.

Haz una búsqueda en Internet de Iglesia animada en Marshmere-bajo-el-Agua / Bailando-por-el-Mar / Pequeño Gruñón o en cualquier lugar donde vivas, para encontrar lo que hay disponible. Si hay varias iglesias en la lista, pídele a Dios que te guíe, e intenta visitar dos o tres de ellas los domingos hasta que sientas que has encontrado una que podría convertirse en tu hogar espiritual. ¡Asegúrate de que bauticen a los creyentes!

IV. Pídele a Dios que te llene con su Espíritu Santo, o pídele a los líderes de la iglesia en su bautismo que oren para que lo haga.

Jesús dijo: «Pues si vosotros, siendo malos, sabéis dar buenas dádivas a vuestros hijos, ¿cuánto más vuestro Padre celestial dará el Espíritu Santo a los que se lo pidan?» (Lucas 11:13) No sucede de forma automática: ¡tenemos que pedir!

El Espíritu Santo nos da el poder de vivir como Dios quiere que lo hagamos. Una traducción de Romanos 8:5 es: «Los que se dejan dominar por la baja naturaleza, viven sólo para autocomplacerse, pero los que viven de acuerdo con el Espíritu Santo se conducen como agrada a Dios».

V. Si ya tienes un amigo cristiano, pregúntale si estaría dispuesto a reunirse contigo regularmente por un tiempo para ayudarte a aprender cómo seguir a Jesús. Si no tienes un amigo así, pregunta si hay alguien en la iglesia a quien le gustaría ayudarte de esta manera.

VI. Habla con tu Padre celestial cada día. Encuentra un lugar tranquilo para orar y sigue la regla triple A:

- Agradece a Dios por cualquier cosa que venga a tu mente.
- Dile que te *arrepientes* de cualquier forma en que le hayas fallado y pídele que te perdone.
- Pídele que te *ayude* durante el día y a cualquier otra persona que sepas que esté en necesidad.

VII. Lee la Biblia.

La Biblia es como alimento para tu espíritu. Te permitirá convertirte en un cristiano fuerte. Si no tienes una Biblia propia, puedes descargarla como una aplicación, o puedes comprar una copia electrónica o física. Hay diferentes tipos de traducción al español. Busca «Biblias para nuevos creyentes» para obtener orientación sobre la traducción que mejor se adapte a ti.

Algunas personas prefieren escuchar a leer, y Jesús sí dijo una vez: «Bienaventurados los que *oyen* la palabra de Dios y la cumplen». Cualquiera que sea la forma que elijas, pregúntate tres cosas mientras lees o escuchas: ¿qué me enseña esto acerca de Dios o de mí mismo? ¿hay aquí una promesa de Dios que puedo creer y reclamar? ¿hay algo aquí que Dios me está diciendo que haga o no haga? «Bienaventurados los que oyen la palabra de Dios y *la cumplen*».

En el Anexo 7 hay una lista útil de lecturas de la Biblia adecuadas para los nuevos cristianos.

Epílogo

Lo ideal es reservar un momento cada día para leer un pasaje de la Biblia, pensar en ello y quizás incluso hacer algunas notas sobre lo que aprendiste en un cuaderno o diario. Mi esposa y yo la leíamos juntos cada mañana en la cama antes de levantarnos, y luego orábamos por lo que hemos leído, así como por cualquier otra cosa que tuviéramos en mente. Además, podrías buscar «consejos para nuevos cristianos» en el Internet.

Disfruta de tu nueva vida como miembro de la familia de Dios. ¡Y por favor preséntate a mí, cuando nos encontremos en la resurrección!

~~~~~~~~~~~~~~~~~~~~~~~~~~~~~~~~~~~~

Si Dios te ha hablado a través de este libro, por favor recomiéndalo a tus amigos (¡o cómprales una copia!) para que Dios pueda hablar con ellos también.

Una reseña positiva en Amazon o en otro vendedor de libros en línea sería mucho apresiado. La gente duda en comprar un libro que nadie más ha leído, pero si tiene una buena crítica, ¡entonces podrían seguir adelante!

Anexo 1. Cronología egipcia y la fecha del diluvio

El problema

La fecha generalmente aceptada para la primera dinastía egipcia es anterior a la fecha del diluvio indicada por la Biblia.

En el Capítulo 2, expliqué cómo las genealogías en Génesis nos permiten calcular que el Éxodo tuvo lugar 2679 años después de la creación. De la misma manera se puede calcular que el diluvio ocurrió 1656 años después de la creación. Luego, en el Capítulo 9 concluí que según la cronología bíblica el mundo fue creado en el año 3971 a.c. Entonces, si Dios creó el mundo en 3971 a.c., el diluvio habría ocurrido en 2315 a.c. Esto quiere decir que al año siguiente sólo habría ocho personas vivas sobre la tierra: Noé, su esposa, sus tres hijos y sus esposas. Sin embargo, según los egiptólogos Dodson y Hilton[92], se conjetura que la Primera Dinastía de Egipto comenzó en 3150 a.c., ¡835 años antes del diluvio!

Fechando las dinastias

Aunque se conocen los nombres de unos 300 reyes egipcios, datarlos es notoriamente difícil. Algunas listas supervivientes de reyes cubren muchos gobernantes pero tienen lagunas significativas en su texto, otras proporcionan una lista completa de gobernantes solo para un período corto de la historia egipcia. Algunas dinastías pueden haberse superpuesto, con

---

[92] *The Complete Royal Families of Ancient Egypt* (Las Familias Reales Completas del Antiguo Egipto). Dodson A y Hilton D, Thames and Hudson, 2010.

Anexo 1. Cronolgía egipcia y la fecha del diluvio

diferentes reyes gobernando en diferentes regiones al mismo tiempo en lugar de en serie.[93] Dado que la próxima fecha conjetural después del establecimiento de la primera dinastía en 3150 es la del gobernante final de la segunda dinastía (el desafortunadamente llamado Nebwyhetepimyef, 2611-2584 a.c.), soy de la opinión de que la fecha anterior de 3150 a.c. es especulativa. Sin embargo, el 2611 a.c. sería exactamente 300 años después del diluvio.

Si bien el libro de Dodson y Hilton establece el consenso de la mayoría de los académicos, existe una serie de cronologías alternativas.

Donovan Courville en su libro de dos volúmenes de 700 páginas *The Exodus Problem and Its Ramifications: A Critical Examination of the Chronological Relationships Between Israel and the Contemporary Peoples of Antiquity* (El Problema del Éxodo y sus Ramificaciones: un Examen Crítico de las Relaciones Cronológicas entre Israel y los Pueblos Contemporáneos de la Antigüedad) concluyó que Egipto se fundó alrededor del 2300 a.c., que habría sido poco después del diluvio.[94]

The New Chronology (La Nueva Cronología), desarrollada por el egiptólogo inglés David Rohl y otros investigadores en la década de 1990, establece las fechas del Nuevo Reino hasta 350 años más tarde que las fechas convencionales. Rohl afirma que *The New Chronology* le permite identificar algunos de los personajes de la Biblia hebrea con personas cuyos nombres aparecen en hallazgos arqueológicos.[95]

En resumen, es difícil pero no imposible reconciliar la historia temprana de Egipto con la cronología de la Biblia.

---

[93] Al profetizar sobre la próxima guerra civil en Egipto, el profeta Isaías escribió: «ciudad contra ciudad, y reino contra reino» (Isaías 19:2) Esto apoya la opinión de que en Egipto había múltiples reinos y, por lo tanto, múltiples reyes reinando al mismo tiempo.

[94] *The Exodus Problem and its Ramifications* (El Problema del Éxodo y sus Ramificaciones). Courville D A, Crest-Challenge Books, P.O. Box 993, Loma Linda, California. 1971, 2 vols., 687 pp.

[95] *A Test of Time* (Una Prueba del Tiempo). Rohl D, Cornerstone, 2001.

Anexo 2. Enseñanzas judías y cristianas primitivas sobre el milenio y la fecha de la creación

Enseñanza judía temprana

Para los judíos, el libro más autorizado después del Antiguo Testamento es el Talmud. La famosa undécima edición de la Enciclopedia británica, publicada en 1910/11, declaró:

> La opinión más frecuentemente expresada (en el Talmud) es que el Reino Mesiánico durará por mil (algunos dijeron dos mil) años. «En seis días creó Dios el mundo, y en el séptimo descansó. Pero un día de Dios es igual a mil años (Salmo 90 versículo 4). Por lo tanto, el mundo durará seis mil años de esfuerzo y trabajo; entonces vendrán mil años de descanso *sabbat* para el pueblo de Dios en el reino del Mesías». Esta idea ya debe haber sido muy común en el primer siglo antes de Cristo.

Aquí hay algunos ejemplos de tales enseñanzas.

El libro *Talmud de Sanedrín*, 97a-97b, dice: «La *Tanna* debe Eliyyahu (la Escuela de Elías) enseña: "El mundo existe durante seis mil años - dos mil de ellos *tohu* (vacío); dos mil *toralv* (bajo la Torá, es decir, la Ley); y dos mil, la era del *Mashíaj* (Mesías). Pero debido a nuestras numerosas iniquidades, muchos de estos años se han perdido"». Una nota a pie de página en la edición en inglés del Soncino Press del Talmud explica que «el

Anexo 2. Enseñanzas judías y cristianas primitivas sobre el milenio y la fecha de la creación

Mesías entrará en ese (tercer) período. Debería haber venido al principio de (eso); el retraso se debe a nuestros pecados». Por supuesto, los cristianos y los judíos mesiánicos creen que el Mesías sí vino, tal como lo habían predicho los antiguos rabinos. El problema era que Jesús no fue reconocido por la mayoría de su nación.

Un pasaje similar se encuentra en el *Gemara*, que es un comentario sobre la primera y más antigua parte del Talmud. El libro *Avodah Zarah*, 9a, comenta sobre el pasaje Sanedrín y luego recurre a cálculos matemáticos sobre cuándo debería considerarse que comenzaron los dos mil años de la Torá y cuándo debería haber venido el Mesías.

El *Sanedrín*, 97a-97b, continúa diciendo: «Rabí Kattina dijo: "Seis mil años existirá el mundo, y uno (mil, el séptimo) será *haruv* (desolado), como está escrito, 'Y el Señor solo será exaltado en ese día'" (Isaías 2:11)».

El comentario sobre esto en la *Gemara* es: «Rabí Kattina dijo: "El mundo perdura seis mil años y mil serán destruidos (es decir, los enemigos de Dios serán destruidos), de lo cual se dice: 'El Señor solo será exaltado en ese día.'" Como de siete años, cada séptimo [es un] año de remisión, entonces de los siete mil años del mundo, el séptimo milenio será los años milenios de remisión, para que solo Dios pueda ser exaltado en ese día».

El artículo de Wikipedia sobre *Las seis edades del mundo* incluye un extracto adicional del *Sanhedrin* 97a: «R. Katina también enseñó, "Así como el séptimo año es el año de *Shmita* (dejar que la tierra quede en barbecho), también el mundo tiene un mil años de cada siete que son *mushmat* (barbecho), como está escrito, 'Y el Señor solo será exaltado en ese día' (Isaías 2:11); y además está escrito, 'Un Salmo y una canción para el día de *sabbat*' (Salmo 92:1), que significa el día de *sabbat* total, y también se dice, 'Por mil años a tus ojos son como ayer cuando es pasado' (Salmo 90:4)». *Sabbat* en hebreo significa descanso, y hace referencia al sábado.

El artículo de Wikipedia continúa con un extracto del Zohar, un grupo de libros judíos que comentan los aspectos más místicos de la Torá (los cinco libros de Moisés). «La redención de Israel se producirá a través de la fuerza mística de la letra *Vav* (que tiene el valor numérico de seis), es decir, en el sexto milenio... Felices los que quedarán vivos al final del sexto milenio para ingresar al *sabbat*, que es el séptimo milenio; porque ese es un día apartado para el Santo en el cual se efectúa la unión de nuevas almas con almas viejas en el mundo» (Zohar, Vayera 119a).

El mismo artículo de Wikipedia (en 2016) dice que muchos eruditos judíos antiguos y tardíos escribieron sobre un tema similar, incluyendo el Ramban, Isaac Abarbanel, Abraham Ibn Ezra, Rabbeinu Bachya, el Vilna Gaon, el Lubavitcher Rebbe, el Ramchal, Aryeh Kaplan, y Rebbetzin Esther Jungreis. Proporciona referencias a sus trabajos para cualquier persona que quiera seguirlos.

El extracto del Zohar, al escribir sobre la unión de nuevas almas con almas viejas, se refiere claramente a un día de resurrección, algo que también se enseña en el *Sanedrín 97*: «Abaye dijo: "[El mundo] estará desolado dos mil años, como se dice, 'Después de dos días él nos resucitará; el tercer día nos elevará para que podamos vivir frente a él.'"». La entrada de la Enciclopedia británica en el milenio mencionada anteriormente interpretó que se refiere a un *sabbat* de dos mil años. Esto bien puede ser una interpretación correcta de la comprensión de Abaye de la profecía de Oseas, pero creo que la profecía de Oseas significaba que el Señor resucitaría a su pueblo dos mil años después de que resucitara a su Hijo Jesús. Esto sería entonces al comienzo del séptimo «día» y no contradeciría las enseñanzas de los otros rabinos, quienes creían que el *sabbat* duraría solo mil años.

Finalmente hay una referencia en el *Libro de los Secretos de Enoc*, un libro judío compilado entre el 300 a.C. y la mitad del primer siglo a.C. «Y nombré también el octavo día, que el octavo día debería ser el primero creado después de mi trabajo, y que los primeros siete pudieran girar en la forma de los siete mil, y al comienzo de los ocho mil debiese haber un tiempo de

Anexo 2. Enseñanzas judías y cristianas primitivas sobre el milenio y la fecha de la creación

no contar, interminable, sin años ni meses, ni semanas ni días ni horas» (Capítulo 33:1, p.93). En otras palabras, la eternidad.

El calendario judío pone la fecha de creación como 3760 a.c. Presumiblemente esto significa que los rabinos que creían que el Mesías vendría cuatro mil años después de la creación esperaban ¡que él viniera en el año 240 d.C!

Sin embargo, es imposible conciliar una fecha de 3760 a.c. con el *Tanaj* (Antiguo Testamento). El texto hebreo del Antiguo Testamento proporciona una data inequívoca del Éxodo de Egipto como 2679 años después de la creación, y 1 Reyes, capítulo 6, dice que el rey Salomón comenzó a construir el Templo cuatrocientos ochenta años después del Éxodo, demorando trece años en completarlo. Esto significa que el templo se completó 3172 años después de la creación, o en 588 a.c. según el calendario judío. Dado que se sabe que el rey de Babilonia Nabucodonosor destruyó el templo el año siguiente en 587 a.C., y que mientras tanto muchos reyes de Israel habían sucedido a Salomón, el calendario judío no se puede reconciliar con la Biblia y la historia.

Si se usa el texto griego de la Torá, la reconciliación es aún más difícil. ¡En este caso, el calendario judío llevaría a una fecha de 385 d.C. para completar el templo de Salomón!

Por lo tanto, se ha sugerido que el calendario judío no data de la creación, sino desde el momento en que los hombres comenzaron a registrar el paso de los años, tal vez desde el nacimiento del primer nieto de Adán y Eva, Enosh, 235 años después de la creación. Ya que Adán y Eva estaban vivos y en la flor de la vida cuando nació su nieto, me imagino que decidieron que era el momento de comenzar a llevar un registro escrito de los cumpleaños de sus descendientes multitudinarios, ¡como la única manera de recordar darles regalos de cumpleaños! Si bien Dios los creó con un lenguaje completo y perfecto en sus cerebros (porque se hablaban entre sí y con Dios y no podían haber aprendido a hablar de sus padres), bien podrían haberlos tomado hasta el nacimiento de Enosh para inventar la escritura y, por lo tanto, ser capaz de mantener registros escritos. Si el calendario judío comenzara con el nacimiento de Enosh, se obtendría una fecha de 3995 a.c. para la creación, no tan diferente de la fecha de 3967 a.c. que yo he calculado.

Enseñanza cristiana primitiva

La primera generación de cristianos creía que Jesús volvería durante de sus vidas, o al menos durante la vida de la mayoría de ellos, pero finalmente se dieron cuenta de que se habían equivocado. En el Evangelio de San Marcos, que se cree que es el más antiguo y se escribe entre el 55 y 60 d.c., se informa que Jesús describe su futuro regreso en las nubes del cielo para resucitar a «los escogidos» de entre los muertos. Luego declaró: «De cierto os digo que no pasará esta generación sin que todo esto acontezca» (Marcos 13:30). Estas palabras se repiten exactamente en los Evangelios de San Lucas (60 d.C.) y San Mateo (60 a 65 d.C.), tal vez porque usaron el Evangelio de Marcos como su fuente, o posiblemente algún material común anterior. Me he dirigido en el Capítulo 8 a la pregunta de si Jesús realmente quiso decir que volvería en la vida de sus oyentes, pero parece que los escritores de los primeros tres Evangelios creyeron que esto es lo que Jesús quiso decir.

Juan, el autor del cuarto evangelio, también creyó en el inminente regreso de Cristo cuando escribió el libro del Apocalipsis en el año 68 d.C. (Verse el Capítulo 4). Lo terminó con las palabras: «¡Ciertamente vengo en breve!»

De manera similar, San Pablo creyó en el inminente regreso de Jesús cuando escribió sus primeras cartas. En el año 51 d.C. escribió en 1 Tesalonicenses 4:15, como leímos en el Capítulo 8, «Nosotros que estamos vivos, que habremos quedado hasta la venida del Señor, no precederemos a los que durmieron».

En el año 55 d.C., Pablo fue aún más definitivo en cuanto a que Cristo volvería en la vida de al menos algunos de sus lectores. En 1 Corintios 15:51,52 escribió: «*No* todos

Anexo 2. Enseñanzas judías y cristianas primitivas sobre el milenio y la fecha de la creación

dormiremos, pero todos seremos cambiados… a la trompeta final». Aconsejó a las personas solteras que no se casaran si podría lograr quedarse soltero, porque el tiempo señalado se había vuelto muy corto y él quería ahorrarles cargas innecesarias.

Sin embargo, para el 64 y el 66/67 d.C. respectivamente, cuando Pablo escribió sus dos cartas a Timoteo, está claro que se había dado cuenta de que el regreso de Cristo no iba a ser tan pronto como había creído. Aquí le estaba diciendo a Timoteo que los obispos y diáconos deben casarse y enseñar a sus hijos a ser sumisos; estaba haciendo arreglos para el cuidado de las viudas y otros parientes ancianos; ordenar a las viudas más jóvenes que se casen para que la iglesia no tenga que apoyarlas; y contemplando su propia muerte inminente al hablar de la corona de justicia que el Señor se otorgaría a sí mismo y a todos los que habían amado su aparición. Hay patetismo en esas últimas palabras, porque evidentemente Pablo finalmente se había dado cuenta de que, después de todo, no viviría para ver a su amado Señor Jesús regresar a la tierra en triunfo.

También fue alrededor del 67 d.C. cuando San Pedro escribió su segunda carta del Nuevo Testamento. Lejos de hablar sobre el inminente regreso de Cristo, Pedro se encontró explicando el aparente retraso, diciendo que Dios quería darles a todos la oportunidad de arrepentirse y ser salvos, y que mil años eran como un solo día para Dios. Y cuando Juan escribió el Evangelio final, probablemente entre 85 y 90 d.C., apenas mencionó el regreso físico de Jesús. Justo al final, incluso protestó porque Jesús nunca había prometido regresar antes de que él mismo muriera.

Para el año 100 d.C., cuando la primera generación de cristianos había muerto sin presenciar el regreso de Cristo, parece que los maestros cristianos o los «apologistas», enseñaban que Cristo, en cambio, regresaría seis mil años después de la creación. Bernabé, escribiendo alrededor del año

La Fecha del Regreso de Cristo

100 d.C., Justino Mártir (100 a 165 d.C., en *Diálogo con Trifón*, 80), Ireneo, el obispo de Lyons (murió 202 d.C., en *Contra las herejías* 5:28:3), los teólogos romanos Sextus Julius Africanus (160 a 240 d.C.) e Hipólito (170 a 235 d.C., en *Comentario sobre Daniel 4*), Victorino, el obispo de Poetovio en la Eslovenia moderna (murió en 303 d.C., en *Comentario sobre el Apocalipsis*, 20), Methodius, el obispo de Olimpo en Licia (murió en 311 d.C., en *Fragmentos*, 9), Lactancio, tutor del hijo del emperador romano Constantino (250 a 325 d.C., en *Los Institutos Divinos* 7:14) y Agustín (354 a 430 d.C., en *La Ciudad de Dios*, 20:7), todos creyeron y enseñaron que el orden mundial actual terminaría seis mil años después de la creación del mundo, a lo que seguirán mil años de descanso de la lucha bajo el gobierno de Cristo.

Bernabé escribió: «Como han pasado dos mil años desde Adán hasta Abraham, y dos mil desde Abraham hasta Cristo; entonces habrá dos mil años para la era cristiana y luego vendrá el milenio».

Ireneo escribió: «Porque el día del Señor es como mil años; y en seis días se completaron las cosas creadas; es evidente, por lo tanto, que llegarán a su fin a los seis mil años».

Lactancio declaró: «Hágales saber a los filósofos que el sexagésimo año aún no se ha completado; y cuando este número se complete, la consumación debe tener lugar».

Victorino escribió alrededor del año 270 d.C. que «el verdadero y justo *sabbat* debe observarse en el séptimo milenio de los años. Por lo tanto, a esos siete días el Señor atribuyó a cada mil años... Por lo que, como he narrado, ese verdadero sábado será en el séptimo milenio de los años, cuando reinará Cristo con sus elegidos».

Desafortunadamente, la mayoría o todos estos maestros cristianos primitivos creían que el mundo se creó alrededor del año 5500 a.C., lo que significaba que esperaban que Cristo regresara en el 500 d.C. aproximadamente, por lo que, una vez más, estaban destinados a la decepción. La explicación para una fecha de creación de 5500 a.C. es que la versión más utilizada

Anexo 2. Enseñanzas judías y cristianas primitivas sobre el milenio y la fecha de la creación

del Antiguo Testamento en ese momento era la Septuaginta. Esta fue una traducción de las escrituras hebreas al griego común llevada a cabo en etapas desde el tercer hasta el primer siglo antes de Cristo. Comenzó cuando el rey griego de Egipto, Ptolomeo II Filadelfo, le pidió a setentaidós eruditos judíos que tradujeran la Torá (los cinco libros de Moisés) del hebreo bíblico al griego para incluirla en la Biblioteca de Alejandría.

En esta traducción, las edades registradas de los descendientes de Adán cuando cada uno de sus primeros hijos nacieron fueron aparentemente mayores, bastante a menudo cien años mayores que sus edades en el texto hebreo original. Hoy en día, la mayoría de las traducciones de la Biblia se basan en lo que se conoce como el texto hebreo Masorético, pero no fue hasta los siglos séptimo a décimo de la era actual que esto se reunió y redactó anteriormente. Eventualmente llegó a ser considerado más fiable que la Septuaginta.

Usando las edades de la Septuaginta, los años asignados a los reinados de los reyes bíblicos, y varias fechas aceptadas para eventos históricos como el exilio babilónico, los primeros cristianos calcularon que el mundo había sido creado alrededor del 5500 a.C.: Clemente de Alejandría (5592), Julius Africanus (5501), Eusebio (5228), Jerome (5199), Hipólito de Roma (5500), Teófilo de Antioquía (5529), Sulpicio Severo (5469), Panodoro de Alejandría (5493), Isidoro de Sevilla (5336), Maximus el Confesor (5493), George Syncellus (5492) y Gregorio de Tours (5500).

Bede, un monje inglés, generalmente conocido como el Venerable Bede, fue uno de los primeros en romper con la fecha estándar de la Septuaginta para la creación. En su obra *De Temporibus*, completada en el año 703 d.C., dató la creación en el 18 de marzo de 3952 a.C. En 1650, James Ussher, el arzobispo protestante de Armagh y Primado de toda Irlanda, publicó una historia del Antiguo Testamento en la que dedujo que el primer día de la creación comenzó al anochecer del sábado 22 de Octubre del 4004 a.C. Bede y Ussher estaban lejos de ser los únicos eruditos que intentaron semejante cálculo. Otras fechas fueron alcanzadas por el rabino del siglo II José ben Halafta (3761), Martín Lutero (3961), John Lightfoot (3929), el matemático y astrónomo Alemán Johannes Kepler (3992), e incluso el Sr. Isaac Newton (4000).

Un artículo de Wikipedia, *Dating creation* (Fechando la creación) enumera un total de veintiséis personas famosas que llegaron a fechas similares, con una respuesta promedio de 3946 a.c. La razón por la cual la fecha de Ussher de 4004 a.c. es tan conocida responde a que a partir de 1701 en adelante, su cronología de eventos bíblicos se incorporó a menudo en ediciones de la Versión Autorizada (King James) de la Biblia en inglés, ya sea como notas marginales o incluso como títulos de sección.

El hecho de que todos parecen tener una respuesta ligeramente diferente solo demuestra lo difícil que es saber exactamente cuándo comenzó el mundo, incluso para aquellos que creen que el registro bíblico es verdadero y está libre de errores.

Conclusión

Prácticamente todos los rabinos judíos, maestros cristianos y otros eruditos en el mundo occidental, al menos hasta el siglo XVIII, creían que el Mesías regresaría seis mil años después de la creación del mundo, y luego reinaría en paz por otros mil años, hasta que Dios creara la nueva tierra prometida.

Anexo 2. Enseñanzas judías y cristianas primitivas sobre el milenio y la fecha de la creación

Anexo 3. La verdad sobre el castigo eterno

Introducción

En el Capítulo 7 mostré que ni la Biblia como un todo, ni los antiguos credos de la iglesia, requieren la creencia en el castigo eterno de los malhechores y los incrédulos después de su muerte. Sin embargo, hay algunos pasajes en el Nuevo Testamento que parecen apoyar tal creencia, por lo que, los abordaré en este anexo.

Fuego inextinguible

En Marcos capítulo 9, versículos 47 y 48, Jesús dice: «Y si tu ojo te es ocasión de caer, sácalo, porque mejor te es entrar en el reino de Dios con un ojo, que teniendo dos ojos ser arrojado al infierno, donde el gusano de ellos no muere y el fuego nunca se apaga».

La palabra griega traducida como «infierno» es *geenna*. La gehena era el principal vertedero de basura de Jerusalén y, a diferencia de los centros de reciclaje de hoy en día, nada de lo que se tiraba en él resucitaba en algo nuevo. Jesús simplemente estaba diciendo: «Más te vale entrar con un solo ojo en el reino de Dios, que ser tirado en un vertedero con los dos ojos…».

Con respecto al gusano imperecedero y al fuego inextinguible, Jesús estaba citando el último versículo del libro del profeta Isaías. Dios le había estado diciendo a Isaías cómo sería la vida cuando los enemigos de Israel finalmente hubieran sido derrotados. Concluyó: «Saldrán y verán los cadáveres de los hombres que se rebelaron contra mí; porque su gusano nunca morirá ni su fuego se apagará. Y serán abominables para todo ser humano» (Isaías 66:24).

Los cuerpos de los hombres rebeldes siendo consumidos por gusanos y fuego eran cuerpos muertos, no cuerpos vivos. No hay ningún indicio en este pasaje de que los hombres que se habían rebelado contra el Señor iban a vivir en tormento para siempre, sino todo lo contrario. El significado de Isaías era que los gusanos no morirían de indigestión y el fuego no se apagaría por falta de combustible hasta que los cadáveres se hubieran consumido por completo. Era un fuego inextinguible, por lo que, no había esperanza de que los bomberos lo apagaran de alguna manera antes de que hubiera completado su tarea de destrucción total.

De manera similar, en Jeremías 17:27, el Señor declaró a los antiguos judíos:

«Pero si no me obedecéis... yo haré descender fuego en sus puertas (las puertas de Jerusalén), que consumirá los palacios de Jerusalén y no se apagará». Esa profecía de la destrucción de Jerusalén se cumplió cuando los babilonios incendiaron la ciudad. Claramente, el fuego que encendieron ya no arde hoy, entonces, ¿Estaba equivocada la profecía? No. «El fuego no se apagará» nunca significó que el fuego ardería para siempre. Significaba que nadie sería capaz de apagar sus llamas hasta que hubieran completado su tarea de destrucción total.

Eran estas imágenes y expresiones del Antiguo Testamento las que Jesús estaba recordando, para dejar claro que es mejor hacer cualquier sacrificio necesario para eliminar el pecado y entrar en el reino de Dios que enfrentar la terrible alternativa de un ignominioso, completo, fin definitivo y permanente de la propia vida, del cual no puede haber escapatoria.

Las ovejas y las cabras

En Mateo 25:46, Jesús terminó su enseñanza sobre el juicio final describiendo el destino de los «cabritos». «Irán estos al castigo eterno y los justos a la vida eterna».

A primera vista la palabra «eterno» parece contradecir el hecho de que la alternativa a la vida eterna es perecer, como dice Juan 3:16. ¿Cómo puede alguien perecer eternamente? O se muere o no se muere. Para entender la palabra traducida como «eterno», tenemos que remontarnos al griego, lengua en la que se escribió este Evangelio. *Aiōnios*, la palabra que se traduce como «eterno» o «eterna», tiene varios significados posibles. Es el adjetivo del sustantivo *aiōn*. (La versión española de esto es «eón»). *Aiōn* puede significar «vida y aliento, una vida humana, una era ininterrumpida, una era histórica, la era o eras por venir, la perpetuidad del tiempo o la eternidad, pasado presente y futuro».[96] Así que *aiōnios* puede significar «eterno», pero también puede significar «el tipo que existirá en la era venidera» o incluso «permanente».

En Mateo 10:28 Jesús dijo que el castigo que les espera a los pecadores será la destrucción tanto de sus cuerpos como de sus almas. En otras palabras, será una muerte final de la cual no puede haber más resurrección, una muerte eterna a diferencia de una muerte temporal, el tipo de muerte permanente que existirá en la era venidera, no la mera muerte física del cuerpo que luego será devuelto a la vida para enfrentar el juicio. Y es por eso que Jesús describió el castigo venidero de los injustos como eterno.

Precisamente el mismo punto se hace en *The New Bible Commentary Revised* (El Nuevo Comentario Bíblico Revisado): «El castigo eterno y la vida eterna no son necesariamente lo mismo en duración.[97] "Eterno" (griego *aiōnios*) simplemente se refiere a la era venidera, y señala que la división es definitiva para el destino de los hombres».

---

[96] *A Greek-English lexicon of the New Testament* (Un léxico griego-inglés del Nuevo Testamento). Clavis Novi Testamenti de Grimm Wilke, traducido, revisado y ampliado por Joseph H. Thayer, cuarta edición, T & T Clark, Edimburgo, 1901.

[97] *The New Bible Commentary Revised* (El Nuevo Comentario Bíblico Revisado). Guthrie D y otros. Inter-Varsity Press, Leicester, 1970, p:846.

Anexo 3. La verdad sobre el castigo eterno

Esta explicación se aplica también a las palabras de Pablo en 2 Tesalonicenses 1:8,9, donde dice que los que no conocen a Dios ni obedecen el evangelio de Jesús sufrirán el castigo de la destrucción eterna (final).

El rico y Lázaro

En el capítulo 16 de Lucas, Jesús contó una historia sobre un hombre rico sin nombre y un hombre muy pobre llamado Lázaro, quienes murieron aproximadamente al mismo tiempo. Aquí está parte de la historia:

> «...y murió también el rico, y fue sepultado. En el Hades alzó sus ojos, estando en tormentos, y vio de lejos a Abraham, y a Lázaro en su seno. Entonces, gritando, dijo: "Padre Abraham, ten misericordia de mí y envía a Lázaro para que moje la punta de su dedo en agua y refresque mi lengua, porque estoy atormentado en esta llama".
>
> «Entonces le dijo: "Te ruego, pues, padre, que lo envíes a la casa de mi padre, porque tengo cinco hermanos, para que les testifique a fin de que no vengan ellos también a este lugar de tormento". Abraham le dijo: "A Moisés y a los Profetas tienen; ¡que los oigan a ellos!"»
>
> Lucas 16:22-24,27-29

Esta historia es bastante extraña.

(i) Para empezar, es el único pasaje de la Biblia que representa al Hades o Seol como un lugar de llamas y tormento. Como hemos visto, Job escribió: «Allí dejan de perturbar los malvados, y allí descansan los que perdieron sus fuerzas. Allí reposan también los cautivos y ya no oyen la voz del capataz» (Job 3:17,18). «Reposan» ¡no suena mucho a tormento! Otros pasajes del Antiguo Testamento nos dicen que allí no hay conocimiento, ni recuerdo de Dios ni de ninguna otra cosa, ni habla. (Eclesiastés 9:10; Salmo 88:11,12) Si Jesús quiso que esta parábola se tomara literalmente, habría estado contradiciendo la palabra de Dios en el Antiguo Testamento. Y en ninguna otra parte Jesús mismo describe el *Hades* como un lugar de tormento, o incluso advierte a sus oyentes que no terminen allí. Gehena, sí, pero no el Hades.

(ii) Cuando Jesús contó esta parábola, todos, ricos y pobres por igual, fueron en espíritu al Hades al morir, incluso el profeta Samuel. (Job 3:19; 1 Samuel 28:3-19) Pues, ¿Por qué Lázaro fue a un lugar más agradable y el hombre rico a un lugar mucho más desagradable?

(iii) En la Biblia, los muertos siempre se consideran dormidos, es decir, inconscientes, hasta que resuciten el Día de la Resurrección o en el juicio final. (Daniel 12:2; Mateo 9:24; 1 Corintios 15:18; 1 Tesalonicenses 4:13-17) Sin embargo, tan pronto como el hombre rico murió, ¡él y Abraham estaban conversando entre ellos!

(iv) Sugiere que Lázaro fue a un lugar de bendición simplemente porque era pobre.

(v) Al describir al hombre rico estando en tormento mientras sus hermanos aún están vivos, sugiere que el juicio tiene lugar en el momento en que alguien muere. Sin embargo, el Nuevo Testamento dice consistentemente que el destino de las personas que no creen en Jesús no se decidirá hasta el Día del Juicio.

(vi) ¡Sugiere que las almas desencarnadas tienen ojos, dedos y lenguas!

La explicación de todas estas anomalías es simplemente que se trata de una historia que inventó Jesús, basándose en las creencias de los fariseos a los que se dirigía. Casi todos los detalles de esta historia se pueden encontrar en los escritos

Anexo 3. La verdad sobre el castigo eterno

judíos, en el Talmud y en otra literatura corriente en ese momento. Por ejemplo, en el *Talmud de Babilonia*, Libro II, folio 72, «Kiddushin», se dice de un rabino en el día de su muerte: «Hoy se sienta en el seno de Abraham».

Jesús contó esta historia en términos que los fariseos pudieran aceptar, para mostrarles verdades que no estaban aceptando. Los saduceos una vez le hicieron exactamente lo mismo a Jesús. No creían en ninguna resurrección, pero le contaron a Jesús una historia ficticia sobre una mujer que tenía siete maridos por turno, y luego le preguntaron de quién sería esposa ella «en la resurrección». Así como ellos inventaron una historia en términos de algo en lo que personalmente no creían, para hacerle llegar su punto a Jesús, así Jesús inventó una historia sobre el hombre rico y Lázaro en términos que él no creía, a fin de transmitir su punto a los fariseos en términos que pudieran aceptar.

Jesús contó esta historia principalmente para instar a su audiencia a creer en las enseñanzas de Moisés y los profetas, y para decirles que si no lo hacían, incluso cuando resucitara de entre los muertos, no creerían en él. Nunca tuvo la intención de que fuera un relato fáctico de lo que sucede en el más allá.

Lamentablemente, esta parábola ha influido en la formación de una comprensión de la vida inmediatamente después de la muerte que es contraria a la enseñanza de la Biblia, incluida la falsa doctrina del purgatorio.

Apocalipsis 14:9-11

Y un tercer ángel los siguió, diciendo a gran voz: «Si alguno adora a la bestia y a su imagen y recibe la marca en su frente o en su mano, él también beberá del vino de la ira de Dios, que ha sido vaciado puro en el cáliz de su ira; y será atormentado con fuego y azufre delante de los santos ángeles y del Cordero. El humo de su tormento sube por los siglos de los siglos. No tienen reposo de día ni de noche los que adoran a la bestia y a su imagen, ni nadie que reciba la marca de su nombre»

Apocalipsis 14:9-11

Estos versículos describen el destino de las personas que se rinden al Anticristo durante los últimos tres años y medio antes del regreso de Jesús, no el destino de cualquiera que muera antes de esto. Se nos dice que los que adoran a la bestia serán atormentados con fuego y azufre por un Dios airado en presencia de Jesús y sus ángeles; «el humo de su tormento» continuará «por los siglos de los siglos»; y que «no tienen reposo de día ni de noche». Para entender todo esto, primero tenemos que entender cómo se usan las diversas palabras y frases en otras partes de la Biblia.

La palabra griega *basanizō*, traducida como «tormento», normalmente significa «atormentar con dolores graves del cuerpo o la mente, atormentar». Sin embargo, en Apocalipsis 18:10 y 15, Juan usa la misma palabra «tormento» para referirse a la destrucción de Roma. (Apocalipsis 17:1-12 deja claro que «Babilonia» era un seudónimo para la ciudad de Roma. Si Juan hubiera predicho abiertamente la inminente destrucción de Roma, fácilmente podría haber sido ejecutado por traidor).

Los reyes de la tierra... llorarán y harán lamentación sobre ella cuando vean el humo de su incendio. Poniéndose lejos por el temor de su *tormento*... Los mercaderes... se pondrán lejos por el temor de su *tormento*, llorando y lamentando, diciendo: «Ay, ay de la gran ciudad... porque *en una sola hora* han sido consumidas tantas riquezas».

Apocalipsis 18:9,10,15-17

Así que en Apocalipsis la palabra «tormento» puede referirse a un proceso de destrucción relativamente breve.

En la Biblia, el fuego y el azufre son los principales medios de destrucción usados por el Señor. «Entonces Jehová hizo

Anexo 3. *La verdad sobre el castigo eterno*

llover desde los cielos azufre y fuego sobre Sodoma y sobre Gomorra; y destruyó las ciudades y toda aquella llanura, con todos los habitantes de aquellas ciudades y el fruto de la tierra» (Génesis 19:24,25). «Sobre los malos hará llover calamidades; fuego, azufre y viento abrasador serán la porción de su copa» (Salmo 11:6). «Sus arroyos se convertirán en brea, su polvo en azufre y su tierra en brea ardiente» (Isaías 34:9). «Así vi en visión los caballos y sus jinetes, que tenían corazas de fuego, zafiro y azufre. Las cabezas de los caballos eran como cabezas de leones, y de sus bocas salía fuego, humo y azufre. Por estas tres plagas fue muerta la tercera parte de los hombres: por el fuego, el humo y el azufre que salía de sus bocas» (Apocalipsis 9:17,18). El Señor envía fuego y azufre para producir destrucción y muerte.

La palabra griega *orgē*, traducida como «ira», se usa en el Nuevo Testamento para significar «la ira de Dios por la desobediencia, la obstinación (especialmente en la resistencia al evangelio) y el pecado del hombre, que se expresa en el castigo del pecador».[98] Un gobernante terrenal actúa en nombre de Dios al castigar a los malhechores: «...Pero si haces lo malo, teme, porque no en vano lleva la espada, pues está al servicio de Dios para hacer justicia y para castigar al que hace lo malo» (Romanos 13:4). En la Biblia, cualquier gobernante que no castigara a los inicuos habría sido considerado como un mal gobernante que fomentaba la maldad.

«El humo de su tormento sube por los siglos de los siglos» es una expresión bíblica que significa que la destrucción asociada será permanente. También puede contener la idea de que la destrucción será recordada permanentemente. Al profetizar la próxima destrucción de la tierra de Edom, Isaías escribió: «No se apagará de noche ni de día, sino que por siempre subirá su humo; de generación en generación quedará

---

[98] *A Greek-English lexicon of the New Testament* (Un léxico griego-inglés del Nuevo Testamento). Clavis Novi Testamenti de Grimm Wilke, traducido, revisado y ampliado por Joseph H. Thayer, cuarta edición, T & T Clark, Edimburgo, 1901.

desolada y nunca jamás pasará nadie por ella» (Isaías 34:10,11). Está claro que Edom no ardió para siempre y el humo de su quemazón no subió para siempre, sino que su destrucción duró para siempre: era una destrucción permanente.

En Apocalipsis 19:3, una multitud en el cielo celebra el incendio de Roma (ver Apocalipsis 18:8) con las palabras: «¡Aleluya! ¡El humo de ella sube por los siglos de los siglos!» De nuevo, esto no significaba literalmente que el humo se elevaría para siempre, porque dos capítulos más adelante Juan nos dice que Roma y todo lo demás en la tierra presente pasará y Dios hará nuevas todas las cosas (Apocalipsis 21:1,5). La multitud celestial probablemente significó que la destrucción de Roma nunca sería olvidada.

La palabra griega *anapausin*, traducida como «reposo» en Apocalipsis 14:11, significa «intermedio», «cesación», «descanso» o «recreación». Así que «No tienen reposo de día ni de noche» quiere decir que los que adoran a la bestia y a su imagen no cesan de adorarla, ni de día ni de noche.

Así que veamos ahora qué significan estos versículos en Apocalipsis capítulo 14. Profetizan el destino de ellos que sin cesar adoran a la bestia y a su imagen y reciben su marca en su frente o en su mano.

Usando las explicaciones que he dado arriba, las palabras «será atormentado con fuego y azufre delante de los santos ángeles y del Cordero. El humo de su tormento sube por los siglos de los siglos» significan que cualquiera que adore a la bestia será justamente, dolorosamente y permanentemente destruido en la presencia de Jesús.

La segunda parte, «y no tienen descanso, ni de día ni de noche, estos adoradores de la bestia y de su imagen, y cualquiera que reciba la marca de su nombre», tiene que ser traducida y puntuada correctamente para ser entendida.

No había puntuación en el texto griego original, por lo que tenemos que decidir por el contexto dónde termina una oración y comienza otra. Aunque esta segunda parte comienza con la palabra «y», Juan comienza al menos la mitad de las oraciones de este capítulo con la palabra «y», por lo que, fácilmente podría ser el comienzo de otra oración separada. Esta nueva oración es ahora un comentario sobre la oración anterior.

A la luz de mis explicaciones anteriormente, se traduciría literalmente, «Los que adoran a la bestia y a su imagen no cesan de hacerlo, ni de día ni de noche, ni los que reciben la marca de su nombre». El versículo explica que la condenación y sentencia de muerte de Dios sobre este pueblo es porque día y noche, sin cesar, adoran a la bestia y su imagen. Su comportamiento es la antítesis del comportamiento de los cuatro seres vivientes alrededor del trono de Dios en Apocalipsis capítulo 4. ¡Las cuatro criaturas celestiales nunca cesan día y noche de adorar a *Dios*! «...día y noche, sin cesar, decían: "¡Santo, santo, santo es el Señor Dios Todopoderoso, el que era, el que es y el que ha de venir!"» (Apocalipsis 4:8)[99]

Así que esta segunda parte de Apocalipsis 14:9-11 no se trata del tormento incesante: se trata de *la adoración* incesante de los adoradores de la bestia, y eso es lo que justifica su sentencia de muerte.

A la luz brillante del resto de las Escrituras, Apocalipsis 14:9-11 no puede significar que los que adoran a la bestia serán torturados en llamas para siempre en la presencia del Cordero, por las siguientes muy buenas razones:

- El Cordero es Jesús, y cuando Jesús venga a morar en la tierra en la ciudad celestial, no habrá más llanto ni dolor en su presencia. (Apocalipsis 21:4,22,23)
- Una vez hechos el cielo y la tierra nuevos, nada ni nadie será más maldito. (Apocalipsis 22:3)
- A aquellos cuyos nombres están escritos en el libro de la vida, Dios les ha prometido enjugar toda lágrima de sus ojos y reemplazar la tristeza y el suspiro por gozo eterno.

---

[99] El griego de Apocalipsis 4 8 dice: «No tienen respiro día y noche dicen santo, santo, santo», etc. La frase «día y noche» describe lo que están haciendo, no lo que no están haciendo, tal como hace en otros pasajes de la Biblia.

(Apocalipsis 21:4; Isaías 35:10) ¿Cómo podrían los redimidos de Dios estar libres de tristeza y suspiros si los miembros incrédulos de sus familias, tal vez incluso sus propios hijos, están eternamente ardiendo hasta morir en llamas de azufre asfixiante?[100]

- Como hemos visto anteriormente, el destino de los condenados es la destrucción permanente del cuerpo y el alma: no es vida eterna en ninguna forma. «La paga del pecado es muerte» (Romanos 6:23).
- Dios ha dicho: «Mía es la venganza, yo pagaré». (Romanos 12:19; Deuteronomio 32:35; Hebreos 10:30) Dios dijo esto para evitar que la gente tomara venganza en sus propias manos, al prometer que él mismo se encargaría de los malhechores. En 2 Tesalonicenses 1:5-9, Pablo ciertamente afirma que el Señor Jesús infligirá «retribución a los que no conocieron a Dios ni obedecen al evangelio de nuestro Señor Jesucristo», pero inmediatamente explica qué forma tomará esa venganza: «Estos sufrirán la pena de eterna perdición». Las palabras griegas, olethron aiōnion, significan ruina permanente, destrucción o muerte. Esa es la venganza que Dios infligirá a los desobedientes, por medio de su Hijo Jesús.
- «...todos sus caminos son rectos... es justo y recto» (Deuteronomio 32:4). Dios mismo estableció una regla de que la justicia debe ser equitativa: «ojo por ojo, diente por diente». (Ver Levítico 24:17-20) ¿Cómo entonces podría él atormentar para siempre a alguien que ha sido obligado a adorar un ídolo por no más de tres años y medio como la única forma de comprar comida para sus hijos?
- La ira de Dios contra los pecadores no durará para siempre. «No contenderá para siempre ni para siempre guardará el enojo» (Salmo 103:9).

---

[100] Como deduzco en el Anexo 4, habrá semanas y meses en la era venidera, por lo que no sería cierto argumentar que no hay tiempo en la eternidad.

- Dios es misericordioso. «Sed, pues, misericordiosos, como también vuestro Padre es misericordioso» (Lucas 6:36). La tortura eterna sería, por definición, despiadada.

Jesús dijo: «La Escritura no puede ser quebrantada» (Juan 10:35). Cada una de estas escrituras sería quebrantada, es decir, falsa, si Dios fuera a atormentar a los injustos para siempre en el infierno.

Apocalipsis 20:9,10

Otro pasaje del Nuevo Testamento sobre el tormento se encuentra en el capítulo 20 de Apocalipsis. Dos versículos describen el destino de los ejércitos humanos del Anticristo que se reunirán para atacar Jerusalén al final del reinado de mil años de Cristo, y el destino del Anticristo, el falso profeta y el diablo.

> Subieron por la anchura de la tierra y rodearon el campamento de los santos y la ciudad amada; pero de Dios descendió fuego del cielo y los consumió. Y el diablo, que los engañaba, fue lanzado en el lago de fuego y azufre donde estaban la bestia y el falso profeta; y serán atormentados día y noche por los siglos de los siglos.
>
> Apocalipsis 20:9,10

Estos versículos parecen afirmar que los ejércitos humanos del Anticristo serán destruidos, pero el Anticristo, el falso profeta y el diablo serán atormentados continuamente para siempre. Esto plantea un problema.

Si el diablo, la bestia y el falso profeta van a ser atormentados para siempre, eso solo puede significar que existirán para siempre. Sin embargo, la carta a los Hebreos nos dice que Jesús asumió nuestra naturaleza humana, «...para destruir por medio de la muerte al que tenía el imperio de la muerte, esto es, al diablo» (Hebreos 2:14).

De manera similar, Pablo escribió en 1 Corintios 15:24 que cuando Jesús entregue el reino a Dios el Padre al final, será «cuando haya suprimido todo dominio, toda autoridad y todo poder», con lo cual se refería al diablo y a todos sus ángeles. Entonces, ya sea que Jesús vaya a destruir al diablo o al diablo y a todos sus ángeles, el diablo no puede seguir viviendo para siempre, como parece sugerir Apocalipsis 20:10.

Además, Pablo escribió en 2 Tesalonicenses 2:8 que la bestia (el Anticristo) también será destruida. «Y entonces se manifestará aquel impío, a quien el Señor matará con el espíritu de su boca y destruirá con el resplandor de su venida».

Entonces, ¿Cómo puede ser cierto Apocalipsis 20:10 cuando implica que el diablo, la bestia y el falso profeta vivirán para siempre? ¿Cómo puede Dios unir *todas las cosas* en el cielo y la tierra en Cristo (Efesios 1:10) si esos tres continúan existiendo?

Como vimos anteriormente, la frase «el humo de su tormento sube por los siglos de los siglos» no pretende ser interpretada literalmente en la Biblia como para siempre, excepto tal vez en el sentido de que el recuerdo perdurará para siempre. Entonces, cuando Apocalipsis dice que el diablo, la bestia y el falso profeta serán atormentados por los siglos de los siglos, ¿Se pretende que se entienda literalmente o no?

Juan Wesley adoptó dos principios al interpretar la Biblia. (i) «Es una regla establecida en la interpretación de las Escrituras nunca apartarse del sentido simple y literal, a menos que implique un absurdo»[101], y (ii) «La regla general para interpretar las Escrituras es esta: debe tomarse el sentido literal de cada texto, si no es contrario a algunos otros textos. Pero en ese caso, el texto oscuro debe ser interpretado por aquellos que hablan más claramente».[102] Mencionó ambos principios juntos en su sermón *A Call to Backsliders* (Un llamado a los

---

[101] De una carta escrita por Wesley a Samuel Furly.
[102] *A Call to Backsliders* (Un llamado a los reincidentes). Sermón 86, I (4), 1778.

reincidentes): «No parece que tengamos ninguna razón para apartarnos del texto literal. significado [de Hebreos 6:4] ya que, no implica ningún absurdo, ni contradice ninguna otra escritura».

Si Apocalipsis 20:10 se interpretara literalmente, contradeciría varias otras escrituras, por lo que, según la sabia regla de Wesley, no debe interpretarse de esta manera. En cambio, «El texto oscuro debe ser interpretado por aquellos que hablan más claramente».

Para empezar, hay varios casos en la Biblia en los que la frase traducida como «por los siglos de los siglos» no tiene la intención literal, o al menos, no como nosotros entendemos esas palabras. Ya hemos visto esto en Apocalipsis 19:3.

En el Salmo 145, David declaró tres veces que bendeciría a Dios «para siempre», pero una vez más, lo que David quiso decir fue que tenía la intención de seguir bendiciendo a Dios *mientras viviera*. Porque dijo en el Salmo 63:4: «Así te bendeciré en mi vida», y la mayoria de otras traducciones dicen, «mientras viva». *Él no creía* que continuaría bendiciendo o alabando a Dios después de su muerte, porque escribió: «En la muerte no hay memoria de ti; en el seol, ¿quién te alabará?» «¿Te alabará el polvo?» (Salmo: 6:5; 30:9).

En realidad, David conseguirá su deseo de alabar a Dios por siempre en la eternidad, pero lo que en realidad quiso decir con «para siempre» fue que continuaría bendiciendo a Dios *hasta su muerte*.

Así como David quiso decir al bendecir a Dios «para siempre» que lo haría hasta que muriera, así Juan quiso decir con «por los siglos» en Apocalipsis 20:10 que el diablo y sus dos colaboradores serán atormentados continuamente hasta que mueran: finalmente, completamente y para siempre. Cuando eso haya sucedido, la muerte misma será destruida (Apocalipsis 20:14; 21:4), y todas las cosas que luego queden serán finalmente unidas en Cristo (Efesios 1:10).

Esa es la única interpretación posible de este versículo, consistente con la Biblia en su totalidad.

Anexo 4. ¿Un cielo nuevo o cielos nuevos?

Todas las cosas nuevas

En el Apocalipsis capítulo 21, versículo 1, leimos: «Entonces vi un cielo nuevo y una tierra nueva», y en el versículo 5 leemos, «El que estaba sentado en el trono dijo: "Yo hago nuevas todas las cosas"».

- Jesús habló acerca de las aves del aire, y la palabra empleada para «aire» es exactamente la misma palabra que se usa para «cielo» en el Apocalipsis 21:1. Por eso, la palabra «cielo» podría significar todo aparte de la tierra, o solo la atmósfera de la tierra.
- La palabra griega traducida como «nuevo» puede significar «completamente nuevo», «nuevo y mejor» o incluso «de un tipo nuevo sin precedentes».
- Presumiblemente, «todas las cosas» no incluyen a Dios mismo, ni a los santos ángeles, ni a las personas que ya habrán sido renovadas a través de la resurrección a la vida eterna, ni a las personas que serán condenadas a la muerte final.

Por consiguiente, «Yo hago nuevas todas las cosas» podría significar una de tres posibilidades:

I   Dios va a reemplazar todo con algo totalmente diferente. Habrá una nueva tierra y su atmósfera, pero no habrá sol, luna ni estrellas, ni día ni noche.

II Dios va a rehacerlo todo, aparte de los elementos enumerados anteriormente como Dios mismo, ¡que él no reemplazará! Habrá una tierra nueva y mejor, un nuevo sol y luna, nuevos planetas y estrellas, y quizás incluso un nuevo espacio y tiempo.

III Dios va a reemplazar y rehacerlo todo en el mundo natural que ha sido corrompido como resultado del pecado, es decir, la tierra, su atmósfera y el mundo de la naturaleza, pero nada más.

I. Dios reemplazará todo con algo totalmente diferente

Esta es la posibilidad más extrema. No habrá sol ni luna ni (probablemente) planetas y estrellas en la era venidera, sino solo una nueva tierra. Apocalipsis 21:23-25 dice: «La ciudad no tiene necesidad de sol ni de luna que brillen en ella, porque la gloria de Dios la ilumina y el Cordero es su lumbrera... allí no habrá noche». De manera similar, Apocalipsis 22:5 dice: «Allí no habrá más noche; y no tienen necesidad de luz de lámpara ni de luz del sol, porque Dios el Señor los iluminará y reinarán por los siglos de los siglos».

Si no hay sol, luna o noche, el mundo será totalmente diferente de como es ahora. Isaías 60:19,20 parece apoyar esta idea: «El sol nunca más te servirá de luz para el día ni el resplandor de la luna te alumbrará, sino que Jehová te será por luz eterna y el Dios tuyo será tu esplendor. No se pondrá jamás tu sol ni menguará tu luna, porque Jehová te será por luz eterna y los días de tu luto se habrán cumplido». Se parece mucho a como si Juan estuviera citando estos dos versículos.

Como apoyo adicional a la idea de que no habrá noche, Zacarías 14:5-7 dice: «Y vendrá Jehová, mi Dios, y con él todos los santos. Acontecerá que en ese día... será un día único, solo conocido por Jehová, en el que no habrá ni día ni noche, pero sucederá que al caer la tarde habrá luz».

El problema es que todo esto parece contradecir muchos otros versos en las Escrituras. Por ejemplo, Isaías 66:22,23 dice:

«Porque como los nuevos cielos y la nueva tierra que haré quedarán delante de mí, dice el Señor; así quedarán tus descendientes y tu nombre. De la luna nueva a la luna nueva, y del sabbat al sabbat, toda la carne vendrá a adorar ante mí, dice el Señor». Isaías previó la existencia continua de una luna, así como de un sol, porque en aquellos días se establecieron los meses por la luna y las horas del sabbat fueron puestas al amanecer y al atardecer. Y si va a haber un amanecer y un atardecer, también habrá día y noche.

Todavía habrá temporadas, ya que el pasaje en Zacarías 14:8 continúa diciendo: «En aquel día saldrán de Jerusalén aguas vivas... en verano y en invierno», y Apocalipsis 22:2 habla de doce meses en un año, incluso en la ciudad celestial. Además, Isaías dice que cuando Dios cree nuevos cielos y una nueva tierra, la gente «plantarán viñas y comerán el fruto de ellas» (Isaías 65:17,21); y Miqueas dice que «se sentará cada uno debajo de su vid y debajo de su higuera» (Miqueas 4:4).

Es difícil prever los meses de verano e invierno y las estaciones naturales de crecimiento a menos que la Tierra continúe orbitando el Sol sobre un eje inclinado. Y si orbita alrededor del sol, también debe girar, de lo contrario una cara estará demasiado caliente para soportar la vida y la otra demasiado fría. Y si rota habrá días y noches. Finalmente, sin días y noches, no puede haber semanas, y sin semanas no puede haber un sabbat semanal. Sin embargo, Dios dijo que la observancia del sabbat cada semana debía ser un pacto perpetuo para siempre (Éxodo 31:16,17). Volvemos a la vida más o menos como la conocemos.

Entonces, ¿cuál es la explicación de los versículos de Isaías y el capítulo 21 del Apocalipsis que sugieren que no habrá sol ni luna? Bueno, no dicen específicamente esto. Dicen que la presencia del Señor traerá tanta luz que la luz del sol y la luna no será necesaria. Y en el Apocalipsis, se dice que esta luz está en la ciudad santa, no en toda la tierra. Por lo tanto, es la gente de la ciudad la que no necesitará sol o luna y no experimentará oscuridad en la noche, ni la tierra en su conjunto.

Anexo 4. ¿Un cielo nuevo o cielos nuevos?

Cuando Zacarías profetizó: «Será un día único, solo conocido por Jehová, en el que no habrá ni día ni noche», se refería muy probablemente al día real de 24 horas del regreso de Cristo. Así como Dios detuvo la rotación de la tierra por aproximadamente un día para darle a Josué el tiempo de derrotar completamente a los Amorreos (Josué 10:12-14), así que pudiera retrasar el inicio de la noche el día en que Jesús regrese para darle tiempo para tomar el gobierno del mundo.

La única razón que se me ocurre para apoyar la idea de que Dios reemplazará todo con algo totalmente diferente es que las estrellas naturales, incluido el sol, no pueden durar eternamente. Quizás la explicación se halle en la creación continua. Sin duda, la respuesta final se encuentra en una de las muchas edades futuras que aún están por venir, que ni siquiera la Biblia describe. ¡Muchas cosas pueden pasar en nuestros primeros 5000 millones de años!

II. Dios rehace todo lo que existe actualmente

Cuando los escritores de la Biblia miraron hacia el cielo por la noche, no vieron el espacio como sabemos que es. Sabían lo que Dios les había dicho, pero no eran omniscientes. Entonces, para sus ojos, los cielos parecían una especie de dosel tendido sobre la tierra.[103] El capítulo 1 del Génesis dice que el sol, la luna, las estrellas y las aves ocupan el firmamento de los cielos. Así que a los escritores de la Biblia les debe haber parecido obvio que, si un ave pudiera caerse del firmamento, en teoría, las estrellas también podrían hacerlo. Por eso, cuando Isaías escribió: «Todo el ejército de los cielos se disolverá, y se enrollarán los cielos como un libro; y caerá todo su ejército como se cae la hoja de la parra, como se cae la de la higuera» (Isaías 34:4), estaba imaginando el sol, la luna y las estrellas que caían del cielo sobre nosotros y aterrizaban en el suelo.

---

[103] Salmo 104:2 dice que Dios «extiende los cielos como una cortina», e Isaías 40:22 dice que «extiende los cielos como una cortina, los despliega como una tienda para morar».

Por supuesto, tal pasaje podría interpretarse como un lenguaje poético o simbólico, pero cuando el mismo profeta narró las palabras de Dios: «Porque he aquí que yo crearé nuevos cielos y nueva tierra» (Isaías 65:17), casi con total certeza habría entendido que esto incluyó el sol, la luna y las estrellas, porque estas eran una parte esencial de los cielos. A los escritores de la Biblia les habría resultado muy difícil concebir cómo Dios podría recrear la tierra y el cielo sin recrear todo lo que hay en ellos al mismo tiempo, incluyendo el sol, la luna y las estrellas.

De manera similar, cuando Juan vio un cielo y una tierra nuevos en el Apocalipsis 21:1 y Dios dijo en el Apocalipsis 21:5: «Yo hago nuevas todas las cosas», Juan casi con certeza habría entendido que «todas las cosas» incluyen el sol, la luna y todas las estrellas. Así que todavía habrá un sol, una luna y estrellas, pero serán nuevas.

Una razón por la que Dios podría querer hacer *todo* lo nuevo es porque de alguna manera todo ha sido corrompido por el pecado. Aunque todo era «bueno en gran manera» cuando Dios lo creó (Génesis 1:31), Job dijo: «Ni las estrellas son puras delante de sus ojos» (Job 25:5). Si eso es literalmente verdad, sugiere que las estrellas también deben ser rehechas.

III. Dios renovará solo la tierra y su atmósfera

Sin embargo, hay muchas otras razones para creer que será solo la tierra y su atmósfera lo que Dios va a recrear. En su carta a los Romanos, Pablo escribió:

> El anhelo ardiente de la creación es el aguardar la manifestación de los hijos de Dios. La creación fue sujetada a vanidad, no por su propia voluntad, sino por causa del que la sujetó en esperanza. Por tanto, también la creación misma será libertada de la esclavitud de corrupción a la libertad gloriosa de los hijos de Dios. Sabemos que toda la creación gime a una, y a una está

con dolores de parto hasta ahora. Y no solo ella, sino que también nosotros mismos, que tenemos las primicias del Espíritu, nosotros también gemimos dentro de nosotros mismos, esperando la adopción, la redención de nuestro cuerpo.

Romanos 8:19-23

La palabra traducida «vanidad» puede significar «debilidad». En el mundo de la naturaleza, corresponde a la debilidad en nuestro cuerpo físico, que «se siembra en debilidad, resucitará en poder» (1 Corintios 15:43). La palabra traducida «corrupción» generalmente significa «descomposición». En el mundo de la naturaleza, corresponde a nuestros cuerpo físico perecedero que «se siembra en corrupción, resucitará en incorrupción» (1 Corintios 15:42).

En estos versículos, Pablo estaba pensando en las consecuencias del pecado de Adán en el mundo natural. Del mismo modo que la decadencia y la muerte entraron en los cuerpos humanos como resultado del pecado, el mundo de la naturaleza se vio alterado, no solo por la introducción de espinas y cardos, sino también por la enfermedad, la degeneración y la muerte. Incluso sin la ayuda de los humanos, las especies han estado desapareciendo continuamente. Entonces, por «toda la creación», Pablo casi ciertamente se refería al mundo vivo pero perecedero de la naturaleza, no a todo el universo.

Otra traducción, *La Biblia al Día*[104], lo deja claro: «Ese día, las espinas, los cardos, el pecado, la muerte y la podredumbre... desaparecerán; y el mundo que nos circunda compartirá la gloriosa libertad del pecado que disfrutan los hijos de Dios. Sabemos que la naturaleza misma, los animales, las plantas, sufren enfermedades y muerte mientras esperan el gran acontecimiento» (Romanos 8:20-22).

---

[104] *La Biblia al Día, parafrasis: El Nuevo Testamento Viviente.* Derechos Literarios © 1973 por Living Bibles International. Todos los derechos reservados.

En este pasaje, Pablo no asignaba ninguna idea de decadencia moral al mundo de la naturaleza, solo decadencia física. Y aparte de una lectura literal de las palabras en Job acerca de que las estrellas no son puras, no hay ninguna sugerencia en la Biblia de que Dios maldijo al sol o la luna ni nada como resultado del pecado del hombre, excepto la vida en la tierra (Génesis 3:17,18) y los cambios físicos en la tierra que tuvieron lugar como resultado del diluvio. Por lo tanto, solo la tierra y su atmósfera deben ser reemplazadas.

2 Pedro 3:6,7 establece una estrecha analogía entre la próxima destrucción de la tierra por el fuego y la destrucción previa de la tierra por un diluvio. «El mundo de entonces pereció anegado en agua. Pero los cielos y la tierra que existen ahora están reservados por la misma palabra, guardados para el fuego en el día del juicio y de la perdición de los hombres impíos».

Cuando Pedro escribió «el mundo de entonces» se refería solo a la tierra y su atmósfera. Entonces, cuando continuó diciendo que por la misma palabra los cielos y la tierra actuales serían destruidos por el fuego, casi seguramente se refería solo a la tierra y su atmósfera. Pedro conectó ambos eventos con la destrucción de los impíos, por lo que, en ambos casos, es solo la tierra donde han vivido los impíos lo que necesita ser destruido. Ya que el planeta no puede ser destruido totalmente por el fuego sin destruir su atmósfera al mismo tiempo, eso también tendrá que ser reemplazado.

En el Salmo 89:35-37, el Señor hizo una promesa tan seria que la respaldó jurando, ¡aunque Jesús dijo que nunca debemos jurar! Esto es lo que dijo: «Una vez he jurado por mi santidad y no mentiré a David. Su descendencia será para siempre y su trono como el sol delante de mí. Como la luna será firme para siempre y como un testigo fiel en el cielo». El Señor nunca habría usado esas palabras en un juramento muy solemne si supiera que un día destruiría el sol, la luna y los cielos actuales.

Además, el Salmo 119:89 dice: «Para siempre, Jehová, permanece tu palabra en los cielos». La Biblia nos dice que Dios

Anexo 4. ¿Un cielo nuevo o cielos nuevos?

nombró las estrellas (Salmo 147:4). Hay evidencia filológica[105] de que los nombres más antiguos de las estrellas y sus constelaciones (no siempre las actuales) explican en cada idioma la historia de la creación y la redención de principio a fin. Por ejemplo, Virgo, la Virgen María; Leo, el León de Judá; Libra, la escala del juicio de Dios, etcétera. Por eso el Salmo 19:1-4 dice: «Los cielos cuentan la gloria de Dios y el firmamento anuncia la obra de sus manos... No hay lenguaje ni palabras ni es oída su voz. [Pero] por toda la tierra salió su voz y hasta el extremo del mundo sus palabras».

Si Dios ha fijado su palabra para siempre en las estrellas y constelaciones existentes, difícilmente los destruirá a todos y los rehará de nuevo en exactamente las mismas posiciones que antes.

Entonces, creo que Dios no rehará las estrellas, el sol o la luna, y que continuarán existiendo como son. El profesor J. Richard Middleton me apoya en esto. En su trabajo académico, *A New Heaven and a New Earth*[106], concluye que Dios solo rehará la tierra y su atmósfera.

---

[105] Ver *The Heavens Declare* (Los Cielos Declaran). Banks W D, Impact Books Inc., Family Reading Centre (Centro de Lectura Familiar), Kent, UK, ISBN 0-089228-101-4; y *The Witness of the Stars* (El Testigo de las Estrellas) por Bullinger E W, reimpreso por Kregel Publications, Grand Rapids, Michigan, ISBN 0-8254-2245-0.

[106] *A New Heaven and a New Earth* (Un Nuevo Cielo y una Nueva Tierra). Middleton J R, Baker Publishing Group, diciembre de 2014.

Anexo 5. ¿Dónde pasarán los creyentes la eternidad?

Una gran pregunta

Este capítulo responde a la pregunta: Si creemos en Jesús, ¿pasaremos la eternidad en la tierra o en el cielo? Para muchos cristianos, la respuesta es obvia: estarás en el cielo. Esa es ciertamente la respuesta dada por muchos himnos tradicionales. Antes de que mis hermanas y yo nos fuéramos a dormir, nuestra madre solía cantar un himno que terminaba: «Llévame al cielo cuando muera, feliz contigo para habitar». Del mismo modo, el villancico de Navidad *Once in Royal David's City*, que comienza cada servicio de víspera de Navidad en el King´s College de la Universidad de Cambridge, termina con las siguientes palabras:

> No en ese pobre humilde establo con los bueyes en espera
> Lo veremos, pero en el cielo puesto a la diestra de Dios en lo alto,
> Cuando como estrellas sus hijos coronados todos de blanco esperarán alrededor.
>
> Cecil Frances Alexander, traducido

El problema es que, si yo tuviera que esperar alrededor para siempre, incluso con una corona en la cabeza, moriría de aburrimiento. Y para el no creyente promedio que no desea particularmente ver a Jesús de todos modos, decirle que puede tener vida eterna en el cielo en la presencia de Jesús y sus

Anexo 5. ¿Dónde pasarán los creyentes la eternidad?

ángeles es simplemente una lata. De hecho, estoy seguro de que la imagen, bastante nebulosa, de la vida eterna que la mayoría de los cristianos tienen es la razón principal por la que no compartimos el evangelio con más entusiasmo. ¿Cómo podemos esperar emocionar a alguien sobre algo si, siendo honestos, no nos emociona a nosotros mismos?

Una vez estuve en un club de almuerzos de la iglesia donde un anciano se quejaba de que su cuerpo se estaba agotando.

—No importa —le dije. —Si confías en Jesús, puedes vivir para siempre.

—No quiero vivir para siempre —respondió.

Por extraño que parezca, la Biblia en sí misma no parece estar de acuerdo con la enseñanza tradicional de la iglesia sobre este tema. Casi sin excepción, enseña que el destino eterno de los creyentes no estará en el cielo sino en la tierra, en la tierra con el Señor Jesucristo resucitado. Por ejemplo, debemos orar para que el reino de Dios venga a *la tierra* (Mateo 6:10). El Señor se hará rey sobre toda *la tierra* (Zacarías 14:9). Los santos de todas las naciones reinarán en *la tierra*, nos dice el Apocalipsis. En una visión del cielo, Juan escuchó a los seres angélicos adorando a Jesús con esta canción:

> «Digno eres de tomar el libro y de abrir sus sellos, porque tú fuiste inmolado, y con tu sangre nos has redimido para Dios, de todo linaje, lengua, pueblo y nación; nos has hecho para nuestro Dios un reino y sacerdotes, y reinaremos *sobre la tierra*».
>
> Apocalipsis 5:9,10

Entonces, ¿tales escrituras describen de alguna manera simbólica cómo las cosas deben ser ahora, o son una descripción literal de cómo serán las cosas en la vida venidera? Veamos más de cerca lo que la Biblia enseña acerca de los planes de Dios para nuestro futuro.

El reino de Dios

En el evangelio de Juan, las buenas nuevas se refieren principalmente a la vida eterna, pero en los otros tres evangelios y, en cierta medida, en el libro de Hechos, las buenas nuevas se refieren principalmente al reino de Dios:

- Mateo: «Recorría Jesús todas las ciudades y aldeas, enseñando en las sinagogas de ellos, predicando el evangelio (buenas nuevas) del reino...» (Mateo 9:35).
- Marcos: «Jesús fue a Galilea predicando el evangelio del reino de Dios. Decía: "El tiempo se ha cumplido y el reino de Dios se ha acercado"» (Marcos 1:14,15).
- Lucas: «Cuando oréis, decid: "Venga tu Reino"» (Lucas 11:2).
- Hechos: A sus apóstoles, Jesús «se presentó vivo con muchas pruebas indubitables, apareciéndoseles durante cuarenta días y hablándoles acerca del reino de Dios» (Hechos 1:3).

Jesús basó todas sus enseñanzas en el Antiguo Testamento, que dijo que había venido a cumplir. «No penséis que he venido a abolir la Ley o los Profetas; no he venido a abolirlos, sino a cumplirlos» (Mateo 5:17). Todos sus asistentes eran judíos, y habrían entendido del Antiguo Testamento a qué se refería con el reino de Dios. El Antiguo Testamento enseñó que Dios enviaría un rey, un descendiente del rey David, que gobernaría la tierra con justicia para siempre en el trono de su famoso antepasado.

Saldrá una vara del tronco de Isaí (el padre del rey David); un vástago retoñará de sus raíces y reposará sobre él, el espíritu de Jehová: espíritu de sabiduría y de inteligencia, espíritu de consejo y de poder, espíritu de conocimiento y de temor de Jehová... juzgará con justicia a los pobres y resolverá con equidada favor de los mansos de la tierra. Herirá la tierra con la vara de su boca y con el espíritu de sus labios matará al impío.

Isaías 11:1-4

Porque un niño nos ha nacido, hijo nos ha sido dado, y el principado sobre su hombro. Se llamará su nombre «Admirable consejero», «Dios fuerte», «Padre eterno», «Príncipe de paz». Lo dilatado de su imperio y la paz no tendrán límite sobre el trono de David y sobre su reino, disponiéndolo y confirmándolo en juicio y en justicia desde ahora y para siempre.

Isaías 9:6,7

Pero tú, Belén Efrata, tan pequeña entre las familias de Judá, de ti ha de salir el que será Señor en Israel; sus orígenes se remontan al inicio de los tiempos, a los días de la eternidad. Y él... será engrandecido hasta los confines de la tierra.

Miqueas 5:2,4

Los profetas se dieron cuenta de que, si el descendiente venidero del rey David fuera a reinar para siempre sobre la tierra, tendría que ser más que humano. Sus orígenes se remontarían «al inicio de los tiempos»; tendría que ser un «Padre eterno»; ¡de hecho, de alguna manera tendría que ser él mismo el «Dios fuerte!» Obviamente, estas fueron todas profecías de Jesús, que era tanto el Hijo del hombre como el Hijo de Dios. Pero lo importante aquí es que todos predijeron que el reinado eterno de Jesús estaría *en la tierra*. Y Jesús dijo que había venido a cumplir todo lo que los profetas habían predicho.

Una nueva tierra

Los antiguos profetas judíos tenían dos dilemas. Primero, si el rey venidero gobernara para siempre, tendría que ser más que humano. Segundo, si él debía gobernar la tierra para siempre, entonces algo serio tenía que pasarle a la tierra. Porque eran realistas acerca de la condición de la tierra actual: no podría durar para siempre. «Desde el principio tú fundaste la tierra, y los cielos son obra de tus manos. Ellos perecerán, mas tú permanecerás; y todos ellos como una vestidurase envejecerán, como un vestido los mudarás y serán mudados» (Salmo 102:25,26). «La tierra se envejecerá como un vestido. De la misma manera perecerán sus moradores» (Isaías 51:6).

Podemos ver la tierra desgastada en este momento, en la pérdida alarmante de la capa superior del suelo y la creciente desertificación de tierras que antes eran fértiles; la desaparición de las selvas tropicales y las fuentes vitales de agua dulce como el lago Chad en África occidental; la contaminación del aire, los océanos y el espacio exterior por los desechos industriales y la basura humana; la rápida disminución de los recursos naturales de petróleo, gas, cobre, tierras raras y otros elementos que son vitales para la vida contemporánea; y la continua pérdida de especies en los reinos de animales, plantas y otros.

Sin embargo, el Señor les dijo a los profetas que no se preocuparan. Así como él hizo esta tierra hace mucho tiempo, planeaba hacer una nueva, incluso mejor que la que tenemos ahora. «La tierra se envejecerá como un vestido. De la misma manera perecerán sus moradores; pero mi salvación será para siempre, mi justicia no perecerá» (Isaías 51:6). «Porque he aquí que yo crearé nuevos cielos y nueva tierra» (Isaías 65:17).

En el Nuevo Testamento, Pedro escribió: «Pero nosotros esperamos, según sus promesas, cielos nuevos y tierra nueva, en los cuales mora la justicia» (2 Pedro 3:13). Y a Juan se le dio una visión de esta nueva tierra: «Entonces vi un cielo nuevo y una tierra nueva, porque el primer cielo y la primera tierra habían pasado» (Apocalipsis 21:1). La Biblia nos dice constantemente que Dios va a hacer otro planeta Tierra.

La tierra actual ha adquirido muchos defectos desde que Dios la creó cuando «era buena en gran manera» (Génesis 1:31). Han aparecido espinas y cardos. Las montañas se han alzado causando terremotos, erupciones volcánicas y avalanchas; los océanos se han extendido produciendo tormentas, inundaciones y tsunamis. Algunas regiones se han vuelto demasiado calientes o secas para su comodidad, mientras que otras son demasiado frías o húmedas; los animales y las plantas padecen enfermedades y compiten entre sí por la supervivencia; demasiado sol causa cáncer de piel y muy poco produce deficiencia de vitamina D. Pero Dios ha prometido arreglar todo al comenzar de nuevo, y esta vez la tierra que él cree no se echará a perder como resultado del pecado de la humanidad.

Se alegrarán el desierto y el erial; la estepa se gozará y florecerá como la rosa.

Isaías 35:1

«En lugar de la zarza crecerá ciprés, y en lugar de la ortiga crecerá arrayán...»

Isaías 55:13

Morará el lobo con el cordero, y el leopardo con el cabrito se acostará; el becerro, el león y la bestia doméstica andarán juntos, y un niño los pastoreará... No harán mal ni dañarán en todo mi santo monte, porque la tierra será llena del conocimiento de Jehová, como las aguas cubren el mar.

Isaías 11:6,9

No habrá más maldición...

Apocalipsis 22:3

Entonces vi un cielo nuevo y una tierra nueva, porque el primer cielo y la primera tierra habían pasado... «Dios mismo estará con ellos como su Dios. Enjugará Dios toda lágrima de los ojos de ellos; y ya no habrá más muerte, ni habrá más llanto ni clamor ni dolor, porque las primeras cosas ya pasaron».

Apocalipsis 21:1,4

En Mateo 19:28 Jesús les dice a sus discípulos: «De cierto os digo que en la regeneración, cuando el Hijo del hombre se siente en el trono de su gloria, vosotros que me habéis seguido también os sentaréis sobre doce tronos, para juzgar a las doce tribus de Israel». De acuerdo con mi vasto léxico griego-inglés[107] la palabra griega *paliggenesia*, que se traduce como «regeneración», significa «recreación, o la restauración de una cosa a su estado prístino».

De nuevo, en Hechos 3:21 Pedro declaró: «Es necesario que el cielo reciba [a Jesús] hasta los tiempos de la restauración de todas las cosas, de que habló Dios por boca de sus santos profetas que han sido desde tiempo antiguo». Según el léxico, las palabras traducidas como «restauración de todas las cosas» significan «la restauración no solo de la verdadera teocracia (gobierno de Dios), pero también del estado más perfecto incluso de las cosas físicas que existían antes de la caída (en pecado)».

Por lo tanto, la Biblia declara sin ambigüedades que la nueva tierra que Dios hará será exactamente igual que la tierra presente antes de que Adán y Eva cayeran en pecado. Las espinas y los cardos ya no serán la pesadilla de los jardineros y agricultores. Las especies de animales y plantas que perecieron en la inundación o que han desaparecido en años más recientes serán restauradas.[108] ¡Mamuts lanudos, currucas de caña de las islas del Pacífico, e incluso el dodo volverán!

---

[107] *A Greek-English lexicon of the New Testament* (Un léxico griego-inglés del Nuevo Testamento). Grimm's Wilke's Clavis Novi Testamenti, traducido, revisado y ampliado por Joseph H. Thayer, cuarta edición, T & T Clark, Edinburgh, 1901.

[108] Yo personalmente no creo que los feroces dinosaurios carnívoros sean restaurados. Creo que fueron una corrupción de algunos de los animales originales de Dios, tal como Génesis 6:1-4 y escritos judíos relacionados nos dicen que los gigantes eran una versión corrupta de los seres humanos.

Anexo 5. ¿Dónde pasarán los creyentes la eternidad?

La gente habitará la nueva tierra

Si Dios se va a tomar la molestia de hacer que una nueva tierra sea apta para los seres humanos, es obvio que los seres humanos van a vivir en ella. De lo contrario, ¿cuál sería el propósito de hacerlo? Como la muerte ya no existirá, los que la habitan no morirán. Y si no van a morir, tendrán que ser personas a las que se les haya concedido la vida eterna, ya sea a través de su fe en Cristo mientras estaban vivos, o bien en el juicio final en respuesta a cómo vivieron sin conocerle. En otras palabras, solo los salvados habitarán la nueva tierra. Y eso está bastante bien como dice la Biblia: «Pero los perros estarán afuera, y los hechiceros, los fornicarios, los homicidas, los idólatras y todo aquel que ama y practica la mentira» (Apocalipsis 22:15).

Los salvados habrán resucitado de la muerte en cuerpos físicos que ya no tienen ningún defecto. «Entonces los ojos de los ciegos serán abiertos y destapados los oídos de los sordos. Entonces el cojo saltará como un ciervo y cantará la lengua del mudo» (Isaías 35:5,6). Cuando Jesús sanó a los ciegos, sordos, mudos y cojos, estaba dando a las personas un anticipo de su reino por venir, cuando nadie será discapacitado o enfermo.

Estos cuerpos resucitados serán cuerpos reales, al igual que el cuerpo de resurrección de Jesucristo. «Él transformará nuestro cuerpo mortal en un cuerpo glorioso semejante al suyo» (Filipenses 3:20,21). En la noche en que Jesús se levantó de entre los muertos, dijo a sus asombrados discípulos: «Un espíritu no tiene carne ni huesos como veis que yo tengo» (Lucas 24:39). En su cuerpo de resurrección, Jesús comió pescado y pan; tenía ganas de comer otra cena de Pascua cuando regresara; y esperaba con ansias beber dek fruto de la vid con ellos (Lucas 24:42; Juan 21:9,15; Lucas 22:14-18). Nadie necesitará comida y bebida físicas en el cielo, por lo que Jesús dijo que no comería la Pascua ni volvería a beber el fruto de la vid hasta que regresara a la tierra en su cuerpo de resurrección para establecer su reino. Y es un cuerpo de resurrección como su cuerpo que tú y yo tendremos si creemos en él. Tendremos un cuerpo diseñado para comer alimentos terrenales y beber bebidas terrenales, en otras palabras, *un cuerpo diseñado para vivir en la tierra.*

Los cielos son los cielos de Jehová, y ha dado la tierra a los hijos de los hombres.

Salmo 115:16

De hecho, la Biblia dice claramente que todos los que se salvan a través de la fe en Cristo y se les otorga un lugar en su reino vivirán en la maravillosa tierra nueva que Dios ha prometido.

- Los sumisos vivirán en la tierra (Mateo 5:5).
- Los apóstoles originales de Jesús y el pueblo salvado de Israel vivirán en la tierra recreada (Mateo 19:28).
- Las personas de cada grupo de personas, idioma y nación que han sido salvados por la sangre de Cristo vivirán en la tierra (Apocalipsis 5:9,10).

Así que no subiremos a la ciudad celestial: en cambio, la ciudad celestial vendrá a nosotros. No viviremos para siempre con Dios: en cambio, él habitará para siempre con nosotros, en la persona de Jesucristo, el rey. «Y yo, Juan, vi la santa ciudad, la nueva Jerusalén, descender del cielo, de parte de Dios, ataviada como una esposa hermoseada para su esposo. Y oí una gran voz del cielo, que decía: "El tabernáculo de Dios está ahora con los hombres. Él morará con ellos, ellos serán su pueblo y Dios mismo estará con ellos como su Dios"» (Apocalipsis 21:2,3).

Pero ¿no dice la Biblia…?

Sin embargo, algunos cristianos creen que la carta de Pablo a los Efesios cuenta una historia diferente. Efesios 1:20 dice que Cristo está actualmente sentado a la diestra de Dios en lugares celestiales. Efesios 2 entonces dice:

Anexo 5. ¿Dónde pasarán los creyentes la eternidad?

> Pero Dios, que es rico en misericordia, por su gran amor con que nos amó, aun estando nosotros muertos en pecados, nos dio vida juntamente con Cristo (por gracia sois salvos). Juntamente con él nos resucitó, y asimismo nos hizo sentar en los lugares celestiales con Cristo Jesús, para mostrar en los siglos venideros las abundantes riquezas de su gracia en su bondad para con nosotros en Cristo Jesús.
>
> Efesios 2:4-7

Algunas personas interpretan que estos versos significan que los salvados pasarán las edades venideras sentados con Cristo en lugares celestiales en lugar de los terrenales. Algunos que sostienen este punto de vista también enseñan que los versículos bíblicos que se refieren a una vida futura en la tierra están orientados solo a los creyentes judíos y quizás también a algunos de los primeros creyentes gentiles a quienes Pablo escribió en sus cartas anteriores.

Para empezar, Pablo no dice que Dios nos *resucitará* con Cristo y nos *sentará* con él en lugares celestiales: dice que Dios ya lo ha hecho. En Efesios 2:1,2 escribió: «Él os dio vida a vosotros, cuando estabais muertos en vuestros delitos y pecados, en los cuales anduvisteis en otro tiempo». Eso fue sobre algo que Dios ya había hecho por los creyentes en Éfeso. Entonces, en los versículos 4 al 6, Pablo reiteró lo que Dios había hecho por ellos y luego lo expandió: «Dios... nos dio vida juntamente con Cristo (por gracia sois salvos). Juntamente con él nos resucitó, y asimismo nos hizo sentar en los lugares celestiales con Cristo Jesús».

Pablo declara que los creyentes en Cristo están espiritualmente vivos en este momento y están sentados con Cristo en los lugares celestiales en este momento. Entiendo que esto significa que ahora mismo podemos compartir la autoridad de Cristo y su victoria sobre el maligno. «Toda potestad me es dada en el cielo y en la tierra» (Mateo 28:18). «Os doy potestad de pisotear serpientes y escorpiones, y *sobre toda fuerza del enemigo...*» (Lucas 10:19). «No tenemos lucha contra sangre y carne, sino contra... huestes espirituales de maldad *en las regiones celestes*» (Efesios 6:12). Espiritualmente tenemos que estar sentados con Cristo *ahora* en los lugares celestiales por fe, para luchar y vencer al maligno, que también habita lugares celestiales.

Luego Pablo pasó a declarar lo que Dios haría en las edades venideras. Habiendo hablado sobre los maravillosos privilegios que Dios les había concedido a los creyentes en esta era, continuó diciéndoles que en las próximas edades Dios los trataría con una gracia y una bondad absolutamente inconmensurables. Y esa gracia y bondad incluirán restaurar a los creyentes a la vida eterna en el paraíso que Adán y Eva perdieron, aquí en una tierra nueva, una tierra que una vez más será perfecta en cada detalle.

Anexo 5. ¿Dónde pasarán los creyentes la eternidad?

Anexo 6. Las fiestas judías y su cumplimiento en Jesucristo

Hay una correspondencia asombrosa entre las fiestas judías que se prescriben en el Antiguo Testamento y la vida de Jesucristo, tanto su vida terrenal pasada como su regreso prometido a la tierra.

La Figura A:1 muestra las fechas de las siete principales fiestas judías que se celebran cada año. Como puedes ver, el calendario judío difiere del calendario gregoriano que usa el resto del mundo[109]. En el calendario judío, cada mes comienza con una luna nueva, por lo que los meses solo duran 28 o 29 días, y cada dos o tres años se debe insertar un mes adicional para restaurar las estaciones en su lugar adecuado. La Pascua se celebra en *Nisan*, que es en marzo o abril, y el Año Nuevo judío comienza formalmente con el Festival de Trompetas en el primer día de *Tishri*. Puedes leer más sobre estos festivales en el capítulo 23 de Levítico, el tercer libro de la Biblia. Moisés ordenó al pueblo de Israel que observara estas fiestas, siguiendo

---

[109] El calendario gregoriano se introdujo bajo el mandato del Papa Gregorio XIII en 1582 para reemplazar el anterior calendario juliano. El calendario juliano no se sincronizó correctamente con la rotación de la tierra alrededor del sol, con el resultado de que la Pascua se estaba celebrando demasiado tarde en el año. En el momento de la corrección debían perderse diez días. Personalmente creo que deberían haber perdido veinte días para que el 1 de enero fuese el día más corto del año. Luego, desde el día de Año Nuevo en adelante, los días habrían crecido progresivamente en duración. También podrían haber aprovechado la oportunidad para hacer que los meses fueran más iguales en duración al aumentar el número de días en febrero a 30 y reducir la duración de dos de los meses de 31 días a 30. Quizás cuando la Bestia del Apocalipsis se haga cargo del mundo ¡él seguirá mi consejo! (Ver Daniel 7:25).

Anexo 6. *Las fiestas judías y su complimiento en Jesucristo*

las instrucciones que recibió del Señor en el Monte Sinaí. Es importante entender que tanto los detalles como las fechas fueron establecidas por el Señor.

Figura A:1: Las principales fiestas judías

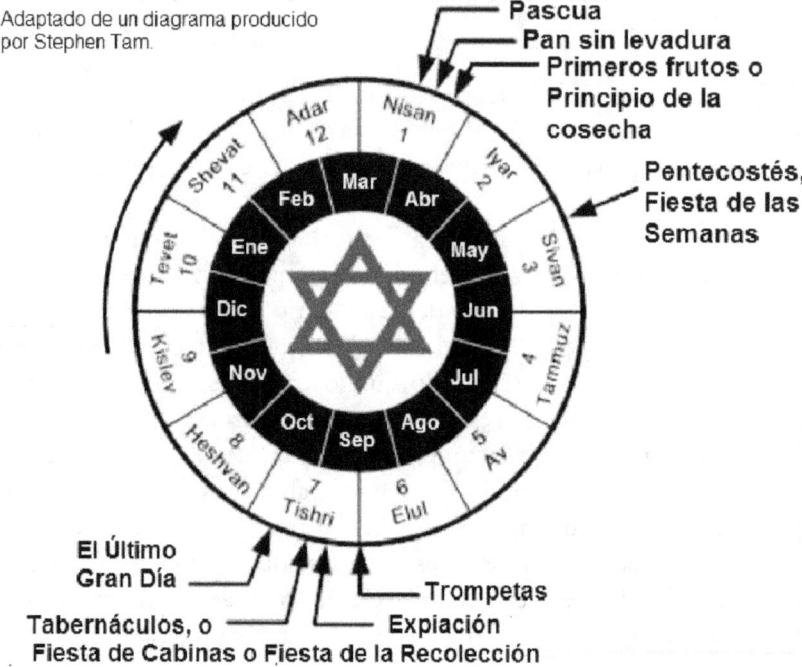

La Tabla A:1 muestra cuán maravillosamente los primeros cuatro festivales en la primavera, comenzando con la Pascua, predijeron eventos en la vida de Jesús cuando estuvo aquí por primera vez; y cómo los segundos cuatro festivales en otoño, comenzando con el festival de Trompetas, corresponden a los próximos eventos en el momento de su regreso.

Tabla A:1: Fiestas judías y su cumplimiento en la vida de Jesucristo.

La Fecha del Regreso de Cristo

Festivales de Primavera	Descripción y propósito	Cumplimiento en Cristo
Pascua (***Pesaj***) Levítico 23:5	Una comida comunitaria que involucra varios alimentos simbólicos y el recuento de la historia del Éxodo. Originalmente se centraba alrededor de un cordero asado entero. Es para recordar la liberación de Israel de la esclavitud en Egipto en la noche en que el pueblo hebreo estaba protegido del ángel de la muerte por la sangre de un cordero.	Jesús murió como un cordero de sacrificio en el tiempo de la Pascua para liberarnos de la esclavitud de Satanás y al pecado. «Nuestra Pascua, que es Cristo, ya fue sacrificada por nosotros» (1 Corintios 5:7). Ver también el capítulo 53 de Isaías.
Pan sin Levadura (***Chag HaMatzot***) Levítico 23:6-8	Originalmente, una semana comiendo pan sin levadura, comenzando el día después de la Pascua, fue para recordarle a Israel que en su prisa	Jesús se llamó a sí mismo «el pan de vida». Una matzá típica o pan sin levadura es: *rayado* («por sus llagas fuimos nosotros curados» Isaías 53:5); *perforado* («Mirarán

253

Anexo 6. Las fiestas judías y su complimiento en Jesucristo

	por salir de Egipto no había tiempo para hacer el pan adecuado. Hoy en día se come pan sin levadura en el día de la Pascua y al día siguiente. El pan sin levadura habla de la pureza de la vida. Cada rastro de levadura se retira primero de la casa.	hacia mí, a quien traspasaron...» Zacarías 12:10); y *puro* («Él no cometió pecado ni se halló engaño en su boca» 1 Pedro 2:22).
Principio de la Cosecha, o Primeros Frutos (*Reishit Katzir*) Levítico 23:10-14	A los israelitas se les dijo que trajeran al sacerdote una gavilla de cebada verde el segundo día de la semana de pan sin levadura, que comenzó y terminó con un día de sabbat. Fue una ofrenda de agradecimiento al Señor por el primer fruto de la siembra del año nuevo.	Jesús resucitó de entre los muertos en este día de los Primeros Frutos. El día de la Pascua era desde el jueves por la noche hasta el viernes por la noche; el *sabbat* y el primer día de pan sin levadura fue desde el viernes por la noche hasta el sábado por la noche; y la Fiesta de los Primeros Frutos, el segundo día del pan sin levadura y el primer día de la semana judía era desde el sábado por la noche hasta el domingo por la noche. Fue en la

			mañana de este día que Jesús resucitó de entre los muertos. «Pasado el sábado, al amanecer del primer día de la semana, fueron María Magdalena y la otra María a ver el sepulcro» (Mateo 28:1). «Pero ahora Cristo ha resucitado de los muertos; primicias de los que murieron es hecho» (1 Corintios 15:20).
Pentecostés, o la Fiesta de las Semanas (*Shavuot*) Levítico 23:15-22		Siete semanas después de la Fiesta de los Primeros Frutos llegó la celebración de la cosecha de trigo en Pentecostés. Cada israelita tenía que traer dos panes hechos de harina de trigo a los sacerdotes como agradecimiento.	Fue en el día de Pentecostés que los primeros discípulos de Jesús de Nazaret se llenaron milagrosamente del poder del Espíritu Santo. Esa misma mañana, llevaron a otras tres mil personas a creer en Jesús como el Mesías. Jesús dijo: «De cierto os digo que si el grano de trigo que cae en la tierra no muere, queda solo, pero si muere, lleva mucho fruto» (Juan 12:24). La

Anexo 6. Las fiestas judías y su complimiento en Jesucristo

Festivales de Otoño	Descripción y propósito	Cumplimiento en Cristo
		primera cosecha de almas resultante de la muerte y resurrección de Cristo tuvo lugar el mismo día en que se celebró la cosecha de trigo.
La Fiesta de las Trompetas (*Rosh Hashaná* o *Yom Teruah*) Levítico 23:24 En el judaísmo se considera que esto es lo que representa el primero de tres días especiales de juicio.	El primer día del séptimo mes debía observarse como un sabbat proclamado por una explosión de trompetas. Debía ser un día de conmemoración o recuerdo, pero Dios no especificó en el Levítico lo que debía recordarse. ¡Tal vez porque aún no había sucedido!	Como expliqué en el Capítulo 9, es muy probable que el Día de la Resurrección para los creyentes en Cristo tenga lugar durante la Fiesta de las Trompetas. En cierto sentido, ese día también será un día de juicio para el resto del mundo, cuando se den cuenta de que, después de todo, deberían haber creído en Jesucristo.
El Día de la Expiación (*Yom Kippur*) Levítico 23:27,28 y 16:1-34 Diez días después de la Fiesta de las Trompetas, se	Este fue el único día del año en que se le permitió al sumo sacerdote entrar al lugar más sagrado en el tabernáculo o templo. Tuvo que confesar todos los pecados de la	Creo que el Día de la Expiación que seguirá a la desaparición de los cristianos en el Día de la Resurrección será un día para el verdadero arrepentimiento por parte de muchos judíos que se queden

considera que el Día de la Expiación en el judaísmo es o representa el segundo de los tres días de juicio para aquellos que fueron considerados en Rosh Hashaná en el límite de la justicia y la injusticia. Los diez días intermedios son para darles la oportunidad de arrepentirse y enmendar sus vidas.

La Fiesta de las Enramadas o Tabernáculos (Sukkot)
Levítico 23:33-36,40-43
Esta semana comienza cinco días después del Día de la Expiación.

gente y hacer expiación por ellos con algunos sacrificios serios de animales. Hoy sigue siendo un día de solemne reflexión y arrepentimiento para los judíos religiosos.

Esto era celebrado, y aún lo es, durante una semana de festejar y dormir en refugios hechos de palos y hojas o en tiendas de campaña, en memoria de los cuarenta años que los hebreos permanecieron en

atrás. En ese día, aquellos que verdaderamente aman a Yahvé finalmente se darán cuenta de que Jesús (Yeshua ben Yosef) fue y es el Mesías (Yeshua ben David, el *Mashíaj*). Pondrán su fe en él y en su muerte sacrificial para la salvación, en lugar de en sus propios esfuerzos por guardar las leyes de Dios.

«El endurecimiento de una parte de Israel durará hasta que haya entrado la plenitud de los gentiles. Luego todo Israel será salvo» (Romanos 11:25,26).

Para los cristianos, la Fiesta de las Enramadas puede recordarnos que este mundo actual es solo nuestro hogar temporal. Nuestro hogar permanente estará en el reino de Dios bajo el gobierno de Jesucristo, cuando el pecado y la muerte ya no existan y Dios

Anexo 6. Las fiestas judías y su complimiento en Jesucristo

	tiendas de campaña en el desierto. Es un momento para que el pueblo de Israel recuerde su liberación de Egipto y espere la vida en el prometido reino de Dios. También es una celebración de la cosecha del fruto.	restaure la Tierra a su perfección original. Siendo el último festival de la cosecha del año, también simboliza la imagen de Jesús, de los ángeles recogiendo a los elegidos de Dios a él «desde un extremo del cielo hasta el otro» (Mateo 24:31).
El Último Gran Día (*Hoshana Rabbah*) Levítico 23:35,36,39-43; Juan 7:37 Según el Midrash judío, el séptimo día de la Fiesta de las Enramadas es o representa el día en que Dios emite su juicio final.	Los judíos llaman al séptimo día de la Fiesta de las Enramadas *Hoshana Rabbah*, que significa «Gran Súplica». Éste es probablemente el día que se menciona en el Evangelio de Juan como el último gran día de la fiesta cuando Jesús profetizó que aquellos que creían en él serían llenados del Espíritu Santo. Una opinión popular de este	Debido a que *Hoshana Rabbah* está asociado en el judaísmo con el pronunciamiento de Dios sobre el juicio de las vidas de su pueblo, y porque llega al final de la Fiesta de las Enramadas de siete días, prefigura el último Día del Juicio, el que vendrá al fin de los siete «días», o milenios, de la existencia de esta tierra presente. «Vi un gran trono blanco y al que estaba sentado en él… Y vi los muertos, grandes y pequeños, de pie ante Dios. Los libros

	día es que es el día en que Dios decide cómo será el resto del nuevo año.	fueron abiertos...Y fueron juzgados los muertos por las cosas que estaban escritas en los libros, según sus obras» (Apocalipsis 20:11-15). En ese día, todos los que hayan vivido y que no hayan sido resucitados a la vida eterna como creyentes en Cristo serán juzgados por Jesucristo (Juan 5:22; Mateo 25:31-46). Y luego no seguirá un año nuevo en esta tierra, sino años interminables en una tierra nueva, bajo el reinado de Jesús, Yeshua ben David.

Hanukkah y el nacimiento de Jesús

Queda otro acontecimiento significativo en la vida de nuestro Salvador: ¡su nacimiento! En el Capítulo 9, mencioné la conclusión de Kenneth Doig de que Jesús nació alrededor del 25 de diciembre del año 5 a.c. Entonces, ¿El nacimiento de Jesús coincidió con una fiesta judía también? Creo que puedes adivinar la respuesta...

Algunas personas argumentan que Jesús no pudo haber nacido en invierno porque la Biblia nos dice que había ovejas en las colinas la noche en que nació Jesús. Bueno, las ovejas pastan en invierno incluso en el extremo noreste de Escocia,

Anexo 6. Las fiestas judías y su complimiento en Jesucristo

donde debe hacer mucho más frío que en Israel. Además, la raza de ovejas más común en el Medio Oriente es la resistente Awassi, y diciembre es el corazón de la temporada de parto para Awassi.[110]

Durante el parto, los pastores deben vigilar de cerca a sus ovejas, no tanto para protegerlas de los ladrones, sino para estar atentos a las ovejas primerizas («esquilas») que pueden tener problemas para dar a luz. En North Yorkshire, Inglaterra, los pastores lo llaman «mirar las ovejas».

Entonces, cuando la Biblia nos dice que había pastores en la ladera de Belén «mirando las ovejas» esa noche, es casi seguro que fija la fecha del nacimiento de Jesús en diciembre. ¡Y cuál podría haber sido un tiempo más apropiado para que naciera Jesús, el Cordero de Dios, que en el corazón de la estación del parto![111]

Otros dicen que la aparición de Gabriel a María «al sexto mes» (Lucas 1:26) no respalda una fecha de nacimiento en diciembre, suponiendo que ella concibió a Jesús en el momento de la visita del ángel. ¡Pero la soporta! Para empezar, el texto griego y una comparación con una redacción similar en el Antiguo Testamento deja en claro que Lucas se refería al sexto mes del calendario, no al sexto mes del embarazo de Isabel.

---

[110] www.sciencedirect.com/topics/agricultural-and-biological-sciences/awassi consultado en febrero de 2021.

[111] Algunas personas creen que Jesús nació en la Fiesta de los Tabernáculos en septiembre, porque una traducción de Juan 1:14 dice que el Verbo se hizo carne y «tabernáculo» entre nosotros. Pero por esa lógica, todos los cristianos deben haber nacido de nuevo en el Día de la Expiación, porque en la misma traducción, Romanos 5:11 dice que en Jesús tenemos «expiación». «Al tabernáculo» significa habitar una morada temporal, como una tienda. Un tabernáculo es una tienda. En 2 Corintios 5:1, Pablo compara nuestros cuerpos mortales temporales con tiendas de campaña, utilizando la misma palabra griega «tabernáculo» que utilizó Juan.
Entonces, cuando Juan escribió que Jesús vino a «tabernácular» entre nosotros, simplemente quiso decir que el Verbo se hizo carne al habitar temporalmente entre nosotros en un cuerpo humano como el nuestro. No estaba diciendo nada acerca de la fecha del nacimiento de Jesús.

Lucas, un no judío que escribe a otro no judío (Lucas 1:3) seguramente se habría estado refiriendo al sexto mes del antiguo calendario macedonio. Este era el calendario de uso general en ese momento entre todas las personas no judías en esa parte del mundo.[112] El sexto mes se denominó Xanthikos, que correspondía aproximadamente a nuestro mes de marzo.[113] Según el historiador Kenneth Doig, Xanthikos en el año 5 a.C. se desarrolló del 10 de marzo al 7 de abril, con el 25 de marzo aproximadamente a la mitad.[114] En otras palabras, Lucas nos dice que la visita de Gabriel a María se produjo solo nueve meses antes del nacimiento de Jesús, ¡otra evidencia en apoyo de un nacimiento en diciembre!

Pero volvamos a Hanukkah. La fiesta judía anual de Hanukkah, o Janucá, celebra el regreso de los victoriosos macabeos a Jerusalén después de haber derrotado a los griegos. Encontraron suficiente aceite sagrado en el templo en ruinas para encender una vela por un día, pero milagrosamente siguió ardiendo durante ocho días y noches mientras preparaban más.

Durante cada festival, que por lo tanto, dura ocho noches, se enciende cada noche una menorá de nueve brazos con ocho velas de colores y una blanca en recuerdo de la victoria y los acontecimientos posteriores. La vela blanca se enciende la primera noche: se la conoce como 'shamash' o 'servidora', y se utiliza para encender las demás en noches sucesivas.

En hebreo, 'hanukkah' significa 'dedicar'. La fiesta se conoce como la Fiesta de la Dedicación o la Fiesta de las Luces. Entonces, si el nacimiento de Jesús tuvo lugar en el momento de una fiesta judía correspondiente, como sucedió o sucederá con cualquier otro evento importante en su vida, Hanukkah es seguramente el indicado. Isaías describió al salvador venidero como *el siervo* del Señor (Isaías 52:13); José y María *dedicaron* a

---

[112] Hay referencias al mes del calendario macedonio de Xanthikos en el segundo libro de los Macabeos, capítulo 11.
[113] *Ancient Macedonian calendar* (el Calendario Macedonio antiguo) en Wikipedia. Visto noviembre de 2021.
[114] *Cronología del Nuevo Testamento*. Doig K F, Edwin Mellen Press, 1990.

Jesús al Señor en el templo según la ley de la dedicación de los primogénitos (Éxodo 13:2,12); y Jesús cumplió absolutamente las promesas proféticas de que sería una *luz* para las naciones. (Isaías 49:6)

Entonces, ¿Cuándo tiene lugar Hanukkah? Comienza el día 25 de Kislev en el calendario judío, que puede ser a fines de noviembre o en casi cualquier fecha de diciembre en nuestro calendario. Un calendario interactivo en el sitio web *The Church of God Study Forum* (Foro de estudio de la Iglesia de Dios) confirma que el 25 de Kislev, el primer día de la Fiesta de la Dedicación, fue el 25 de diciembre del año 5 a.C.[115]

Además, había una fuerte tradición en la iglesia primitiva, registrada por escrito por varios de los primeros padres de la iglesia, de que Jesús ciertamente nació el 25 de diciembre: en otras palabras, el primer día de Hannukah.

Juan aludió al nacimiento de Jesús al escribir: «La luz verdadera que alumbra a todos venía al mundo» (Juan 1:9). Qué perfecto, entonces, que Jesús naciera el primer día de Hanukkah, el Festival de Luces. Además, habría sido circuncidado en el último octavo día del festival.

Hanukkah es sin duda la fiesta judía que Dios creó para que fuera una celebración profética del nacimiento de su Hijo.

Purim: la última gran fiesta judía

Purim recuerda y celebra cómo la reina Ester arriesgó su vida para salvar de la muerte a toda la raza judía durante el exilio en Babilonia. La historia se cuenta en el libro de Ester. ¡Es el único libro de la Biblia que no menciona a Dios!

Los predicadores cristianos a veces comparan a la valiente Ester con Jesús; su sabio tío Mardoqueo al Espíritu Santo; el orgulloso y malvado Amán a Satanás; y el poderoso rey Asuero a Dios el Padre, quien finalmente sentenció a Amán a muerte.

---

[115] www.cgsf.org/dbeattie/calendar/?roman=-4

De esta forma, Purim prefigura la colaboración del Espíritu Santo con Jesús para vencer a Satanás y llevar la salvación a todo el pueblo de Dios. ¿Es posible, sólo posible entonces, que Purim también tenga algo que ver con la vida de Jesús? Porque hay un evento más significativo en la vida de Jesús que aún no he mencionado...

Purim se celebra los días 14 y 15 del mes judío de Adar. (Ver Ester 9:20-22) En el año 5 a.C.[116] estos días cayeron el 23 y 24 de marzo, casi exactamente nueve meses antes del nacimiento de Jesús. ¡Entonces es completamente posible que María concibiera a Jesús, no solo en el sexto mes de Xanthikos, sino en la festividad judía de Purim!

---

[116] www.cgsf.org/dbeattie/calendar/?roman=-4

Anexo 6. Las fiestas judías y su complimiento en Jesucristo

Anexo 7. Plan de lectura de la Biblia en cincuenta días

Reproducido con permiso de la Iglesia Comunitaria Shoreline, Monterey, California.

A estas alturas, debiste haberte dado cuenta de que una referencia como «Lucas 4:14-44» se refiere al libro de Lucas, capítulo 4, versículos 14 al 44. Todas las Biblias tienen un índice de los diversos libros al inicio.

La Historia de la Fe Cristiana (Nuevo Testamento)

Day 1	Lucas capítulos 1 y 2: El nacimiento de Jesús.
Day 2	Juan 1:1-18: La identidad de Jesús.
Day 3	Lucas 4:14-44: Jesús comienza su ministerio.
Day 4	Mateo 5 y 6: El núcleo de las enseñanzas de Jesús.
Day 5	Juan 3: El amor de Dios por el mundo.
Day 6	Juan 5: Los milagros y la autoridad de Jesús.
Day 7	Juan 11: El poder de Jesús sobre la muerte.
Day 8	Juan 15: La vida cristiana definida.
Day 9	Mateo 26 y 27: El arresto y la crucifixión de Jesús.
Day 10	Juan 20 y Luke 24: La resurrección de Jesús y su
Day 11	Hechos 2: La venida del Espíritu Santo.
Day 12	Hechos 9:1-19: La conversión de Saúl y su
Day 13	Hechos 26: La defensa de Pablo de la fe cristiana.
Day 14	Romanos 3: Justificación solo por la fe.
Day 15	1 Corintios 13, Efesios 5: El camino del amor.
Day 16	1 Corintios 15: El poder de la resurrección.
Day 17	Gálatas 5, Efesios 4: Libertad y unidad en Cristo.
Day 18	Efesios 6: Toda la armadura de Dios.
Day 19	Romanos 7 y 8: La batalla contra el pecado y la

Anexo 7. Plan de lectura de la Biblia en cincuenta días

Day 20 Filipenses 1:18 a 2:18: El ejemplo de Cristo.
Day 21 Colosenses 3:1-17: Poniéndose el nuevo yo.
Day 22 Hebreos 4:14 a 5:10: Jesús, el gran sumo sacerdote.
Day 23 Santiago 1 y 1 Pedro 1: Religión pura.
Day 24 1 Juan 4:7-21: Dios es amor.
Day 25 Apocalipsis 21 y 22: El nuevo cielo y la nueva

Encuesta del Antiguo Testamento

Day 26 Génesis 1:1 a 3:19: La creación y caída de la
Day 27 Génesis 12; 28:10-15; 32:22-28: Dios llama a un pueblo como suyo.
Day 28 Génesis 37; 39 a 46: La historia de José.
Day 29 Éxodo 1 al 6: El llamado de Moisés.
Day 30 Éxodo 7 al 14: Moisés y Faraón.
Day 31 Éxodo 19:1 a 20:2: Los Diez Mandamientos.
Day 32 Deuteronomio 6:1 a 7:26; 11:13-21: La obediencia fluye del amor.
Day 33 Jueces 1:1 a 2:19: Ciclos de desobediencia en el pueblo de Dios.
Day 34 1 Samuel 7 a 9; 15 a 17: La caída de Saúl y el ascenso de David.
Day 35 2 Samuel 5; 7 a 9; 11 y 12: Cuentos de la vida de David.
Day 36 1 Reyes 2 y 3; 6; 11: el reinado de Salomón.
Day 37 1 Reyes 11:9 a 14:31: La división del reino.
Day 38 1 Reyes 17 a 19; 2 Reyes 2 y 4: Los profetas Elías y Eliseo.
Day 39 Job 1 y 2; 38 a 42: Cómo responden los justos a los tiempos difíciles.
Day 40 Salmos 1; 23; 139: Salmos que enriquecen tu alma.
Day 41 Salmos 6; 22; 38; 51: Salmos para los que sufren y pecan.
Day 42 Proverbios 3; 5; 7; 16; 31: Sabiduría para la vida cotidiana.
Day 43 Jeremías 11 y 12; 31:31-40: El pacto roto y el

	nuevo pacto.
Day 44	Jeremías 23:1-6; Isaías 9:6,7; 53:1-12: Jesús el rey prometido.
Day 45	Jonás 1 a 4: La historia de Jonás.
Day 46	Daniel 1 a 3: Exilio en Babilonia.
Day 47	Daniel 4 a 6: La vida de Daniel.
Day 48	Nehemías 1 y 2; 4 y 5; 8 y 9: La reconstrucción de Jerusalén.
Day 49	Ester 1 a 8: La historia de Ester.
Day 50	Malaquías 1 a 4: Palabras finales del Antiguo Testamento.

Anexo 7. Plan de lectura de la Biblia en cincuenta días

Otros libros de Arnold V Page

Edición en inglés: ***The Date of Christ's Return. Biblical prophecy for the Final Generation. 2ª edición.***

Publicado por Books for Life Today en 2022.
  ISBN: 978-1-915283-13-9 (Paperback)
  ISBN: 978-1-915283-14-6 (Epub)
  ASIN: B0B9YCCXVK (Kindle)

Dios, la Ciencia y la Biblia – La ciencia genuina confirma el asombroso mensaje de la Biblia

Publicado por Books for Life Today en 2021.
  ISBN: 978-1-91612-138-6 (en rústica)
  ISBN: 978-1-91612-133-1 (epub)
  ASIN: B097WPTXHQ (Kindle)
  Informativo y que cambia la vida.
  		Edith Wairimu, ReadersFavorite.com

Unearthly Passion - A novel for New Adults
(Pasión Sobrenatural - Una novela para Nuevos Adultos)
Por Vincy Page (seudónimo)

Publicado en inglés por Books for Life Today.
Formatos de tapa blanda, Ebook, y CD de audio.
  Un regalo ideal para estudiantes de duodécimo grado y estudiantes universitarios: «Unearthly Passion» está inspirando a través de sus poderosas lecciones».		Edith Wairimu, ReadersFavorite.com

Tell me about the Holy Spirit – How to be filled with love, joy, peace and power, and extend the Kingdom of God

Otros libros de Arnold V Page

(Háblame del Espíritu Santo - Cómo llenarse de amor, alegría, paz y poder, y extender el Reino de Dios)

Publicado en inglés por Books for Life Today.
Formatos de tapa blanda y Ebook.
Enseñanza bíblica práctica brillantemente clara y concisa.
Paul Harvey - Iglesia Holy Trinity, Hazlemere

Sobre el autor

Rev Arnold V Page BSc BD MIWSc sirvió a Dios como un pastor Metodista durante trece años, y como el pastor de una Iglesia Evangélica Libre durante otros doce años. Sus pasiones son proclamar la realidad de Dios como creador, y presentar a la gente a Jesús como Señor para que puedan compartir su promesa de resurrección a la vida eterna en una tierra por venir recreada.

Él dice: «Mis objetivos al escribir *La fecha del Regreso de Cristo* eran compartir mi creencia arraigada, y la creencia en gran parte olvidada tenido de casi todos los maestros cristianos y judíos a lo largo de los siglos, de que la Biblia nos dice cuándo vendrá el Mesías prometido; y alentar a cada lector no solo a comprometer su vida a Jesucristo como Señor, sino también a guiar a otros a hacer lo mismo mientras aún queda tiempo».

Page fundó y dirigió la organización benéfica Chile for Christ.org, y logró encajar carreras exitosas adicionales como ingeniero de investigación estructural, y un desarrollador de software profesional.

Su sitio web es www.booksforlife.today.
Facebook: Arnold V Page.
Twitter: @ArnoldVPage

www.ingramcontent.com/pod-product-compliance
Lightning Source LLC
Chambersburg PA
CBHW070643120526
44590CB00013BA/832